Carsten Sebastian Henn
Der letzte Whisky

W0395448

PIPER

Zu diesem Buch

Nach dem Fund einer Moorleiche mutmaßt man auf der kleinen schottischen Insel Islay, dass sie wohl schon Jahrhunderte dort gelegen haben wird. Doch sie trägt Kleidung aus heutiger Zeit. Der Tote ist Colin Lewis, Eigentümer der besten Whiskybar Edinburghs, und war seit sechs Wochen nicht mehr gesehen worden – nichts Ungewöhnliches für den Mann mit einer Leidenschaft für das einsame Lachsfischen. Professor Dr. Dr. Adalbert Bietigheim, seines Zeichens einziger Inhaber eines Lehrstuhls für Kulinaristik in Deutschland, wird von dem Manager einer Whiskydestillerie, auf dessen Land der Tote gefunden wurde, zu Hilfe gerufen, um den Mord aufzuklären. Doch über Islay liegt ein dichter Nebel des Schweigens, und die Bewohner der kleinen Dörfer misstrauen dem Deutschen mit der perfekt sitzenden Seidenfliege …

Carsten Sebastian Henn, geboren 1973 in Köln, arbeitet als Schriftsteller, Weinjournalist und Restaurantkritiker. Er ist Chefredakteur des Gault&Millau WeinGuides sowie Redaktionsleiter Deutschland des Weinmagazins Vinum. Er ist Besitzer eines Riesling-Weinbergs in St. Aldegund an der Mosel und ständig auf der Suche nach neuen Gaumenfreuden.

Carsten Sebastian Henn

Der letzte Whisky

Ein kulinarischer Krimi

PIPER

Mehr über unsere Autoren und Bücher:
www.piper.de
Aktuelle Neuigkeiten finden Sie auch auf Facebook, Twitter und YouTube.

Von Carsten Sebastian Henn liegen im Piper Verlag vor:
Professor-Bietigheim-Krimis
Die letzte Reifung
Der letzte Aufguss
Die letzte Praline
Der letzte Whisky
Der letzte Champagner

Gran Reserva
Das Apfelblütenfest
Eine Prise Sterne

FSC
www.fsc.org
MIX
Papier aus verantwortungsvollen Quellen
FSC® C083411

Ungekürzte Taschenbuchausgabe
ISBN 978-3-492-30815-1
1. Auflage 2016
4. Auflage 2017
© Piper Verlag GmbH, München/Berlin, 2014
Umschlaggestaltung: Mediabureau di Stefano, Berlin
Umschlagabbildung: Oliver Wetter/Fantabulous Visions
Satz: seitenweise, Tübingen
Gesetzt aus der Scala
Druck und Bindung: CPI books GmbH, Leck
Printed in the EU

Für Waltraud & Heinrich »Sir Henry« Burbach

»Man sollte immer eine kleine Flasche Whisky dabeihaben, für den Fall eines Schlangenbisses – und außerdem sollte man immer eine Schlange dabeihaben.«

W. C. Fields

PROLOG

Die Wolken zogen am Nachthimmel nordwärts, so zügig, als wollten sie sich nicht mit dem befassen, was unter ihnen geschah. Die Sterne blitzten am Himmel wie Eisstücke in einem kühlen Drink.

Er blickte zu ihnen empor und wusste, dass sie das Letzte waren, was er je sehen würde. Das samtige Schwarz des Himmels war tief und beruhigend, doch sein Atem, der nur durch die Nasenlöcher entweichen und eintreten konnte, da ein alter Lumpen als Knebel in seinem Mund steckte, ging schnell und panisch. Seinen Gaumen wärmte noch der letzte Schluck Whisky und begleitete ihn diese letzten Augenblicke. Nach verbrannten Autoreifen hatte dieser geschmeckt und nach Torf, und er hatte es geliebt.

Er sah den, der es tat, doch dieser blickte nicht zu ihm, blickte nur auf den Spaten, mit dem er eben das Loch ausgehoben hatte und nun Erdreich emporhob, um ihn damit zu bedecken.

Die erste Schippe Torf traf wie der Tiefschlag eines Schwergewichtsboxers seinen Bauch. Er wand sich, doch die Schnüre um die Handgelenke unter seinem Rücken und die Fußgelenke schnitten so tief ins Fleisch, dass sie keine große Bewegung zuließen.

Die nächste Schippe. Auf sein Gesicht. Der Torf verfing sich in der Nase, kroch in die Augen, schmerzte dort wie Stacheln. Immer mehr Erdreich wurde auf ihn geschaufelt, kühl und schwer, es würde sein Grabdeckel sein. Der Mann warf Schaufel um Schaufel auf ihn, ohne Unterlass. Nur seinen Kopf ließ er weitgehend unbedeckt, ließ ihn bei Bewusstsein.

Er dachte an seine Frau, die er nie wiedersehen würde, jetzt, da die Schwärze kam. Er hatte mit ihr gestritten, hatte sie zum Weinen gebracht und war hart geblieben. Nun wünschte er, dieses eine Mal weich geworden zu sein.

»Hier. Für dich.«

Der Mann mit dem Spaten leerte eine Flasche Whisky über ihm. Bis zum letzten Tropfen.

Seine Augen brannten wie Feuer. Der Whisky vermischte sich mit Erde, drang durch den Lumpen in seinen Mund. Trotzdem konnte er erkennen, dass er nicht nach Mullbinde schmeckte, nicht nach Torf, nicht Seetang oder Jod, sondern nach Heidekraut, Akazienhonig und Herbstlaub in der Sonne.

So schmeckte nur ein Whisky auf der ganzen Welt.

Und es würde nie wieder einen solchen geben.

Er wusste sofort, welcher es war.

Und sah ein, dass er diesen Tod, das Leiden, das ihm bevorstand, verdient hatte.

Jede verdammte Sekunde davon.

KAPITEL 1

Der Anteil der Engel

Mit Benno von Saber an der Leine stand Professor Adalbert Bietigheim auf der Mill's Mount Battery im nördlichen Teil des Edinburgh Castle, nahe der berühmten Kanone. Und zwar genau in dem Moment, als sie schoss und das dumpf knallende Geräusch wie eine mächtige Welle über die Stadt bis zur Meerenge Firth of Forth raste. Der District Gunner des 105th Regiment Royal Artillery hatte die L118 Light Gun, wie jeden Tag, exakt um ein Uhr abgeschossen, deswegen auch ihr Name: One o'clock Gun. Erstmals in der Geschichte des Regiments war der Gunner eine junge Frau, die nun zackig salutierte. Adalberts treuer, aber leider aus tiefster Überzeugung ungehorsamer Foxterrier bellte anerkennend. Zwar war dieser schottische Brauch völlig unnütz geworden, denn die Seefahrer der nahen Bucht hatten heutzutage exakt gehende Uhren und brauchten keinen Kanonenschuss mehr, um diese einzustellen, aber der schönen Tradition wegen schoss man weiterhin von Montag bis Samstag sowie an Neujahr in den Himmel über Edinburgh. Adalbert trat an die steinernen Zinnen und blickte hinab auf die winterliche Stadt, welche sich zu den Füßen des Castle in edlem Grau und Braun ergoss, als gehöre sie nicht zum 21. Jahrhundert. Edinburgh war zeitlos wie ein edler Frack.

Adalbert hatte sich in Tweed gewandet, maßgeschneidert, von der Londoner Savile Row selbstverständlich. Blau und Weiß dominierten im feinen Stoff, entsprechend den Farben der schottischen Nationalflagge. Benno von Saber trug ein passendes Hundehalsband, von einem Rollkragenpullover hatte Adalbert abgesehen, obwohl dieser ausgesprochen schmuck an seinem vierbeinigen Freund ausgesehen hatte. Benno konnte einfach alles tragen.

»Meine Damen, meine Herren, ich darf Sie nun in den Crown Room bitten, zu den Honours of Scotland: der Krone, dem Zepter und dem Schwert.«

In angenehmer Erwartung folgte die kleine Gruppe Edward Macallan, der dieses Treffen heute, am 25. Januar, organisiert hatte. Den Highland-Chocolatier aus Pitlochry hatte Bietigheim bei der Weltmeisterschaft der Schokoladenkünstler in Brügge kennengelernt – unter sehr unerfreulichen und blutigen Umständen. Der jungenhafte und stets leger gekleidete Macallan galt als Jamie Oliver der Chocolatiers. Trotz der kühlen Winterluft lief er nur mit einer Caprihose in Tarnfarben und einem Sex-Pistols-T-Shirt herum. An seiner rechten Wade prangte das Tattoo eines Messers, das in einer blutenden Wunde steckte. In Adalberts Augen war er ein völliger Spinner, aber mit dem braunen Gold der Kakaobohne konnte er fraglos umgehen. Und das war eindeutig wichtiger als geistige Gesundheit.

Den Nachmittag verbrachte die Gruppe mit einem Besuchsprogramm des Castle und seiner Museen, das Adalbert bereicherte, indem er den jeweiligen Führer unterbrach, um Wichtiges zu ergänzen oder richtigzustellen. Es war beileibe keine angenehme Aufgabe, aber irgendwer musste sie schließlich übernehmen. Adalbert war sich des Danks der Anwesenden sicher, auch wenn sie diesen in ihrer zurückhaltenden schottischen Art natürlich nicht zeigten. In den zahlreichen Ausstellungssälen ging es seiner Meinung nach, und das hatte er mehrfach zum Ausdruck gebracht, viel zu sehr um Militärgeschichte. Das Edinburgh Castle war unzählige Male erobert und zurückerobert, belagert, zerstört und neu aufgebaut worden. Engländer und Schotten hatten sich die Klinke in die Hand gegeben. Die wichtigste Frage wurde dabei geflissentlich übergangen: Was hatten sie beim Klinkenwechseln gegessen?

Vor dem feierlichen Abendessen zogen sich alle in ihre Hotelsuiten zurück. Adalbert kleidete sich um und dachte darüber nach, wo er die entsprechenden historischen Rezepte auftreiben könnte. Ein echtes Belagerungsmenü wäre dem Ort angemessen. Gleichzeitig kamen ihm Ideen für drei wissenschaftliche Schriften, die er gleich nach seiner Rückkehr an die Hamburger Universität angehen wollte. Akribisch notierte er alles in sein ledernes Notizbuch.

Dann war es so weit. Der eigentliche Höhepunkt, der wirkliche Knalleffekt des Tages. Etwas, gegen das der Schuss der L 118 Light Gun nur ein kleiner Böller sein würde.

Das Burns Supper.

Mit dem Ehrengast vom Kontinent: Professor Dr. Dr. Dr. h. c. Adalbert Bietigheim, Deutschlands einzigem Inhaber eines Lehrstuhls für Kulinaristik und Verfasser der bahnbrechenden Schrift »Von der Poesie des Haggis – Wie gefüllter Schafsmagen die Schotten zu Dichtern werden ließ. Mit einem interkulturellen Vergleich hinsichtlich der Krone der deutschen Speisekunst: dem Pfälzer Saumagen.« Diese hatte für viele in Ehrfurcht emporgezogene Augenbrauen gesorgt. Selbst der Altkanzler, der seinerzeit die Saumagen-Diplomatie in Deidesheim begründete, hatte ihm ein Dankesschreiben zukommen lassen. Es hing gerahmt neben den unzähligen anderen in seinem Hamburger Universitätsbüro. Die Runde heute Abend konnte sich wirklich glücklich schätzen, dass er zugesagt hatte.

Das Burns Supper fand ebenfalls im Edinburgh Castle statt. Dort hatte Edward Macallan die noble Gatehouse Suite für das Festessen gemietet. Sie befand sich im Eingangsbereich der großen, mächtigen Anlage, die mit ihren dicken

Mauern wirkte, als könne sie Jahrtausende überdauern. Der Raum aus dem 19. Jahrhundert besaß holzgetäfelte Wände, einen imposanten Kamin, mit schwarzem Leder bezogene Stühle, goldene Kronleuchter, und in der Mitte stand eine festlich gedeckte Tafel. Ein Raum, fand Adalbert, in dem man den Drang verspürte, sich eine Pfeife anzustecken. Was er deshalb auch umgehend tat. Wen Schottland nicht zum Pfeiferauchen inspirierte, dessen Seele war ohne Frage verloren.

Genüsslich schmauchend trat er auf die Terrasse, die exklusiv zur Gatehouse Suite gehörte, und wo nun der erste Drink des Abends eingenommen wurde. Selbstverständlich ein Whisky, für den besonderen Anlass hatte Macallan einen »Robert Burns« der Arran Distillery ausgewählt, ein Porträt des schottischen Nationaldichters schmückte die Flasche. Der Whisky war im jungen Alter abgefüllt worden, um an den frühen Tod von Burns zu erinnern, der von 1759 bis 1796 lebte und somit gerade einmal 37 Jahre alt geworden war. Der Manager der Distillery war anwesend und beschrieb das blumig-obstige Bukett mit viel Vanille und Gerste, am Gaumen sei er angenehm mild und weich, malzig mit einem Hauch von Gebäck und sogar etwas zitronig, nicht außergewöhnlich lang, doch angenehm. Kein Raubtier, kein Biest, wie die Whiskys der Hebrideninsel Islay, sondern eher ein schmusiges Kätzchen. Lächelnd prostete er dem exklusiven Kreis zu.

Rund zwanzig Personen waren anwesend, allesamt Berühmtheiten der schottischen Kulinarik: Köche, Fischer, Metzger, Bäcker, Distillery Manager, sogar ein Rinderzüchter sowie ein Cocktailmixer. Heute würde der Professor mit ihnen zusammen den Geburtstag des großen Dichters begehen. In Schottland feierte man stets die Geburtstage der großen Vorfahren – in Deutschland die Todestage. Das sagte mehr über die deutsche Mentalität aus, als es Adalbert lieb war.

Plötzlich ertönte ein Geräusch, das an ein untergehendes Schiff erinnerte, auf dem letztmalig das Horn erklang, oder an einen Eisenträger, der unter einer gewaltigen Last zusammenbrach, vielleicht auch ein wenig an Hochlandrinder in der Brunft. Ein Dudelsackspieler erschien in voller Montur, mit Kilt, dem schottischen Wickelrock in Clan-Tartan-Muster, daran eine silberne Nadel in Form einer Distel und – da der Kilt keine Taschen hatte – direkt unter der Gürtelschnalle ein Sporran mit Fuchsfellbesatz vor dem Gemächt. An den Füßen die Ghillie Brogues genannten Schnürschuhe ohne Zunge, ja, er trug sogar ein Sgian dubh, das traditionelle schottische Messer, im rechten Strumpf.

Was er unter dem Kilt trug, blieb sein Geheimnis.

Er führte die Gruppe zurück ins Innere, und man versammelte sich um den Tisch, wo Edward Macallan Burns Gedicht »Selkirk Grace« in schottischer Sprache vortrug – bei ihm klang es wie ein Rapsong. Adalbert saß zwischen ihm und einer charmanten jungen Pâtissière von der Isle of Skye, die zu einer gepflegten Konversation fähig war, obwohl es Adalbert nicht entging, dass sie eigentlich nur Augen für den Gastgeber hatte. Zu seinen Füßen lag derweil Benno von Saber, ausgesprochen ruhig, was an der ausgiebigen Fütterung im Hotel liegen mochte. Es hatte dem Stopfen einer Gans geglichen.

Dann begann das Abendmahl. Als Vorspeise gab es stets eine Suppe, in diesem Fall den Klassiker Cullen Skink, die aus geräuchertem Haddock, also Schellfisch, Zwiebeln, Milch, Kartoffeln, Butter, Salz und Pfeffer bestand und die nach Adalberts Meinung nur in einem Land als Delikatesse gelten konnte, in dem nicht viel mehr als Moos und Flechten wuchs. Doch die Suppe war nur der Aufgalopp. Direkt nachdem die tiefen Teller abgeräumt waren, folgte der Höhepunkt des Abends: die Rezitation von Burns »Address to a Haggis« und das Auftischen ebendieses. Eine Aufgabe, die heute dem Gast aus Deutschland zufiel, der sich darauf schon sehr freute. Denn die Ehre, das Messer in den Haggis zu stecken, glich der in den USA, beim Erntedankfest den Truthahn tranchieren zu dürfen.

Adalbert nahm am Ende der Tafel Aufstellung, putzte seine Brille pedantisch und räusperte sich. Dann klopfte er dreimal auf das Rednerpult und gab damit das Signal.

Die Tür öffnete sich, und der Koch trug den Haggis herein, hinter ihm der Dudelsackspieler, welcher, kulinarisch im weitesten Sinne passend, »Brose & Butter« spielte. Mit dieser Melodie wurden die Scots Guards nämlich traditionell zum Essen gerufen.

Die Prozession endete bei Adalbert, vor dem der auf einem Silbertablett präsentierte und bis zum Bersten gefüllte, kochend heiße Sack gräulicher Farbe abgesetzt wurde. Sein Dampf erfüllte den Raum, sein Geruch ergriff Bietigheims Nase und rüttelte heftig daran. Der Haggis bestand aus einem mit Schafsinnereien gefüllten Schafsmagen. Neben Herz, Leber, Lunge und Nierenfett des Tieres waren auch noch Zwiebeln und Hafermehl sowie ein gerüttelt Maß an Pfeffer im Magen, aber im Kern war es doch Schaf, gefüllt mit Schaf.

Nur eben nicht mehr mit der Originalfüllung.

Hinter Adalbert wurde die schottische Nationalflagge mit dem Andreaskreuz aufgehängt, dann zog der Dudelsackspieler sein Sgian dubh aus der Messerscheide an der rechten Wade und reichte ihm feierlich das alte Schneidegerät. Adalbert holte tief Luft und stellte sich in Position, um den laut Burns »Great Chieftain o' the Puddin-race«, den »Großer Häuptling des Pasteten-Stammes«, zu loben, doch dann fiel ihm noch etwas ein. Er hatte eine kleine Überraschung für die versammelten Schotten vorbereitet.

»Ladies and Gentlemen, es ist eine gleichermaßen große Ehre für Sie wie für mich, dass ich heute an Robert Burns

Geburtstag dessen »Address to a Haggis« vortragen darf, wohl eines der größten kulinarischen Poeme der Weltliteratur. Zuvor möchte ich Ihnen jedoch mein Gastgeschenk überreichen, oder besser: einschenken lassen!« Er wandte sich an den befrackten Kellner. »Sie dürfen nun, neue Gläser bitte!« Interessiert verfolgten die Versammelten, was nun geschah. »Allzu gerne hätte ich Ihnen eine Flasche aus der vor Islay gesunkenen ›S.S. Prime Minister‹ spendiert.« Amüsiertes Lachen erklang. »Aber zu unser aller Bedauern ist dies ja nur eine der vielen Whiskylegenden Schottlands. Doch einen ungehobenen Schatz habe ich nichtsdestotrotz mitgebracht. Und zwar aus meiner Heimat. Nun ja, es ist nicht ganz meine Heimat, eine gute Stunde vom Stammsitz meiner Familie in Bietigheim entfernt liegt die Distillery schon. Es ist ein Black Forrest aus der badischen Staatsbrauerei Rothaus im Hochschwarzwald, ein echter deutscher Single Malt, gebrannt in kleinen Kupferbrennblasen, mit ausgesprochen weichem Rothauser Brauwasser gemaischt. Er reifte vier Jahre in Bourbon-Fässern, die in den Eiskellern lagerten.«

»Ist das Ihre bevorzugte Marke, Professor?«, fragte Tom Kitchin, der als bester Koch Edinburghs galt.

»Mein eigentliches Interesse gilt den rauen Whiskys der Insel Islay.«

Ein Raunen ging durch die Runde. »Hört, hört!«, rief ein Wildmetzger aus den Highlands.

»Sie sind so maritim, das erfreut mein hanseatisches Herz. Destilliertes Meer sozusagen!«

»Sammeln Sie auch?«, meldete sich die junge Pâtissière, und auch jetzt wurde Adalbert das Gefühl nicht los, ihre Fragestellung sei eigentlich nur auf Edward Macallan ausgerichtet.

»Nur alte Whiskys, mindestens dreißig Jahre.«

»Aber Sie wissen, dass Alter nicht alles ist?«, setzte sie nach, Wissen dokumentierend. Um nicht zu sagen: klugscheißend. Und auch wenn Adalbert dieses Wort niemals in den Mund nehmen oder denken würde: Klugscheißen war sein Metier, und er war darin führend.

»Ja, manche Whiskys erreichen mit zehn Jahren Reife ihr Optimum, andere mit zwölf oder sechzehn. Manche sind sogar schon mit der Mindestreifezeit von drei Jahren ein Hochgenuss. Doch mich faszinieren vor allem die Aromen der Reife: Butterscotch, Zartbitterschokolade, Holzrauch, schwarzer Pfeffer, Mandeln und Nüsse, Rosinen und Zimt. Und natürlich müssen sie im Fass gereift sein, denn sobald ein Whisky auf der Flasche ist, stoppt die Entwicklung.«

»Wissen wir alles«, raunte der Älteste in der Runde, ein Jakobsmuschelfischer von der Insel Mull.

»Dann sind wir nun ja alle auf demselben Wissensstand! Famos!« Er hob sein Glas und prostete allen zu. Der Whisky schien zu munden, man nahm schnell einen zweiten und dritten Schluck.

Adalbert hob das Kinn, sog laut die Luft ein, um seine Lungen zu füllen, damit er nun mit voller Stimme rezitieren konnte:

Fair fa' your honest, sonsie face,
Great chieftain o' the puddin'-race!
Aboon them a' ye tak your place,
Painch, tripe, or thairm:
Weel are ye wordy o'a grace
As lang's my arm.

Das Gedicht war acht Strophen lang, die Adalbert beim Frühstück auswendig gelernt hatte. Der entscheidende Moment kam in der dritten – und diese näherte sich nun. Adalbert hob das Messer in die Höhe. Die Schlachtung des dampfenden Haggis stand bevor.

His knife see rustic Labour dight,
An' cut you up wi' ready slight.

Adalbert stieß zu, mitten in den Haggis, mit großer Wucht und Präzision.

Die Spitze der Klinge drang ein.

Der Haggis riss auf.

Sein kochend heißes Inneres spritzte heraus wie eine Fontäne aus Schafsaft, sie hätte die Nächstsitzenden getroffen – doch diese hielten ihre Servietten schützend empor. Großes Gelächter erklang, das plötzlich noch lauter wurde. Finger deuteten auf den Platz rechts neben dem Haggis. Als der Professor dorthin blickte, sah er Bennos Schnauze und den aufgeplatzten Haggis. Ersteres in Letzterem. Sein Foxterrier riss den ganzen Kladderadatsch nun herunter und schüttelte den Haggis auf dem Boden knurrend hin und her, als wäre dieser noch nicht tot. Dann gab er ihm den Rest.

Adalbert räusperte sich vernehmlich. »Dieser Haggis war nicht korrekt zubereitet! Er hatte so viel Druck wie eine Champagnerflasche, die man über den Gotthard gefahren hat!«

Edward Macallan stand auf und klopfte ihm breit grinsend auf den Rücken. »Doch, es war genau richtig! Wir sagen dem Koch immer, er soll ihn so kochen, dass er spritzt wie Sau. Ist das nicht ein Spaß?«

Bietigheim wischte sich den Haggissaft aus dem Gesicht. »Ich bevorzuge Späße, über die ich im Vorfeld informiert werde, damit ich mich darauf einstellen kann, herzhaft zu lachen. Zudem haben wir nun nichts mehr zu speisen. Benno benimmt sich sonst nie so, der Koch muss etwas in das Gericht getan haben, das Hunde lieben.«

»Ja, Fleisch!«, rief der Jakobsmuschelfischer und schlug sich vor Vergnügen auf die Oberschenkel.

»Wir lassen zur Sicherheit immer mehrere Haggis zubereiten«, erklärte Macallan. »Ist also nicht schlimm, dass Ihr Jagdhund seinen Haggis schon erlegt hat.«

Die Schotten hatten ihre Freude, aber zum Gespött machen ließ Adalbert sich nicht. Und er wusste genau, wie er die Runde wieder zur Besinnung bringen konnte.

Indem er weiter rezitierte.

Trenching your gushing entrails bright,
Like ony ditch;
And then, O what a glorious sight,
Warm-reekin', rich!

Adalbert warf sich in die Brust, je dicker er Pathos draufschmierte, desto besser mundete der Vortrag den Zuhörern, und er begann das »R« nach Schottenart zu rollen, also so, als stecke ihm eine große Gräte im Hals. Mit jeder Zeile ließ er sich weiter forttragen von den enthusiastisch-lukullischen Versen Burns, er stieg, einem Impuls folgend, sogar auf den Tisch und endete schließlich geradezu euphorisch mit »But, if ye wish her gratefu' prayer / Gie her a haggis!«.

Auch als Hanseat konnte man sich einmal gehen lassen – zumindest wenn man dabei angemessen gekleidet war.

Nach dem Ende seines Vortrags herrschte Stille.

Offene Münder.

Dann brach Jubel aus, die anwesenden Schottinnen und Schotten erhoben sich von ihren Sitzen, sie applaudierten, pfiffen, johlten, dem alten Fischer standen die Tränen in den Augen, und er sagte später, es sei gewesen, als hätte Burns selbst vor ihm gestanden.

Noch beim Essen wurde über Adalberts Vortrag gesprochen, als der Haggis traditionell mit Neeps und Tatties verspeist wurde, mit Steckrüben und Kartoffeln. Benno startete keinen neuen Versuch einer Haggisjagd, lag stattdessen zusammengerollt vor Adalberts Füßen und gab ab und an ein tiefes Stöhnen von sich. Haggis stand zu Recht selten auf dem Speiseplan eines Foxterriers.

Nach dem Essen ging es wieder hinaus auf die Terrasse. In der klirrend kalten Winterluft genoss man einen weiteren Whisky, und was für einen. Ein 50 Jahre alter Single Malt, den James Bond, und damit einer der berühmtesten Schotten, wie Edward Macallan stolz bemerkte, im Film »Skyfall« als sein Lieblingsgetränk bezeichnete. Er stammte von der Speyside Distillery Macallan, mit dessen Eigentümern der Gastgeber, wie er mit Bedauern feststellte, leider nicht verwandt oder verschwägert war.

Der Professor war gerade in ein Gespräch mit dem Wildmetzger versunken, diskutierte die Unterschiede in der Verarbeitung von Rot- und Schwarzwild, als ihm auffiel, dass der Highland-Chocolatier verschwunden war. Er tauchte erst wieder auf, als die Gesellschaft sich zurück an ihre Plätze begab, um die kommenden Gedichte und Lieder von Burns mit einer ordentlichen Menge Whisky herunterzuspülen. Auch diese Texte würden in einem festen Ritual vorgetragen werden, wie Adalbert recherchiert hatte. Bei einem würden zum Beispiel die Frauen in Witzen auf den Arm genommen, bevor man ihnen einen Trinkspruch widmete. Jedes Jahr aufs Neue. Und immer wieder amüsierte es die Anwesenden, so wie man in Deutschland alljährlich darüber lachte, wenn James in »Dinner for One« über den Tigerkopf stolperte – und erst recht, wenn er es nicht tat.

Als Adalbert sich nach all den Vorträgen zurückziehen wollte, hielt ihn Edward Macallan auf und bat um ein kurzes Gespräch unter vier Augen. Er führte ihn fort vom Eingang zur Gatehouse Suite, zu den schweren Zinnen, die sie vom Abgrund trennten.

»Mein Freund Cameron ist Distillery Manager von Laphroaig auf Islay.«

Adalbert hatte wenig Lust, mit seinem Gegenüber zu reden, die Sache mit dem Haggis war für ihn noch nicht vergeben. »Damit ist er so weit von Ihnen fort, wie ich es nun gerne wäre.«

Macallan ging nicht darauf ein. »Und er hat etwas gefunden.«

»Schön für ihn.«

»Im Moor.«

»Wie idyllisch.« Adalbert blickte demonstrativ nicht zum Chocolatier, sondern über die Stadt, die nun die Lampen eingeschaltet hatte und dem dunklen Nachthimmel einen heimeligen Schein entgegensetzte.

»Er hat eine Leiche gefunden«, erzählte Macallan weiter.

»So, so.« Der Professor zeigte seine Aufregung angesichts dieses Substantives nicht. Doch bei Leiche dachte er sogleich an Mord, und bei Mord daran, einen Täter seiner Strafe zuzuführen. Dies war stets ein besonderer Moment, zu sehen, wie Gerechtigkeit hergestellt wurde – zumindest so viel, wie nach einer Gewalttat noch möglich war.

»Nun will er Archäologen informieren.«

»Eine weise Entscheidung.«

»Aber vorher sollen Sie sich die Leiche anschauen.«

»Ich?« Bietigheim drehte sich um.

»Ja, Sie, Professor.«

»Leichen sind nicht mein Spezialgebiet.«

»Na ja.«

Adalbert konnte sich ein Lächeln nicht verkneifen. »Frische Leichen. Alte sind etwas anderes.«

»Wenn Cameron Archäologen auf die Insel holt, und es stellt sich heraus, die Leiche ist nur einer, der vor fünfzig Jahren besoffen im Moor umgekippt ist, dann macht er sich lächerlich. Und auf einer kleinen Insel bekommt man so etwas sehr, sehr lange aufs Brot geschmiert.«

»Dann soll er zuerst die Polizei informieren.«

»Die ist betrunken.«

»Ja, aber doch nicht konstant!«

»Doch. Auf Islay schon. Die Polizei heißt Derek, und

Derek ist betrunken. Er ist das letzte Mal vor siebenundvierzig Jahren nüchtern gewesen, da lag er für zwei Tage im Koma vom Saufen, und der Alkohol hatte Zeit, zu verdunsten. Ich habe Cameron von Ihnen erzählt, Professor, und er will Sie.«

»Nun ja, das ist sehr schmeichelhaft. Aber was habe ich davon? Meine Zeit ist wirklich kostbar. Ich muss zurück nach Hamburg, das Amt des Kanzlers der Universität wird neu besetzt, und wenig überraschend bin ich einer der Favoriten. Es gilt, Wahlkampf zu führen.«

»Weiß ich doch. Ihre süße Assistentin hat mir davon erzählt, als ich Sie für heute Abend angefragt habe.«

»Na, dann wäre das ja geklärt.«

»Nachdem ich knallhart verhandelt habe, bietet Cameron Ihnen eine Flasche fünfzig Jahre alten Laphroaig für einen kurzen Blick auf die Moorleiche.«

»Es gibt doch gar keinen fünfzig Jahre alten! Der Älteste auf dem Markt ist vierunddreißig Jahre.«

Macallan kam näher und senkte die Stimme. Er sprach nun sehr langsam und leise. »Wenn der Distillery Manager sagt, dass es einen fünfzig Jahre alten gibt, dann …«

Bietigheim beendete den Satz: »… muss ich ihn natürlich unbedingt verkosten! Also, wann fahren wir los?«

»Morgen Mittag geht es nach Kennacraig, und von da nehmen wir zwei Hübschen die Fähre nach Port Ellen.« Er legte dem Professor seinen Arm um die Schulter. »Vorher haben wir noch einen langen Abend vor uns. Die Leiche wird uns bis dahin schon nicht weglaufen.«

»Dafür«, sagte Adalbert, »müsste sie schon einiges an Whisky trinken.«

***

Der Professor hatte darauf bestanden, am nächsten Morgen früh aufzubrechen, er wollte nicht kurz auf knapp an der Fähre ankommen. Macallan saß mit glasigem Blick am

Steuer. Es war unklar, wie viel hochprozentiger Restalkohol sich am Nachmittag noch in Edward Macallans Blut befand, doch die Schwarzmeerflotte wäre damit wohl ein paar Tage hingekommen.

Zwar gab es Autobahnen in Schottland – jedoch nur um Glasgow und Edinburgh. Darüber hinaus existierten selbst auf Strecken zu größeren Ortschaften wie Inverness oder Aberdeen nur Straßen, denen es häufig an korrekter Begrenzung, einem geraden Verlauf oder zwei Spuren mangelte – meist jedoch an allem dreien. Nichtsdestotrotz fuhren in beide Richtungen Wagen, darunter Lkws, und alle gern in hohem Tempo. Bietigheim hielt sich die ganze Zeit am Handgriff fest und versuchte, den von Edward Macallan schwungvoll gesteuerten Wagen mittels der Kraft seiner Gedanken auf der Straße zu halten.

Adalbert kam es vor, als hätte er mit dem Atmen erst wieder begonnen, als sie das Fährschiff »MV Hebridean Isles« der »Caledonian MacBrayne« im Hafen von Kennacraig erreichten und der Wagen endlich im Bauch des weißen Ungetüms zum Stehen kam.

Edward Macallan trank drei Kaffee, schlief aber trotzdem ein.

Die spiegelnde Oberfläche des heute auffallend ruhigen Nordatlantiks wirkte auf den am Bug des Schiffes stehenden Professor wie ein Leichentuch, das nichts preisgab.

Kulinarisch war die Überfahrt ein einziges Desaster, was Adalbert dem Küchenpersonal auch mitteilte, als er seine Speisen zurückbrachte. Er probierte trotzdem alle durch. Und wollte danach den Kapitän sprechen, der sich wunderte, wie der Mann mit dem Foxterrier auf seine Brücke vorgedrungen war. Er erhielt einen kostenlosen Vortrag über die weltweite Entwicklungsgeschichte der Kantine, unter besonderer Berücksichtigung von Militärküchen sowie Kombüsen.

Der Kapitän wies mehrfach höflich darauf hin, dass er

arbeiten müsse, was Bietigheim keineswegs beeindruckte. In seiner Not löste der Schiffsführer einen Alarm aus, und alle mussten an Deck.

Dort verbrachte der Professor – wie auch alle übrigen Passagiere – den Rest der Überfahrt. Die Winterluft fühlte sich aufgrund des Fahrtwinds geradezu polar an. Die Stimmung war bombig, um nicht zu sagen: explosiv. Der Professor inspizierte ausführlich die Rettungsboote, bei denen ein Hinweisschild die Inbetriebnahme wie auch das zu Wasser lassen erklärte. Er las sich alles gründlich durch. Falls er wieder mit solch einem kulinarischen Desaster konfrontiert werden würde, hatte er wenigstens eine Fluchtmöglichkeit.

Die Ankunft auf Islay war für Adalbert eine wahre Erleichterung, Benno nahm er dafür sogar auf den Arm. Der Foxterrier bellte die Insel prophylaktisch an, um Hunden am Ufer zu melden, wer der neue Chef war. Sein Herrchen genoss die Aussicht auf drei der weiß gestrichenen Whisky-Distilleries der Hebrideninsel, die wie Perlen vorbeizogen: Ardbeg, Lagavulin und Laphroaig. Legenden, eine wie die andere. Diese südlichste Insel der Inneren Hebriden bestand aus Moor und Stein, war übersät mit Geschichten und Legenden – und getränkt mit Whisky.

Doch nun wartete auf diesem außergewöhnlichen Flecken Erde eine Leiche darauf, von Adalbert begutachtet zu werden. Wobei dies der Leiche selbst wohl völlig unwichtig war.

Der Hafen Port Ellen war klein, der Anleger stieß aus einem halb runden natürlichen Hafen, dem Loch Leodamais, hervor, um den die weiß gekalkten Häuser wie brave Chorknaben angeordnet waren. Zur Linken erhob sich eine Art Fabrik, die wie ein ungelenker Riese in der friedlichen Gegend stand.

»Was ist das dort drüben?«, fragte der Professor den bei der Einfahrt neben ihm stehenden Edward Macallan.

»Das ist Port Ellen. Also nicht der Ort.«

»Selbstverständlich nicht der Ort.«

»Sondern die Mälzerei. Ursprünglich war es eine Distillery. Die Kleinste von dreien, die damals DCL gehörten, das ist ein Riesenkonzern. Die andern beiden sind Lagavulin und Caol Ila. 1983 war dann Schluss, damals war die Nachfrage Whisky betreffend halt nicht so groß. Port Ellen hat gerade einmal läppische sechzehn Jahre produziert. Nachdem sie abgebaut wurde, gingen die Brennblasen nach Indien, und das Ganze wurde in eine Mälzerei umgewandelt, die heute alle Distilleries der Insel beliefert.«

»Ich weiß selbstverständlich alles über diese Distillery. Auch dass die in den sechzehn Jahren gebrannten Whiskys äußerst selten sind.«

»Und supergut! Der Name ist mittlerweile Legende. Vielleicht haben wir nach der Leichenschau noch Zeit für einen Besuch der Maltings.«

»Nein, danke. Ich bin nur hier, um eine Leiche in Augenschein zu nehmen.«

»Und wegen des fünfzigjährigen Laphroaig.« Macallan grinste breit.

»Sie müssen mich nicht auf materialistische Beweggründe reduzieren!«

»Unter uns: Sie sollten echt hoffen, dass Bowmore auch eine Moorleiche hat.«

»Wieso? Eine Leiche ist wahrlich mehr als genug. Sie sind unangemessen makaber.«

Macallan biss in einen Schokoriegel mit Karamellfüllung. »Aber auf diese Weise könnten Sie vielleicht an ein Fläschchen des Bowmore 1957 herankommen, des ältesten Islay Single Malt Whiskys, der jemals auf den Markt gebracht wurde. Vierundfünfzig Jahre lagerte der Kerl im Fass, es gibt nur zwölf Flaschen, jede kostet hunderttausend Pfund.«

Der Professor konnte sich ein Schmunzeln nicht verkneifen. »Nun gut, dafür würde ich mir tatsächlich ein Dutzend Moorleichen anschauen.«

»Dann hoffen wir mal, dass wir noch ein paar finden!«

Es war dunkel, als sie endlich aus dem Bauch der »MV Hebridean Isles« fuhren.

Nach fünfzig Metern kamen sie an ihrer Pension an.

Das »Trout Fly Bed & Breakfast« war ein schmales Haus, das zwischen zwei anderen wie eingeklemmt wirkte. Der Vorgarten sah so perfekt aus, als würde er mit der Maniküreschere gepflegt.

Der Professor rollte seinen Koffer zum Eingang, Benno zog so stark an der Leine, dass er mehrfach umzufallen drohte. Der Foxterrier wollte die Insel erkunden. Beziehungsweise einnehmen.

Die Hausherrin erwartete ihre Gäste bereits vor dem Haus, die Arme vor der Brust verschränkt, ihre dauergewellten braunen Haare hatten die Elastizität von Stahlbeton.

»Ich bin Elisabeth Harrington. Sie kommen sehr spät.« Sie hielt ihm ihre Armbanduhr ins Gesicht. So nah, dass er unmöglich die Uhrzeit erkennen konnte.

»Nun ja, wir erhielten nur einen Platz auf der letzten Fähre.«

»So ist es, wenn man sich erst zu spät um ein Ticket kümmert. Seien Sie leise, die anderen Gäste schlafen bereits, und die Wände sind dünn. Wann stehen Sie morgen auf?«

»Nun ja, darüber habe ich noch nicht …«

»Das muss ich wissen, und nicht erst zu nachtschlafender Stunde. Alle anderen Gäste stehen früh auf, da wäre es am besten, Sie stünden auch früh auf. Ich hoffe, Ihr Hund bellt nicht.«

»Niemals ohne guten Grund.« Das stimmte sogar. Aber manchmal war der Grund schlicht Langeweile.

»Wo ist der Herr vom zweiten Zimmer?«

Bietigheim blickte zurück zur Straße, dem Frederick Crescent. Kein Edward Macallan. Auch sein Auto, ein schokoladenbrauner Land Rover Defender mit dem Logo seiner Highland-Chocolaterie, war fort.

»Er trifft später ein«, sagte der Professor zu Mrs Harrington. »Spät in der Nacht und vermutlich ausgesprochen laut.« Er schenkte der Hausherrin ein Gratislächeln, doch es wurde nicht erwidert.

»Ich werde nicht aufmachen, am Telefon habe ich ihm deutlich gesagt, wie die Hausregeln sind.«

Mittlerweile war Adalbert klar, warum es nur in dieser Pension noch freie Zimmer gegeben hatte. Trotz des hohen Preises. Diesen zahlte man vermutlich für die herzliche Atmosphäre.

Sie reichte ihm den Schlüssel und zeigte, wo es zu seinem Zimmer ging. »Gehen Sie noch in die Bar vom ›Islay Hotel‹?«, fragte Elisabeth Harrington. »Da ist heute Abend Ceilidh. Eilidh Shaw und Ross Martin spielen. Aber nur, dass Sie es wissen: Ich dulde hier keine Betrunkenen. Und wenn Sie sich übergeben müssen: bitte draußen!«

»Ich hatte weder vor, mich zu betrinken, noch zu übergeben, noch den Abend in einer Bar zu verbringen. Ich werde mit Benno spazieren gehen, ihn sein Bächlein machen lassen und früh zu Bett gehen. Denn morgen habe ich eine Verabredung mit dem Tod.«

Ohne ein weiteres Wort ging er in sein Zimmer und ließ die Tür hinter sich ins Schloss fallen.

Nur einen kleinen Hauch zu laut.

***

Als Adalbert am nächsten Morgen am Frühstückstisch saß, war er sich sicher, dass das freie Zimmerkontingent nur mit der fehlenden Herzlichkeit seiner Hausherrin zusammenhängen konnte.

Denn das Essen war famos!

Ein Full Scottish Breakfast. Mit geräuchertem Lachs, Haddock und Kippers. Dazu noch Jakobsmuscheln und, wie Mrs Harrington mitteilte, ein frisch gefangener Brown Trout. Es sah aus wie ein Besuch im Aquarium. Dazu gab es Black Pudding, Würste, Tattie Scones sowie natürlich angebratene Tomaten und Pilze, Haggis und auf Wunsch Porridge. Ein Frühstück, nach dessen Verzehr man fraglos Baumstämme werfen oder die Engländer aus dem Land vertreiben konnte.

Edward Macallan aß all dies mit großem Vergnügen und ohne ein Wort darüber zu verlieren, wo er am Vorabend war. Auch Benno von Saber hatte merklich Freude an dem Frühstück, denn der Professor reichte nach kurzem Produkttest und Abfotografieren alles weiter unter den Tisch, damit die Herbergsmutter nicht über einen noch zu vollen Teller mäkelte. Zusätzlich machte er sich mentale Notizen, um später darüber referieren zu können, und genoss den tatsächlich hervorragenden Scottish Breakfast Tea.

Die Laphroaig Distillery lag gerade einmal anderthalb Meilen entfernt an der Südküste, weshalb Bietigheim beschloss, die Strecke in der herrlichen, winterlichen Morgenluft zu Fuß zu gehen, Macallan hingegen wollte fahren, um vor Ort schon mal einen Guten-Morgen-Whisky zu nehmen.

Bietigheim musste ihn unbedingt fragen, was man darunter verstand.

Gleich nachdem sie aus dem Hotel traten, erklärte Benno die Hafenpromenade von Port Ellen kläffend zu seinem Herrschaftsbereich und machte so viele Bächlein, dass der dick eingemummelte Adalbert sich ernsthaft fragte, wie die Blase eines kleinen Foxterriers so viel fassen konnte.

So schottisch und alt die eng stehenden Häuser aussahen, beherbergten sie doch auch ein indisches Restaurant und einen Supermarkt. Allerdings war niemand zu sehen, das Dorf war wie ausgestorben, kein Wagen fuhr. Es wäre ganz still gewesen, doch das Meer war laut und ungestüm, vor lauter Schaumkronen wirkte es wie sprudelnd kochende Milch. Der Wind war hart und pur, schneidend in seiner Klarheit, es war ein Wind, der vor dem Meer, seiner Kraft und Tiefe warnte. Was solch ein Wind wohl mit den Menschen anstellte, die ihm ständig ausgesetzt waren, dem durchdringenden Geruch nach Tang, den Salzkristallen, die in ihm gelöst waren?

Er würde herausfinden, ob dieser die Bewohner Islays härter oder weicher werden ließ.

Laphroaig war von Port Ellen aus die nächstliegende der acht Insel-Distilleries. Eine kleine Straße führte dorthin, linker Hand die Torffelder, welche nicht zu enden schienen, rechts das stetig noch aufgewühlter werdende Meer, wie eine wilde Bestie ans Ufer springend und sich nur zurückziehend, um abermals Anlauf zu nehmen.

Es war beruhigend, die massiv wie eine Trutzburg errichtete Distillery zu sehen. Der Name hieß übersetzt »Schöne Niederung an der breiten Bucht« – und er sah sofort, wieso. Aus dem typischen Schornstein mit dem Pagodendach stieg Rauch, sie mussten heute Gerste mälzen. Edward Macallans schokoladenbrauner Land Rover stand auf dem Parkplatz vor dem Eingang. Besucher sollten links entlang, doch der Professor nahm den Weg, der für Lkws und Mitarbeiter gedacht war. Schließlich hatte man ihn hergebeten.

Er betrat den Eingang, der zum kleinen Museum und dem Shop der Distillery führte. Hinter dem Tresen stand eine junge, braunhaarige Dame mit Pferdeschwanz im Laphroaig-Sweatshirt und begrüßte ihn freundlich.

»Willkommen bei Laphroaig!«

»Professor Dr. Dr. Bietigheim mein Name, ich werde

erwartet.« Den Doktor ehrenhalber ließ er meistens weg, das wäre sonst angeberisch.

»Oh, schön. Von wem?«

»Dem Manager dieser Distillery«, antwortete Bietigheim harsch.

Die junge Frau zögerte. »Und wie ist sein Name?«

Macallan hatte ihn nie genannt. »Das müssen Sie doch wissen!«

»Er ist heute leider nicht zu sprechen.« Sie lächelte. »Kann ich Ihnen mit etwas anderem weiterhelfen? Wir haben heute Käse mit Laphroaig im Angebot.«

»Ach, bleiben Sie mir doch weg mit Käse! Den sollen Sie mir weder erzählen noch verkaufen! Ich bin eine Koryphäe, was Käse betrifft.« Wobei ihm gerade auffiel, dass er diesen Käse noch nicht verkostet hatte. Er sah wirklich interessant aus. Ausgehend von diesem könnte er eine Abhandlung über die Verwendung von Whisky in der Käseproduktion schreiben – und damit die erste ihrer Art. »Ich nehme ein Stück!«

Die Verkäuferin nickte überrascht. »Sehr gern. Auch etwas Lachs mit …«

»Haben Sie zufällig einen gewissen Herrn namens Edward Macallan gesehen? Er wollte mit mir zum Distillery Manager.«

»Sie gehören zu Eddie?« Mit einem Mal strahlte sie. »Der ist schon oben bei Cameron. Warten Sie, ich bring Sie hoch, und den Käse nehmen wir gleich mit. Geht aufs Haus!«

Das Namensschild an der Bürotür wies den Distillery Manager als Cameron McFallon aus. Cameron war ein groß gewachsener Mann mit braunem Lockenschopf, den man aufgrund des festen Händedrucks und seines breiten Lächelns im Dreitagebartgesicht eher für einen Lagerarbeiter als einen Bürohengst gehalten hätte. Er trug ein Holzfällerhemd, Jeans und grüne Gummistiefel.

Allerdings alles mit dem Logo des Hauses.

»Mann, was bin ich froh, dass Sie so kurzfristig auf unser kleines Eiland gekommen sind, Professor.« Er reichte ihm beide Hände und schüttelte die des Professors kräftig.

»Es ist nicht allein Gutmenschentum, welches mich herführt, sondern auch der versprochene Fünfzigjährige.«

Cameron sah Edward Macallan an und nickte anerkennend. »Der Mann gefällt mir! Er setzt die Prioritäten richtig.« Der Manager griff sich einen dunkelgrünen Pullover, den er über den Kopf zog. »Aber erst die Moorleiche. Wir müssen nur über die Straße. Vorher alle Mann Gummistiefel anziehen. Wir haben immer welche für Besucher da.«

Sie hatten sogar welche in allen Größen, denn man konnte kostenlos Besitzer eines Fleckchens Moor werden und dieses dann besuchen. Ohne Gummistiefel war dieser Ausflug jedoch ein Desaster für die Hosen.

Sie mussten nur den Weg zur Straße zurück, über diese, ein Gatter öffnen, und schon waren sie da. Adalbert ließ Benno von der Leine, dieser jagte los und sah nach drei Sekunden aus, als habe er eine Fangopackung erhalten. Das Moor war trotz der Temperaturen nicht gefroren, allerdings sehr kalt. Heidekraut bedeckte es, aber auch allerlei Gräser, überall standen kleine Nationalflaggen, manchmal auch ausgewachsene Exemplare. Es waren viele deutsche und schweizer darunter. Einige hatten bereits die Farbe verloren. Adalberts Gummistiefel schmatzten im feuchten Boden, als er zwischen ihnen Slalom ging.

»Damit kennzeichnen die Besitzer ihr Stück Land«, erklärte Cameron. »Es gibt eine Urkunde mit GPS-Koordinaten – und die kleinen Fähnchen hier kostenlos dazu. Ein großer Spaß.« Hinter einer kleinen Hügelgruppe lag das, was kein Spaß war. Cameron hatte eine Lkw-Plane darüberlegen lassen und sie mit schweren Steinen fixiert, aus denen sonst die typischen niedrigen Mäuerchen errichtet wurden.

»Dieses Stück wollten wir bald für die Landstücke unserer ›Friends of Laphroaig‹ freigeben. Doch dann fanden wir die Leiche. Sie ist wirklich kein schöner Anblick. Sind Sie bereit, Professor?«

»Es ist leider nicht die erste Leiche für mich. Ich will nicht sagen, dass ich mich daran gewöhne, das werde ich hoffentlich nie, aber mein Magen reagiert mittlerweile sehr gelassen.«

»Hilfst du mir, Eddie?«, fragte der Manager. Gemeinsam schoben sie die Steine von der Plane und klappten sie zur Seite.

Adalbert stellte sich ganz nah an den Rand des ausgehobenen Bereichs, in dem, noch zum Teil von Torf bedeckt, die Leiche lag. Zu sehen waren das freigelegte Gesicht und der Brustbereich. Es wirkte, als sei die Haut schwarz angemalt worden. Der Professor hatte so etwas erwartet, nachdem er sich am Abend in Edinburgh noch über derlei konservierte Leichname kundig gemacht hatte.

»Durch das saure Milieu des Moors und den Sauerstoffabschluss werden Leichen gut konserviert, allerdings lösen sich die mineralischen Anteile der Knochen auf.«

»Ah, so«, Cameron McFallon schien ehrlich beeindruckt. »Was meinen Sie, wie alt der Bursche ist?«

»Wenn es sich überhaupt um einen ›Er‹ handelt. Der erste Eindruck kann täuschen. Sie sollten diese wertvolle Moorleiche zur Konservierung übrigens gleich wieder vollständig mit Torf bedecken, sonst droht sie zu verschimmeln wie auch zu verwesen.«

Die Leiche lag auf dem Rücken, die Arme mussten hinter dem Rücken verschränkt sein, vielleicht ein besonderes Beerdigungsritual der Hebriden. Es sah auf jeden Fall nicht aus, als wäre der Tote einfach bei der Arbeit gestorben und ins Moor gefallen. Der Zufall ließ niemanden so ordentlich liegen.

Der Professor geriet in Referiermodus. »Wussten Sie eigentlich, dass bis in die frühe Neuzeit solche Leichen zu sogenanntem Mumia verarbeitet und als Arzneimittel verkauft wurden? Sie sollten bei dieser aber davon absehen. Seit der Mechanisierung des Torfabbaus sind die Funde nämlich sehr selten geworden. Die meisten werden zerstört, ohne dass es jemand mitbekommt.« Er klatschte entschlossen in die Hände. »Dann werde ich mal hinuntersteigen.«

Adalbert kam sich ein wenig wie ein Grabräuber vor.

Das führte zu einem angenehmen Prickeln entlang seines Rückgrats.

Benno war natürlich vor ihm unten. Auf der Brust der Leiche. Der Professor hob ihn empor und drückte den Foxterrier Macallan in die Arme. Zu seiner Überraschung nahm Cameron McFallon den sich wie einen Aal windenden Benno ohne Mühe an sich. »Ich habe Erfahrung mit denen.« Und tatsächlich, Benno war Butter in seinen Armen.

Bietigheim ging in die Knie und wandte sich der Leiche zu. Er hatte eine Taschenlampe dabei und sein Schweizer Offiziersmesser, aus dem er nun die große Klinge klappte, um das Gesicht der Moorleiche von Erde zu befreien. Es stellte sich heraus, dass der Hals fürchterlich zerfetzt war, als wäre ein Wolf an die Kehle gesprungen. Erde war tief in Luft- und Speiseröhre gedrungen, Bietigheim musste eine aufkommende Übelkeit unterdrücken. Dann befreite er den Oberkörper vorsichtig von Erde, um den Stoff der Kleidung zu erkennen.

Er kratzte etwas mehr, dann nahm er die Hände zu Hilfe und legte die komplette Brust frei.

»Und? Können Sie schon was sagen?«, fragte Cameron McFallon von oben. »19. Jahrhundert? Achtzehntes? Oder noch älter?«

»Nein, nicht älter. Das Jahrhundert kann ich zwar nicht ganz genau bestimmen, aber ich denke, der Zeitraum, in dem er lebte, ist trotzdem gut eingrenzbar.«

Bietigheim stand auf und gab den Blick frei. Die Männer über ihm sagten zeitgleich: »Heilige Scheiße!«

»Der erste Hinweis«, fuhr Adalbert seelenruhig fort, »ist, dass es T-Shirts erst seit Anfang des 20. Jahrhunderts gibt. Exemplare mit Logo sogar erst bedeutend später. Und solche mit dem Aufdruck des Logos einer Whisky-Distillery noch viel später.« Er stieg aus dem Grab. »Besonders delikat wird es dadurch, dass dieses zu dem Betrieb gehört, der nur wenige Hundert Meter entfernt liegt und meines Wissens Ihr stärkster Konkurrent ist.«

Damit drehte er sich zum Grab und schoss mit seiner alten Leica ein Foto. Der Name auf dem T-Shirt war verschnörkelt geschrieben, jedoch gut lesbar.

Es war Lagavulin.

Und damit war eines klar.

Diese Leiche käme nicht ins Museum.

KAPITEL 2

Proof

Sie saßen zusammen in dem kleinen Raum, der für Freunde der Distillery reserviert war. Schwarze Ledersofas standen vor einer Wand mit leeren Whiskyfässern, auf denen bedeutende Jahreszahlen der Distillery geschrieben waren.

Das aktuelle Jahr würde nun auch dazugehören.

Vor ihnen standen gefüllte Whisky Tumbler.

Keiner hatte seinen angerührt.

»Ich wiederhole mich ungern, denn für Wiederholungen ist mir meine Zeit zu kostbar, doch Sie wollen ja nicht hören. Es gilt, nun die Polizei zu informieren«, sagte der Professor. Benno lag neben ihm auf dem Rücken und schlief selig.

Cameron McFallon stand auf, verschränkte die Hände hinter dem Kopf. »Nein, Herr Professor. Derek ist keine Lösung, Derek ist ein Problem.«

»Derek ist dein Problem, Cameron«, korrigierte Edward, dann nahm er einen Schluck – und das Glas war leer. Er wandte sich an den Professor. »Eigentlich ist er harmlos. Ihn interessieren nur zwei Dinge: Saufen und Fischen. Vor allem Lachse. Und da liegt das Problem.«

»Soll der Arsch halt woanders fischen!«, rief Cameron, stellte sich ans Fenster und blickte auf das stürmische Meer.

Macallan goss sich nach. »Die Sache ist so, Professor, es gibt drei Flüsse auf Islay, die für das Lachsfischen ideal sind: Laggan, Sorn und Uisg an t-Suidhe. Von diesen ist der Laggan die beste Wahl. Es gibt Abschnitte, wo man quasi nur ins Wasser greifen muss, um einen Lachs zu fangen.«

»Na, na! Das erfordert trotzdem einiges an Können«, sagte Cameron McFallon, verließ das Fenster und begann, mit dem Hemdsärmel die Fässer abzustauben, auf denen kein Staub lag.

»Glauben Sie ihm kein Wort, Professor. Es gibt da nicht nur die meisten, sondern auch die schwersten Lachse. Und zwar beim Abschnitt, der Camerons Clan gehört, dem Devil's Punch. Camerons Vater ließ niemanden dort fischen, auch nicht Derek, obwohl der bat und bettelte, Geld bot, Straffreiheit bis ans Lebensende, alles. Doch Camerons Vater wollte nicht, er wollte allein die dicksten Lachse vorzeigen können, bis an sein Lebensende. Dass jemand anderes den dicksten Brocken aus dem Devil's Punch holt, wäre ihm ein Graus gewesen. Als er starb, dachte Derek: Jetzt endlich! Da war das Ganze schon zu einer fixen Idee geworden.«

»Hätte er nicht einfach hingehen und fischen können?«, fragte der Professor. »Dort wird doch nicht immer jemand sein? Nachts zum Beispiel.«

Cameron McFallon kam wieder zu ihnen an den Tisch, setzte sich aber nicht. »Wenn die Lachse springen, ist fast immer einer aus der Familie da, aus der ganzen Welt kommen sie zurück in ihre Heimat. Nachts ist natürlich keiner da. Aber wenn Derek dann einen Brocken gefangen hätte – wem davon erzählen? Mit so einem Fisch will man angeben.«

»Aber man sieht einem Fisch doch nicht an, wo er gefangen wurde!«

Cameron McFallon musste grinsen. »Glauben Sie mir, Professor, hier auf Islay schon.«

Macallan nahm den Faden auf. »Als Camerons Vater starb, dachte Derek, es wäre endlich so weit und er dürfte zum Devil's Punch. Noch am Tag des Todes stand er auf der Matte. Doch er hatte nicht mit dem Testament gerechnet, das ihm den Zutritt für alle Zeit verbot.«

Der Manager goss Macallan nach. »Derek hat sich an dem Tag ins Koma gesoffen. Ich kann's verstehen. Seitdem tut er alles gegen meine Familie, was geht. Es ist die Hölle. Wenn er diese Leiche findet, wird er versuchen, mir den Mord anzuhängen, denn dass sich der Bursche da nicht alleine hingelegt und zugebuddelt hat, ist ja wohl klar.«

»Nun, nicht ganz«, sagte Bietigheim. »Er könnte eines natürlichen Todes gestorben und dann dort begraben worden sein, damit nicht bekannt wird, wo er wirklich starb. Vielleicht in einer kompromittierenden Situation. Natürlich wäre dann eine Entsorgung im Meer einfacher gewesen – wobei dabei stets die Gefahr besteht, dass die Leiche wieder angespült wird oder sich in einem Fischernetz verfängt. Wir sollten auch die Möglichkeit ins Auge fassen, dass jemand die Leiche bewusst auf dem Landbesitz von Laphroaig platziert hat, um Ihnen Probleme zu bereiten.« Er holte seine Pfeife aus der Tasche. »Aber was Ihr Argument mit der lokalen Polizeigewalt angeht, spielt all das natürlich keine Rolle. Für diesen Derek wäre der Fund so oder so eine Steilvorlage.«

Sie schwiegen sich an, und das Schweigen wurde so dick, dass man es schneiden konnte.

»Und dann ist da noch die Sache mit dem Hals. Sie ist vielleicht unsere beste Spur. Der Bisswunde zufolge stammt sie von einem großen Hund. Besitzt jemand auf Islay einen solchen, oder erinnern Sie sich an einen Besucher, der mit einem großen Hund eintraf? Einem aggressiven?«

McFallon schüttelte den Kopf. »Da wüsste ich von.«

»Sie müssen Cameron helfen, Professor!«, sagte Edward Macallan und goss Whisky in den Tumbler vor Bietigheim, obwohl dieser noch gar nichts getrunken hatte. »Klären Sie den Mord auf, dann kann Derek gar nichts machen.«

»Also, meine Herren, Ihre Sorgen in allen Ehren, aber in drei Wochen beginnen die Vorlesungen an der Universität Hamburg wieder, bis zu diesem Zeitpunkt ist der Kanzler gewählt, und ich darf sehr davon ausgehen, dass man mir dieses Amt anvertrauen wird. Allerdings müssen dafür noch einige Gespräche geführt und Dummköpfe überzeugt werden.« Außerdem, dachte Adalbert bei sich, wartet eine ganz besondere Dame auf mich in der Hansestadt. Die göttliche Hildegard zu Trömmsen, Liebe seines Lebens. Bisher: unerfüllte Liebe seines Lebens. Doch das Blatt schien sich seit seinem Aufenthalt in Brügge zu wenden.

»Ein paar Tage reichen einem Burschen wie Ihnen doch dicke!«, sagte Macallan. »Außerdem bekommen Sie alle Hilfe, die Sie brauchen. Cameron gibt Ihnen alles, sehr generös.«

McFallon blickte ihn mit weit aufgerissenen Augen an.

Bietigheim tat so, als bemerke er dies nicht. Er musste zugeben, dass ihn dieser Fall reizte. Und Macallan hatte selbstverständlich recht, mehr als ein paar Tage bräuchte er sicherlich nicht. Doch ein Problem konnte bei diesem Auftraggeber durchaus entstehen. »Und wenn der Mörder ein Mitarbeiter der Distillery ist?«

Der Manager fing sich wieder. »Dann will ich es als Erster wissen!« Er bemerkte Bietigheims fragenden Blick. »Und würde dann dafür sorgen, dass er zur Rechenschaft gezogen wird.«

»Gut. Dann gäbe es nur noch einen offenen Punkt: Kost und Logis müssen frei sein. Dazu Spesen.«

»Sie verhandeln gerade mit einem Schotten.«

»Und Sie mit einem Hanseaten.« Bietigheim gab seelenruhig den Tabak in seine Pfeife.

»Um alles wird sich gekümmert.« McFallon zwang sich ein mutmachendes Lächeln auf das Gesicht. »Ich bin echt sehr froh, dass Sie hier sind.«

Den Professor reizte der Fall, er wollte diesem durchaus

sympathischen Manager auch in seiner Not helfen, aber Selbstlosigkeit war trotzdem unnötig. »Noch eine Kleinigkeit.«

McFallon sah ihn fragend an.

»Ich glaube, ich weiß, worauf der Professor hinauswill«, sagte Macallan. »Setz dich lieber, Cameron.«

Cameron setzte sich. »Ich höre, Professor.«

»Im Erfolgsfall erhalte ich ein Fass. Ein gefülltes.«

Cameron McFallon lehnte sich in die Polster zurück. »Sie nutzen meine Notsituation schamlos aus.«

»Ich bin noch nicht fertig. Ich erhalte ein Fass, und zwar egal, welches ich auswähle. Und ich darf aus allen wählen. Das Fass kann von mir jederzeit verkostet werden und wird zu einem von mir bestimmten Zeitpunkt in Fassstärke und ohne Kühlfiltrierung oder Zugabe von Zuckercouleur abgefüllt, die Flaschen nach Hamburg versandt, Zoll übernehmen Sie.«

»Egul, welches Fass?« McFallon atmete schwerer.

»Egal, welches Fass. Gute Arbeit hat ihren Preis. Und ich bin nicht nur Deutschlands einziger Inhaber eines Lehrstuhls für Kulinaristik. Zudem habe ich auch drei Mordserien aufgeklärt.«

»Reicht euch die Hand, und gut ist«, forderte Macallan.

Die beiden Männer standen auf, doch bevor es zum Handschlag kam, zögerte nun McFallon. »Eins noch«, sagte er. »Was ist, wenn Sie den Mord nicht aufklären?«

»Dann können Sie Ihr Fass behalten, aber der Rest bleibt.«

»Sie könnten wirklich Schotte sein, so, wie Sie verhandeln.«

Sie schlugen ein. »Lassen Sie uns vorher anstoßen und damit alles besiegeln.«

Das Klirren der Gläser klang hell und freundlich.

Und passte damit so gar nicht zu diesem Tag.

Nebel zog vom Meer auf und kroch in Schwaden über das graue Land, während der Professor einen mitgebrachten Eimer Wasser über den Kopf der Moorleiche schüttete.

»Kommt er Ihnen jetzt bekannt vor?«

Cameron McFallon schüttelte den Kopf. »Ich bin mir nicht sicher. Irgendwie schon, aber ich könnte es nicht genau sagen. Ich kenne einige Leute mit solch einem bulligen Kopf.«

Adalbert hatte bereits mehrmals sehen müssen, wie sehr der Tod den Menschen veränderte, wie anders Menschen aussahen, wenn all die Muskeln sich entspannten, wenn die Anstrengung abfiel, die man Leben nannte, mit all den Masken, die man im Laufe der Zeit einsammelte und irgendwann für Teile des Körpers hielt.

Aus dem Nebel näherte sich ihnen eine Gestalt mit ausholenden Schritten. Es war Richard Ferguson, der die Leiche beim Spaziergang gefunden hatte und von McFallon herbestellt worden war, an der Leine seine Foxterrier-Hündin Maria. Ferguson war der Mash Master von Laphroaig. Er setzte die bierartige Flüssigkeit an, die danach in den Brennblasen destilliert wurde. Er arbeitete seit über dreißig Jahren in der Distillery, hatte graue Haare, die ihm büschelweise aus den Ohren sprossen. Auch sein Vollbart war weiß, und wie Edward Macallan dem Professor auf dem Weg erzählt hatte, wurde Richard Ferguson nie ohne seine Schiebermütze gesehen. Auch nicht von seiner Frau.

Er nickte allen zur Begrüßung zu.

»Hast du bei Lagavulin nachgefragt?«, wollte McFallon wissen. »Der Mash Master von denen ist ein guter Freund von Richard«, erklärte er dem Professor.

Richard Ferguson schüttelte den Kopf, seine Schiebermütze saß dabei bombenfest.

»Bei denen aus dem Trupp fehlt keiner.«

»Ist vielleicht gerade jemand im Urlaub?«, hakte Bietigheim nach.

»Hab ich nicht gefragt.«

»Dann tun Sie das bitte noch.«

Ferguson schlug zur Bestätigung nur die Augenlider nieder. »Tom meinte, bei Ihnen würde auch keiner so ein T-Shirt tragen. Das wären mal Werbegeschenke gewesen, vor vier, fünf Jahren. Er findet die Dinger scheußlich.«

»Sie haben ihm gesagt, wie die Moorleiche gekleidet ist?«, hakte Bietigheim nach.

»Nee, natürlich nicht. Ich hab ihn nur gefragt, ob bei ihnen wer verschwunden ist und dann nach dem Shirt.«

»Und er hat nicht nachgefragt, warum Sie das wissen wollten?«

»Nee. Wieso auch?« Richard sah seinen Chef fragend an. Seine Hündin schnüffelte währenddessen unablässig an Bietigheims Hosenbein herum. Benno hatte er in der Distillery gelassen, nochmals wollte er nicht, dass dieser aussah wie eine vierbeinige Moorleiche. Maria schien eine wirklich aufgeweckte Hündin zu sein, mit klugen Augen und einem feurigen Temperament.

Außerdem sprang sie nicht gleich auf jede Leiche.

»Eine Frage noch«, sagte Bietigheim, als der Mash Master sich bereits umgedreht hatte. »Gehen Sie jeden Tag diese Strecke?«

»Jeden Tag.«

»Und vorher ist Ihnen nichts aufgefallen?«

»Nee.«

»Wieso diesmal?«

»Maria fing an zu buddeln.«

»Obwohl es immer dieselbe Strecke ist?«

Richard nickte. »So isses. Komm her, gutes Mädchen. Meine kleine Spürnase.«

Der Professor trat zu Cameron McFallon. »Das kann nur eines bedeuten: Der Leichengeruch war so stark geworden, dass er durch die nicht sonderlich dicke Torfschicht drang und Maria Appetit bekam. Es bedeutet auch, dass die Leiche dort nicht seit Jahren liegt, auch nicht seit Monaten, sondern höchstens seit wenigen Wochen, wenn nicht Tagen. Und damit liegt auch das Verbrechen erst kurze Zeit zurück.«

Der Manager blickte auf die feuchte Leiche. »Ich kenne den irgendwoher, ganz bestimmt.«

Bietigheim drückte ihm die Schaufel in die Hand. »Zuerst buddeln Sie ihn zu, und heute Abend, wenn es dunkel ist, transportieren wir die Leiche in Ihre Distillery. Im Raum, wo die Fässer gereinigt und aufbereitet werden, ist ein Wasseranschluss. Dort werden wir sie säubern, so weit und so gut es geht. Vorher sollten Sie noch ein paar Fotos schießen, auch Detailaufnahmen der Leiche. Sie könnten sehr nützlich sein. Für mich ist nun Teatime, außerdem muss ich meine Mitarbeiter zusammenrufen und am Abend dem Pub in Port Ellen einen Besuch abstatten. Selbstverständlich nicht, um mich dem Alkohol hinzugeben, sondern um Informationen einzuholen.«

Edward Macallan legte Bietigheim eine Hand auf die Schulter, woraufhin dieser zusammenzuckte. »Wenn Sie mit den Leuten ins Gespräch kommen wollen, sollten Sie sich aber dem Alkohol hingeben. Oder können Sie das etwa nicht, Professor?«

»Ich bin Hamburger«, sagte Adalbert empört. Das sollte als Antwort ja wohl reichen!

Da es in der Pension auf dem Zimmer kein Telefon gab, stand der Professor nun im engen Treppenhaus neben der Anrichte mit den Tourismusbroschüren und telefonierte mit Pit Kossitzke. Einem Mann, der sich sogar am Telefon breitschultrig anhörte. Pit hatte die Größe eines massiven Kleiderschranks, trug ausschließlich schwarzes Leder – manche vermuteten auch als Unterwäsche – und hatte seine weiße Haarpracht konzentriert: auf das Kinn. Eigentlich fuhr er in Hamburg Taxi, doch seit er in Cambridge die

Liebe in Form der Tea-House-Besitzerin Diana gefunden hatte, lebte er in England. Seit Jahren war er mit dem Professor befreundet. Trotz aller Gegensätze und Frotzeleien – oder vielleicht gerade wegen dieser.

»Nun sagen Sie doch endlich, worum es geht!«, forderte Pit.

Nur wenige Meter entfernt vom Professor staubte die Herbergsmutter mit einem Wedel die Lampe ab. Bietigheim war sich nicht sicher, ob sie vielleicht Deutsch verstand.

»Es geht um jemanden, der nicht mehr, nun ja, mit dem man nicht reden kann.«

»Ein Taubstummer? Aber es gibt doch Zeichensprache.«

»Nein, jemand, der die Zufuhr von Sauerstoff durch Mund und Nase eingestellt hat.«

»Dicke Erkältung, kenne ich! Aber was ist daran so interessant, dass Sie mich deswegen anrufen?«

»Herrgott noch mal, weil er tot ist!«, rief Bietigheim.

Elisabeth Harrington hörte auf zu wedeln und blickte ihn empört an. »Bitte nicht so laut. Mrs Hendricks aus Zimmer sieben schläft bereits. Und sie hat einen äußerst leichten Schlaf.«

»Dann sollte sie wohl besser in einer Höhle schlafen.«

»Wie bitte?«

Der Professor deutete auf das Telefon und wandte sich ab. »Mir bleiben diesmal nur wenige Tage, danach muss ich zurück. Die Wahl zum Kanzler der Universität, die wohlverdiente Krönung meiner Karriere.«

»Die Wahl, so, so. Und Hildegard, nicht wahr? Steht nicht ein romantisches Dinner an, bei dem sich das Du angeboten wird? Und mit einem langen Schmatzekuss besiegelt?« Er ahmte das Geräusch nach. Es klang wie eine sich suhlende Sau.

»Also, bitte!«

»Aber danke! Immer gern!«

Pit lachte schnarrend. »Sie bitten mich also, Sie zu unterstützen. Und was bekomme ich dafür?«

»Was Sie dafür bekommen? Bisher waren Sie immer erpicht wie ein Bluthund darauf, Ihrem langweiligen Leben zu entschwinden und an meinem teilzuhaben. Ich habe Ihnen generöserweise Einblick in meine Ermittlungen gestattet!«

»Beim letzten Mal bin ich beinah umgebracht worden. So was bleibt in der Erinnerung haften. Und außerdem: Islay!«

»Was soll das heißen? Es ist eine bezaubernde Insel mit herzlichen Menschen.«

»Wissen Sie denn nicht, was sich da zusammenbraut?«

»Wo?«

»Na, vor der Küste. Ein Orkan, oder Tornado, irgendsowas. Ist eine Suppenküche über dem Meer, die ganz bei Ihnen in der Nähe brodelt. Zurzeit wohl über Grönland, aber das ist eine von diesen mobilen Küchen, quasi: Essen auf Rädern. Wenn die zu Ihrem Inselchen kommt, dann ist aber Land unter – im wahrsten Sinne des Wortes. Und da soll ich mal eben hin?«

Mrs Harrington wedelte nun direkt neben dem Professor. Zum Teil auch über diesem. Er musste das Telefonat so schnell es ging beenden.

»Nun gut, ich will nicht undankbar erscheinen. Sie bekommen als Dank eine Flasche ausgesprochen guten, alten Whisky.«

»Mhm.«

»Einen Karton.«

»Bin unterwegs!«

Zack, hatte er aufgelegt.

Bietigheim überlegte kurz, dann sprach er lautstark in den Hörer. Und zwar auf Englisch. »Ich bin im ›Trout Fly Bed & Breakfast‹ bei der unglaublich netten und vor allem penibel säuberlichen Mrs Harrington. Merken Sie sich den

Namen, und empfehlen Sie ihn weiter. Wie? Sie haben den Namen nicht verstanden.« Nun schrie er fast. »›Trout Fly Bed & Breakfast‹, famos!«

Mit einem zufriedenen Lächeln auf den Lippen schritt er zurück in sein Zimmer, um sich dort ohne störendes Wedeln umzuziehen, denn er wollte sich an der Bar des »Islay Hotels« umhören.

Vielleicht vermisste ja jemand ein T-Shirt.

Im Fischerdorf Port Ellen mit seinen weniger als tausend Einwohnern lag alles nah beieinander, sodass niemand mit dem Wagen nach Hause fahren, sondern nach dem Pubbesuch einfach ins Bett stolpern konnte. Bietigheim schmunzelte, als ihm erstmals auffiel, dass die Straßennamen sowohl in Englisch als auch in Gälisch auf den Schildern standen. Das ›Islay Hotel‹ lag an der Ecke von Charlotte Street und Frederick Crescent – oder Sràid Theàrlag und Còrran Fhreadaraig. Immer noch sprach ein Drittel der Bewohner Islays Gälisch als erste Sprache. Dabei ließen sich die meisten Wörter nur mit einer defekten Nasenscheidewand korrekt aussprechen.

Das ›Islay Hotel‹ bot neben Fremdenzimmern ein Restaurant und eine Bar. Alles war hell und freundlich und trotz des alten Gebäudes modern. Die Bar befand sich in einem hohen Raum mit weißen Wänden, die imposanten Kronleuchter bestanden aus umgedrehten Gläsern, das verspiegelte und raffiniert beleuchtete Regal hinter der Theke ragte bis zur schwindelig hohen Decke empor und war gefüllt mit unzähligen Abfüllungen der Islay Distilleries, die »Expressions« genannt wurden. So gab es zehn, zwölf, sechzehn, fünfundzwanzig Jahre in Bourbon- oder Sherryfässern gereifte, andere zusätzlich mit einem Finish – also einer kurzen Zeit – in Fässern, die zuvor berühmte Weine oder anderes Alkoholhaltiges wie Madeira beinhaltet hatten, NAS (No Age Statement), also Whiskys ohne Altersangabe, und natürlich Jahrgangsabfüllungen oder Blends, für die Malts und Grain Whiskys miteinander vermählt wurden. Einige Whiskys trugen schicke Namen, manche sogar die Nummer ihres Fasses.

Zwei junge Frauen in schwarzen Shirts zapften davor Bier. Der Professor, der für den Anlass seinen Borsalino-Hut trug, bestellte sich ein Ale von Islay – es war traditionell, also lauwarm und enorm malzig.

Der Professor nahm einen wissenschaftlich motivierten Schluck.

Kein Wunder, dass man es so selten fand.

Die Bar war gut gefüllt und die vorherrschende Sprache Deutsch. Whiskytouristen fachsimpelten über Distilleries und Jahrgänge, die Stimmung war wie in einer Basisstation auf dem Weg zum Gipfel. Der einzige Mann im Raum mit Kilt sprach Holländisch. Und das Thema der heutigen Musikdarbietung war Mexiko.

Am Ende des Tresens, auf den Boden seines Whiskys blickend, als böte dieser die Antworten auf alle Fragen über das Leben, das Universum und den ganzen Rest, saß Police Constable Derek Dolan in Uniform. Cameron McFallon hatte gesagt, der Inselpolizist nähme hier jeden Abend seinen Drink. Und meist noch einen. Zuerst einen Bruichladdich ohne Altersangabe, den man auf Islay seit jeher am liebsten trank, dann einen Port Ellen, denn dort hatte einst sein Vater gearbeitet.

Der Platz neben Derek war frei, der Professor setzte sich hin.

»Einen Port Ellen, bitte«, sagte er zu der nahe stehenden jungen Frau.

»Welchen denn? Wir hätten …«

Doch bevor sie aufzählen konnte, antwortete der Professor schon. »Den Rare Old von 1979.«

Der neben ihm sitzende Derek blickte auf. »Der ist gut.«

Bietigheim konnte seine Augen nicht erkennen, so tief

saßen die Augenbrauen. Der Dorfpolizist bewegte sich mit der Geschwindigkeit einer Schildkröte und sah auch wie eine aus, kompakt gebaut, schrumpelig, mit undurchdringlicher Haut.

»Darf ich Ihnen einen davon ausgeben?«

Die Augenbrauen sanken noch tiefer. »Whisky ausgeben darf man auf Islay immer. Und von Port Ellen erst recht.«

Im selben Augenblick wurden zwei gefüllte Gläser vor sie gestellt.

»Slàinte mhòr«, sagte der Professor, als er seines hob, dem Dorfpolizisten damit eine großartige Gesundheit wünschend.

Mit einem »Do dheagh shlàinte« erwiderte dieser den Gruß, seine Stimme ein langsames Schnarren.

Der Port Ellen bot Rauch, Torf und Salz, aber auch winzige Spuren von Zitrone und Banane in der Nase. Er war wirklich exzeptionell.

»Sind Sie von hier?«, fragte der Professor, die Unterhaltung anstoßend.

»Police Station Bowmore, ich bin der Arm des Gesetzes auf Islay.« Er schüttelte dem Professor die Hand, wobei er sie fast brach. »Wir haben sogar eine Zelle. Kommen Sie doch mal vorbei, und ich zeig Ihnen alles. Von wo stammen Sie?«

»Hamburg, Hansestadt. Perle des Nordens. Ich bin gestern Abend …«

»Sie sind gestern Abend mit der letzten Fähre angekommen und bei Elisabeth Harrington untergebracht. Ein sehr schöner, aber wenig folgsamer Foxterrier sowie Edward Macallan sind mit Ihnen unterwegs, und heute waren Sie bei Laphroaig.«

Nun war es Adalbert, der in sein Glas sah. »Wissen Sie über jeden so viel?«

»Ich versuche es.«

»Die NSA ist ein Scherz gegen sie.«

»Die NSA könnte all dies auch herausfinden, mit einem Klick, aber es interessiert sie nicht.« Er goss sich gefühlvoll etwas Wasser in seinen Whisky.

»Und ist in letzter Zeit etwas Ungewöhnliches vorgefallen? Diebstähle? Hehlerei? Mord? Verschwundene Personen?«

»Wieso fragen Sie?« Derek sah ihn misstrauisch an.

»Ich bin ein Anhänger der Kriminalliteratur.«

»Ich nicht. Ich habe genug Verbrechen in meinem Leben.«

»Gab es denn etwas in letzter Zeit?«

Derek wandte sich wieder seinem Whisky zu. »Nein, alles ruhig. Zwei größere deutsche Touristengruppen sind unterwegs, eine französische, dazu einige Individualtouristen wie Sie.«

»Keiner zum Lachsfischen?« Der Professor wusste, dass diese Frage im Winter eine dumme war, doch auch solche führten manchmal zu klugen Antworten.

»Es ist nicht die Zeit fürs Lachsfischen.«

»Sind Sie denn ein guter Lachsfischer?«

»Das müssen andere beurteilen.« Seine Stimme unterdrückte erfolglos den Stolz, der in ihr mitschwang.

»Schon mal einen richtig großen Brocken herausgeholt? Es gibt doch sicher einige gute Angelplätze auf Islay?«

Derek hob sein Glas. »Auf die Angelplätze!«

Bietigheim tat es ihm gleich. »Sie haben ein wunderbares Nationalgetränk.«

»Schottisches Nationalgetränk?« Derek lachte kurz und trocken. »Wissen Sie, wer die Kunst der Destillation erfunden hat?« Adalbert wusste es, doch bevor er antworten konnte, tat dies schon der Constable. »Die Araber. Und woher die Gerste für den Whisky heutzutage kommt? Aus der ganzen Welt. Er ist ein Statussymbol geworden, unser Whisky. Und das sollte er nicht sein. Man sollte ihn kaufen, weil er einem schmeckt und man ihn trinken möchte. Und er sollte bezahlbar sein. Sind Sie da meiner Meinung?«

»Absolut.«

»Das freut mich.«

Sie tranken eine Weile schweigend, während hinter ihnen mexikanische Laute ertönten.

»Es ist also nicht viel los auf Islay. Zumindest nicht, dass Sie wüssten«, versuchte der Professor, den Faden wieder aufzunehmen, auch wenn die Rolle bereits leer schien.

»2007 gab es hier einen Mord – es war der erste seit dreißig Jahren. Ich brauchte zwei Tage, um die Tat aufzuklären. Wenn etwas auf meiner Insel passiert, Herr Professor, dann bekomme ich es heraus. Wenn plötzlich etwas ungewöhnlich ist, dann fällt es mir auf. Und wenn jemand etwas vor mir verheimlichen will, dann scheitert er, und dann mache ich ihm die Hölle heiß. Denn wenn alle denken, so etwas ließe sich mit mir machen, bricht alles zusammen. Das werde ich nicht zulassen.«

Bietigheim war erstaunt, dass der als Trunkenbold verschriene Polizist so wach wirkte, doch er bemühte sich um ein Pokerface. »Absolut einleuchtend.«

Derek Dolan lehnte sich näher zu ihm und hob die schweren Brauen so weit, dass seine Augen zu sehen waren. Es waren kluge braune Augen, die schon viel im Leben gesehen hatten und deswegen erkannten, wohin das Wasser floss, wenn es die Richtung änderte.

»Schön, dass wir uns einig sind.« Er nahm wieder einen kleinen Schluck und sah sich die gotischen Fenster an, die der Whisky in seinem Tumbler hinterließ. »Haben Sie bei Laphroaig auch den Mash Master kennengelernt? Richard Ferguson? Ihm gehört der Distillery-Hund Maria. Eine biestige kleine Hündin, aber sehr fotogen.«

Bietigheim überraschte der plötzliche Themenwechsel, doch er ging darauf ein. »Sie ist meinem Rüden aufgefallen.«

»Richard verhält sich zum Beispiel seit drei Tagen merkwürdig. Und ich werde herausfinden, wieso.«

»Was meinen Sie mit merkwürdig?«

Der Constable hob sein Glas. »Er trinkt seinen Tee zu schnell.« Damit stand er auf. »Bis bald, Professor. Wir sehen uns sicher wieder. Das habe ich im Gefühl.«

Aus dem Mund eines anderen hätten diese Worte freundlich geklungen.

Aus Derek Dolans erschienen sie wie eine Drohung.

Bietigheim kehrte zum ›Trout Fly Bed & Breakfast‹ zurück. Als er kurz nach Mitternacht aus diesem wieder auf die Charlotte Street trat, war der Nebel verschwunden, und der Mond schwamm wie ein großes Stück Eis am klaren Himmel Islays. Vor der Laphroaig Distillery traf er auf Edward Macallan, Cameron McFallon und Richard Ferguson, der eine Schubkarre schob. In einer stillen Prozession zogen sie zum Moor. Benno hatte er in der Distillery gelassen – mit einem großen Knochen. Seinen Borsalino hatte er auf einem Mäuerchen am Eingang deponiert, die Gefahr, das gute Stück im matschigen Boden zu verlieren, war einfach zu groß.

Erst als sie am Grab der Moorleiche standen und die Plane zur Seite gezogen hatten, sprachen sie wieder.

»Sie, Mr Ferguson am Kopf, Mr McFallon links, Mr Macallan rechts, und dann gleichzeitig hoch.«

»Und Sie?«, fragte Edward Macallan.

»Ich koordiniere alles und achte darauf, dass die Schubkarre beim Beladen nicht das Gleichgewicht verliert. So, und nun hopp, hopp, es gilt, keine Zeit zu verlieren. An die Arbeit! Aber zuerst muss der Leichnam selbstverständlich freigelegt werden.«

Richard Ferguson nahm einen tiefen Zug aus seinem silbernen Flachmann und reichte ihn weiter. Nachdem dieser die Runde gemacht hatte, stiegen die drei hinab, kratzten vorsichtig den Torf von der Leiche und legten diese auch seitlich so weit frei, dass sich darunterpacken ließ.

»Das reicht, meine Herren«, sagte Bietigheim, der darauf bestanden hatte, ohne Taschenlampen zu arbeiten. »Auf drei, alles hört auf mein Kommando. Nun machen Sie schon. Eins, zwei … und drei.«

Sie schafften es, den Leichnam einen guten halben Meter emporzuheben, dann glitt er ihnen aus den Händen, denn die Gliedmaßen waren unerwartet weich.

»Die Leichenstarre ist also bereits wieder vorbei«, konstatierte Bietigheim. »Dies ist in der Regel vierundzwanzig bis achtundvierzig Stunden nach Eintritt des Todes der Fall. Wir sind also mitten in der Autolyse, der Selbstverdauung des Körpers mittels lysosomaler Enzyme. Mr Macallan, umfassen Sie von der rechten Seite vollständig die Brust, Mr McFallon von der linken Seite vollständig die Beine, und dann heben Sie die Leiche in Richtung von Mr Ferguson heraus, ich werde die Schubkarre dorthin manövrieren.«

Mit spürbarer Abscheu umfassten die Männer den Toten und versuchten dabei, möglichst fern von seinem kohlschwarzen Gesicht zu bleiben. Wieder gab Bietigheim zügig das Signal. Diesmal glückte das Manöver, und die Schubkarre wurde mit dem Gewünschten gefüllt. Der Professor legte die Plane darüber und fixierte sie seitlich mit Steinen.

»So, nun kann sie geschoben werden.«

Er ging voran, ohne sich umzudrehen.

Auf dem feuchten, weichen Boden dauerte es lange, bis die Schubkarre mit der schweren Fracht zur Straße geschafft war. Sie schnauften durch, umgehend trieb der Professor sie wieder zur Eile an.

»Was ist das?«, fragte Macallan plötzlich.

Ein schleifendes, metallisches Geräusch war zu hören, doch nichts war zu sehen. Es schien sich zu nähern.

Richard Ferguson schob die Schubkarre schnell weiter, die Zufahrtsstraße zur Distillery hinunter.

Plötzlich stoppte das Geräusch. Und eine langsame, tiefe Stimme erklang.

»Abend zusammen. Wunderschöne Nacht für einen Spaziergang, findet ihr nicht?«

Es war Police Constable Dolan. Er schob ein Fahrrad und hielt seine Taschenlampe auf sie gerichtet.

Cameron McFallon nickte zur Begrüßung, Edward Macallan reichte ihm die Hand. »Um die Uhrzeit noch auf Streife?«

»Nein, außer Dienst. Wobei, so richtig ist man das als Polizist ja nie. Nicht wahr, Richard?«

Der Mash Master nickte. »So ist es, Derek. Das hat mein Vater auch immer gesagt.«

»Der war mein Vorgänger, Herr Professor«, erklärte Derek Dolan. »Ein guter Mann, wusste immer, was Recht und Ordnung ist. Nicht wahr, Richard?«

»Ja«, antwortete dieser. »So war er. Streng, aber gerecht.«

Derek Dolan stellte sein Fahrrad auf den Ständer. »Was habt ihr denn da in der Schubkarre?«

Sie hielten die Luft an, in der Stille der Nacht klang es so laut wie ein Paukenschlag.

Der Professor wusste, dass ihm etwas einfallen musste. Und zwar sofort. Es blieb keine Zeit zu überlegen, keine Zeit für Pläne. Wenn der Constable die Leiche sah, wäre die Ermittlung aus seinen Händen genommen, und Cameron McFallon stünde am Pranger.

Die erste Idee musste funktionieren. Er hatte nur einen Schuss frei.

»Wer kommt denn da?«, rief Bietigheim aus und deutete in die Dunkelheit Richtung Lagavulin. Alle drehten sich um. »Da, auf der Straße«, fügte er hinzu. Ohne dass Richard Ferguson es merkte, zog Bietigheim ihm den Flachmann aus der Tasche, bevor auch er zur Straße lief, um zu sehen, was da war. Dann eilte er zur Schubkarre, hob die Plane, leerte den Inhalt auf den Leichnam, holte den Borsalino vom nahen Mäuerchen, setzte diesen dem Toten so auf, dass er das Gesicht vollständig bedeckte, und befestigte die Plane wieder.

Die Männer kamen zurück.

»Also ich hab nix gesehen«, sagte Macallan und blickte zum Constable. »Na, dann eine gute Nacht, Mr Dolan.« Dabei riss er die Augen in Richtung des Professors auf, damit dieser die Schubkarre endlich weiterschob.

»Ich habe es nicht eilig«, antwortete Dolan. »Außerdem bin ich neugierig. Eine Berufskrankheit. Was ist denn unter der Plane? Fahrt ihr Torf spazieren?« Er hob sie empor. Einige Sekunden sagte er nichts. »Wen haben wir denn da?«

Der Professor stellte sich neben ihn. »Ein guter Freund von mir, aus der deutschen Truppe, die gerade auf Islay unterwegs ist. Sie hatten eine abendliche Probe in der Distillery, zu der ich eben noch dazugestoßen bin. Danach wollte er unbedingt noch die vielen Fähnchen und mein eigenes Stück Inselboden sehen, kippte dort jedoch volltrunken um. Sie sehen ja, wie verschmutzt er ist. Nun ja, da dachte wieder einmal jemand, dass er mehr verträgt, als seine Leber es zulässt.«

Constable Dolan sagte nichts, musterte nur die vermeintliche Schnapsleiche.

Bietigheim sprach deshalb weiter. »Leider hatten wir nichts Besseres als die Plane, um ihn ein wenig zu wärmen, aber in der Distillery bekommen wir ihn sicher ganz schnell wieder auf die Beine.«

Dolan trat näher und beugte sich hinunter, er hatte den Borsalino schon in der Hand.

Doch dann ließ er den Hut los.

»Meine Güte, der stinkt ja, als habe er in Whisky gebadet.«

»Die letzten Gläser hat er nicht mehr vollends in seinem Mund geleert.« Bietigheim lächelte. »Bei dieser Verschwendung blutete mir wirklich das Herz.«

Constable Dolan schürzte die Lippen. »Gut, dann will ich euch mal nicht länger aufhalten. Richard, es wäre schön, wenn du morgen mal zu mir nach Bowmore kommen könntest. Nur ein Gespräch bei einem Kaffee.«

»Gerne, Derek.«

»Die Herren«, er nickte zum Abschied, schaltete das Licht an seinem Fahrrad an und fuhr in die Dunkelheit hinaus.

Cameron McFallon hatte er keines einzigen Blickes gewürdigt.

Sie mussten an sich halten, nicht zur nächstliegenden Lagerhalle zu rennen, da dies Dolans Aufmerksamkeit hätte wecken können – der sie vielleicht aus der Dunkelheit weiterhin im Blick hatte.

Als sie endlich drinnen waren, verschlossen sie das Tor sofort. Nur für den Fall, dass Dolan zurückkehrte. Bietigheim ließ den Leichnam auf den grauen Betonboden legen und ihn abspritzen. Das grelle Licht der Neonröhren ließ das vom Torf schwarz gefärbte Gesicht wie Plastik erscheinen. Durch den beinahe völlig zerbissenen Hals hing der Kopf nun wie bei einer defekten Puppe weiter als anatomisch möglich zur Seite. Es fehlte nicht viel, und er würde sich völlig vom Rumpf lösen. Der Tote mochte zwischen fünfzig und sechzig sein, hatte einen Vollbart, Geheimratsecken hatten sich tief in die schütteren, unnatürlich mahagonibraun gefärbten Haare gefressen. Er war vielleicht einen Meter siebzig groß, hatte einem Schmerbauch, den er wie ein Fässchen vor sich hergetragen haben musste. Neben dem Lagavulin-T-Shirt trug er noch eine Bluejeans und Turnschuhe. Sonst nichts.

»Ein Schotte«, schloss Bietigheim. »Im Januar läuft sonst niemand so leicht bekleidet herum.« Er sah McFallon und Ferguson an. »Erkennen Sie ihn nun?«

Beide schüttelten den Kopf. Aber zögerlich. »Die schwarze Haut verändert alles so«, erklärte Cameron McFallon. »Ich habe ihn schon mal gesehen, ganz bestimmt.«

»Mir geht es genauso«, sagte Richard Ferguson. »Und bevor Sie fragen, Professor, ich habe bei Lagavulin schon nachgehört, ob einer im Urlaub ist. Nur Margaret aus der Buchhandlung«. Er sah auf die Leiche. »Und das ist sie ganz sicher nicht.«

Der Professor breitete eines seiner mit Monogramm bestickten Seidentaschentücher auf dem kalten Boden aus und kniete sich neben die Leiche. »Meine Herren, bitte einmal umdrehen. Also unseren Toten. Ich konnte seine Rückseite noch nicht nach Hinweisen auf seine Identität untersuchen. Nun stellen Sie sich doch bitte nicht so an, die Leiche ist doch abgespritzt.«

Erst nach einer kurzen Denkpause wuchteten sie zu dritt den Toten auf den Bauch. Die Hände waren hinter dem Rücken gefesselt, und auch an den Fußknöcheln befand sich ein zugezogener Kabelbinder, der tief in das Fleisch geschnitten hatte.

Außerdem war die rechte Hosentasche ausgebeult.

In ihr steckte etwas.

Ein Portemonnaie?

Es kostete Bietigheim Überwindung, hineinzugreifen, er schaffte es schließlich jedoch nicht, den Inhalt aus der spack sitzenden und pitschnassen Hosentasche herauszuziehen. »Mr Macallan? Sie sind doch kräftig. Holen Sie das hier heraus.«

»Wieso ich? Etwa weil ich Pâtissier bin? Wir fummeln nicht an Toten herum.«

»Mir ist völlig egal, woran Sie herumfummeln und wer es da herauszieht. Aber heraus muss es.« Der Professor erhob sich.

Mit den gälischen Worten »Cac!« sowie »Daingead!«, die, wie Adalbert wusste, »Scheiße« beziehungsweise »Verdammt« bedeuteten, machte sich Macallan schließlich an die Aufgabe. Er brauchte einige Zeit, doch dann hatte er den Gegenstand herausgezogen und hielt ihn in der Hand wie einen toten Fisch.

Ein schwarzledernes Notizbuch.

Es tropfte.

Die Tropfen blau wie Tinte.

Bietigheim griff es sich.

Es war nass wie ein Schwamm.

Die Seiten wollten sich gar nicht voneinander lösen, als er es aufklappte. Doch in der Mitte waren Einträge unversehrt geblieben.

»Was steht drin?«, fragte Macallan.

»Das sage ich Ihnen schon, wenn ich es für angebracht halte. Stören Sie mich nicht.« Adalbert versenkte sich in die Schrift, erkannte Buchstaben in den schwungvollen Zeichen, dann Wörter. Er schaute genau, las alles, was zu entziffern war, und nickte schließlich wie zu sich selbst. »Es geht um Whiskys. Dies sind Verkostungsnotizen mitsamt Bewertungen entsprechend des Hundert-Punkte-Schemas. Auf einer Seite finden sich sämtliche Releases der jüngsten Islay Distillery Kilchoman verzeichnet. Sehr kundige Notizen, wenn ich dies sagen darf. Farbe, Duft und Körper werden beschrieben, der Einsatz des Holzes und die Torfigkeit kommentiert.« Er versuchte, weitere unbeschädigte Seiten zu finden, vielleicht vorne sogar den Namen des Eigentümers, doch alles war nur mit verlaufenen Verkostungsnotizen vollgeschrieben. Er blickte in die Runde. »Der Tote muss jemand aus der Branche sein oder ein sehr engagierter und kundiger Amateur. Sein Englisch ist so gut und fehlerfrei, dass ich nun nicht nur aufgrund der Kleidung von einem Einheimischen ausgehen kann, um zu präzisieren: einem Schotten.«

»Warum sind Sie sich da so sicher, Professor?«, wollte Macallan wissen. »Wir sprechen zwar anders als die Sassenachs, aber schreiben gleich.«

Bietigheim schüttelte entschieden den Kopf. »Personen mit starkem Dialekt verwenden in Schottland ›that‹ als Relativpronomen für alle Personen und Zahlen, so ist es auch in diesen Notizen. Und ich gehe mit meiner Analyse nun sogar noch einen Schritt weiter.«

»Noch weiter?« Cameron McFallon schien erstaunt. »Verraten Sie uns jetzt noch seine Schuhgröße?«

»Die können Sie selbst an seinen Schuhen ablesen, doch hilft diese uns nicht weiter. Nein, ich nenne Ihnen die Stadt, aus der unser Toter stammt.«

»Bitte?« Edward Macallan war ehrlich baff.

Bietigheim rückte seine Fliege zurecht. »Der Verstorbene hat sehr farbenreich und plastisch die Whiskys beschrieben. Bei einem fand ich den Satz: ›So verrückt, dass er eine Attraktion beim Fringe-Festival wäre.‹ Ungewöhnlich, ein alternatives Kulturfestival zu wählen, oder? Zudem las ich die Beschreibungen ›Royal-Mile-Stuff‹ sowie ›Dieser Stil hat ausgedient, genau wie die Britannia‹, womit zweifellos das ehemalige Schiff der englischen Königin gemeint ist, das nun in Leith als Museum liegt. All dies deutet auf Edinburgh hin. Natürlich könnte auch jemand anderes aus Schottland darauf Bezug nehmen – wenn auch kein Glaswegian. Wahrscheinlicher ist jedoch, dass es jemand aus Ihrer Hauptstadt ist. Lassen Sie mich zusammenfassen: jemand, der beruflich mit Whisky zu tun hat, aus Edinburgh.«

»Colin Lewis!«, rief Cameron McFallon mit einem Mal. »Das ist Colin Lewis!«

»Ein Schotte?«, fragte Bietigheim.

»Ein Schotte«, bestätigte der Manager atemlos.

»Aus Edinburgh?«

»Aus Edinburgh«, erwiderte dieser.

»Der professionell mit Whisky zu tun hat?«

»Er ist der Besitzer des ›The Ben Nevis‹, das als bestes Whiskypub der Stadt gilt.«

Der Professor klappte das Notizbuch zu und legte es dem Toten auf die Brust.

»Aber das kann nicht sein«, Cameron McFallon rieb sich die Stirn. »Völlig unmöglich!«

»Nun ja«, sagte der Professor und machte sich eine mentale Notiz, den Borsalino in Rechnung zu stellen. »Colin Lewis liegt dort und ist tot, also kann es sein.«

»Sie verstehen nicht.«

»Das ist äußerst selten der Fall.«

McFallon sah ihn lange ausdruckslos an, dann ließ er die Augenlider wie einen schweren Rollladen heruntersinken, und als er sie wieder hochkurbelte, hatte sein Blick an Klarheit gewonnen. »Kommen Sie mit.«

»Nicht ohne meinen Hund!«, sagte Bietigheim, der Benno vermisste. Er kam sich immer ein wenig nackt vor ohne seinen treuen Vierbeiner.

Benno war in Richard Fergusons Reich, dem Mash Room, untergebracht worden, weil dort auch Maria ihre Heimat hatte und dadurch Futter- und Wassernapf vorhanden waren. Den saalartigen Raum beherrschte ein Ungetüm namens Full Lauter Mash Tun, das aus Edelstahl gefertigt war. Eine Schalttafel, wie man sie bei Dr. No erwartet hätte, aber nicht in einer Distillery, ermöglichte die Steuerung des Vorgangs, bei dem die gekeimte Gerste mit Wasser vermischt wurde, um den Zucker herauszulösen, der dann im nächsten Schritt zu einer Art Bier gebraut wurde. Benno hatte sich, die Ohren ängstlich angelegt, in eine Ecke verzogen, während Maria mitten im Raum saß und in seine Richtung blickte. Als er sich erhob, um zu seinem Professor zu laufen, knurrte sie böse, beim ersten Schritt folgte heftiges Bellen, woraufhin Benno rücklings in seine Ecke zurückkehrte.

Adalbert ging zu ihm, nahm den verschüchterten Racker in seine Arme und schritt an der kläffenden Maria vorbei.

»Sonst ist sie nie so«, sagte Richard Ferguson. »Sie ist eine Rassehündin. Eigentlich heißt sie Maria Sarah Eugenie of Sunninghill Park.«

»Natürlich«, entgegnete Adalbert spitz.

»Ist eigentlich die liebste Hündin der Welt.«

»Nur heute ist sie zur Abwechslung einmal die nervtötendste Töle«, diagnostizierte der Professor und strich Benno über den Kopf. Als sie den Raum verlassen hatten und die Tür hinter ihnen zu war, ließ er den Foxterrier auf den Boden, der sofort in Richtung Maria zu bellen begann.

Und sich dabei im Kreis drehte.

Bietigheim ließ ihn gewähren.

Das musste jetzt einfach raus.

Schon bei seinem ersten Besuch in Cameron McFallons Büro war Bietigheim ein Foto aufgefallen, das hinter dem Schreibtisch hing. Nun nahm er die Gelegenheit war, es näher in Augenschein zu nehmen. Es zeigte ein Fass im 1:1-Maßstab. Auf diesem stand ein Name, er war nicht geschrieben, nein, er war dort mit goldenen Buchstaben befestigt: The Bruce.

»Was hat es damit auf sich?«, fragte Bietigheim ganz beiläufig.

»Das ist unser ältestes Fass. Aus dem Jahr 1954, dem letzten, als sich die Distillery noch im Familienbesitz des Johnston-Clans befand. Der Besitzer, Nigel Hunter, hinterließ Laphroaig seiner Sekretärin Bessie Williamson. Und dieses Whiskyfass, sein allerbestes, vererbte er ihr auch, doch sie durfte den Whisky darin nicht verkaufen, sondern nur selber trinken. Nur an Hogmanay, unserem Silvester, trinken wir daraus einen kleinen Schluck. Wir trinken auf Nigel und Bessie.«

»So, so«, sagte der Professor. Und warf einen langen Blick auf das Fass.

Welches bald ihm gehören würde.

Er würde eine Abhandlung über gereifte Islay Whiskys verfassen, wie die Welt sie noch nicht gesehen hatte. Fundiert, kompetent und brillant formuliert. So, wie es sein Markenzeichen war. Und mit Whiskys darin, die kein anderer der unzähligen selbst ernannten Whiskykenner je verkostet hatte.

Cameron McFallon schien seinen sehnsuchtsvollen Blick auf das wertvollste Fass der Distillery nicht zu bemerken, denn er ging zu seinem Schreibtisch, auf dem sich ein Computerbildschirm, eine Tastatur, eine Maus samt Pad und eine kleine Telefonanlage befanden.

Auf Letzterer tippte er nun.

»Hören Sie sich das an, Professor. Und dann sagen Sie mir, wie das möglich ist.«

»Selbstverständlich. Nur zu!« Bietigheim tastete nach seiner Pfeife. Es schien ein Pfeifenmoment zu werden.

Dann ertönte McFallons Stimme aus dem Apparat, nur blecherner als im Original. »Dies ist der Anrufbeantworter meiner direkten Durchwahl, die nur wenige haben. Alle anderen landen nämlich bei meiner Sekretärin. Anders gesagt: Ich muss Sie verdammt gut leiden können.«

McFallon drückte einen Knopf. Es knackste, dann piepte es.

»Nachricht eins von eins.«

Die folgende Stimme war ein angenehmer Bariton, und ihr Besitzer klang, als würde er warmherzig mit einem alten Freund reden, dem er gerade ein richtig gutes Ale ausgegeben hatte.

»Hallo, Cameron, hier ist Colin Lewis aus Edinburgh. Vielleicht erinnern Sie sich, wir haben uns vor Jahren einmal auf der Whisky Fair in Glasgow kennengelernt. Sie sagten mir damals leider, dass Sie keine Fässer an kleine unabhängige Abfüller verkaufen würden. Nun, viel kleiner als wir geht es nicht, denn wir verkaufen sie nur in meinem Pub ›The Ben Nevis‹ auf der Royal Mile. Sie haben vielleicht schon davon gehört, wir sind zumindest in den letzten fünf Jahren dreimal zum besten Pub der Stadt gewählt worden – dabei haben wir die Juroren nur mäßig bestochen.« Ein trockenes Lachen erklang. »Sagen Sie nicht gleich Nein, lassen Sie uns einfach zusammen ein Glas trinken und reden. Ihren Whisky verkaufe ich so oder so bei mir. Weil ich ein Riesenfan bin. Rufen Sie mich an, ja? Ich würde mich sehr freuen. Käme auch sofort zu Ihnen nach Islay. Mag Ihre kleine Insel sehr. Die Luft, den Boden, am liebsten würde ich mich bei Ihnen einmal zur Ruhe setzen. Bis bald hoffentlich!«

Es piepte. »Keine weiteren Nachrichten«, vermeldete der Anrufbeantworter.

»Na ja, das mit dem zur Ruhe setzen hat er geschafft.« Bietigheim schürzte die Lippen. »Danke, dass Sie mir dies vorgespielt haben, nun besitze ich einen ersten Eindruck über unseren Toten.«

»Deshalb habe ich Sie aber gar nicht hergeholt.« Cameron McFallons Pupillen zuckten wie verendende Mücken. »Schauen Sie auf das Datum der Aufnahme. Im Display.«

Es leuchtete rot auf. Die Ziffern in einzelnen Balken dargestellt, ein sattes Rot vor dem Schwarz des Hintergrunds. Adalbert las die Zahlen mehrmals, versuchte, sie in eine andere sinnvolle Reihenfolge zu bringen, denn die angezeigte konnte offensichtlich nur falsch sein.

»Das ist…«, begann er.

Es war McFallon, der den Satz beendete. »Ja, das ist es. Colin Lewis hat gestern Abend hier angerufen.«

»Und zu diesem Zeitpunkt«, sprach der Professor aus, was alle im Raum dachten, »war Colin Lewis längst tot.«

KAPITEL 3

Natural Strength

Als sie sich um kurz nach zwei Uhr in der Nacht verabschiedeten, wollte der Professor lieber durch die Dunkelheit Islays gehen, als zum Hotel gefahren zu werden. Ein Spaziergang mit Pfeife – herrlich. Allerdings machte ihn die Seeluft ausgesprochen schläfrig, ständig gähnte er auf dem kurzen Stück Weg, wobei er sich trotz Finsternis jedes Mal die Hand vor den Mund hielt.

Benno war aufgedreht wie ein Duracell-Häschen und jagte kläffend hin und her. Obwohl keine Autos mehr fuhren, achtete Adalbert darauf, dass sein Vierbeiner nicht auf die Straße rannte.

Er hoffte inständig, dass Benno nicht auch eine Leiche fand.

Doch wenn ihn die Vergangenheit irgendetwas gelehrt hatte, dann, dass es nicht bei einer blieb, wenn er in einen Mordfall gezogen wurde. Oder sich ziehen ließ. Er konnte nicht verleugnen, dass dies eine intellektuell ansprechende Abwechslung dazu war, unwilligen Studenten Wissen in ihre Gehirngänge zu hämmern. Doch es ging auch darum, die Welt geradezurücken, in dem Bereich, der ihm der wichtigste war: die Kulinarik. Er nahm Verbrechen in diesem wie eine persönliche Beleidigung wahr. Wie konnte sich jemand die Frechheit erlauben, in seinem wissenschaftlichen Zuständigkeitsbereich zu morden und zu glauben, damit durchzukommen? Hatte sich denn nicht herumgesprochen, dass er sich das nicht gefallen ließ? Welcher Hochmut musste da am Werke sein?

Er zog lange an seiner Pfeife, und der warme Rauch erfüllte seinen Mundraum mit Würze.

Nach der Nachtruhe würde er zunächst Pit informieren, dass Edinburghs Pub ›The Ben Nevis‹ sein neues Ziel wäre, und er selbst würde die übrigen sieben Distilleries auf Islay besuchen und sich nach Colin Lewis erkundigen. Wann war der Pubbesitzer wohl das letzte Mal auf der Insel gesehen worden? War er allein oder in Begleitung hier gewesen? Hatte jemand einen großen Hund gesehen oder ein anderes Tier, das solche tiefen Halswunden verursachen konnte? Und vor allem: Welchen Grund konnte es geben, Colin Lewis derart zu töten und im Moor zu begraben? Er hatte auf dem Anrufbeantworter äußerst sympathisch geklungen.

Constable Derek Dolan hätte ihm vielleicht all dies verraten können, doch leider existierte diese elende Lachs-Fehde.

Wieder war ein Geräusch in der Nacht zu hören, doch diesmal nicht das metallische Schleifen vom alten Fahrrad des Inselpolizisten, sondern das trockene Röhren eines Automotors, der hochtourig gefahren wurde. Das Geräusch erklang hinter ihm, doch zu sehen war nichts. Es wurde immer lauter, zerriss die Stille – und mit einem Mal war der Wagen da. Ohne Licht raste er über die enge Straße. Nur durch einen Sprung zur Seite konnte sich Adalbert retten.

Das Licht des Mondes erhellte das Heck des Wagens. Im Straßengraben liegend, erkannte Adalbert das Auto.

Es war ein Land Rover Defender.

Und am Steuer Edward Macallan.

***

Elisabeth Harrington brachte am nächsten Morgen gerade mit einer weißen Spitzenschürze über dem pastellblauen Hosenanzug die Jakobsmuscheln an den Frühstückstisch, als Edward Macallan vehement den Kopf schüttelte.

»Ich? Ohne Licht? So was würde ich nie machen!« Macallans Haare waren noch nass vom Duschen, und der Dreitagebart fluste wie ein Kaschmirpullover.

»Nicht viele, so vermute ich, fahren auf dieser Hebrideninsel einen Land Rover Defender, und noch weniger Bewohner sehen von hinten aus wie Sie«, erwiderte Bietigheim. Benno saß neben ihm und blickte auf, den Kopf leicht schräg gelehnt, so, als wäre er aufgrund Nahrungsmangels für alles andere zu schwach.

Macallan strich sich Orangenmarmelade aufs Brot. »Na ja, ein anderer reicht ja. Ich glaube, in Port Askaig fährt noch einer rum.«

»Wo sind Sie denn gewesen um die fragliche Uhrzeit?«

»Na hier, ich hab geschlafen. Professor. Bin doch vor Ihnen von Laphroaig weg.« Er biss in seinen Toast. »Sie sollten sich echt lieber um den Toten Gedanken machen.«

Bietigheim spürte die Wut in sich aufsteigen wie das Quecksilber in einem Fieberthermometer. »Beinahe hätte es durch diesen Raser noch einen Toten gegeben! Und zwar mich!«

»Selbst hier ist man vor den verschissenen Lewis Hamiltons nicht sicher.« Er warf Benno eine Scheibe Wurst zu.

»Wie auch immer, ich muss heute leider wieder aufs Festland, die Arbeit ruft. Sie haben ja Cameron zur Unterstützung. Und falls Sie doch noch einen Chocolatier brauchen, lassen Sie es mich einfach wissen, dann flitze ich her.«

Es war logisch, dass Edward Macallan nun heimkehrte nach Pitlochry in seine Chocolaterie, schließlich hatte er nur die Verbindung zu seinem Freund, dem Manager der Distillery, hergestellt. Trotzdem fühlte sich Bietigheim nun, während er ein Stück geräucherten Schellfischs unter den bettelnden Augen Bennos aß, als würde er mit einem Mörder auf einer Insel allein gelassen.

»Sie kriegen den Sausack von Killer schon!«, sagte Macallan, als habe er seine Gedanken gelesen, und grinste breit. »Oder Sie enden selber als Moorleiche.«

Was für eine ungemein beruhigende Vorstellung, dachte Bietigheim.

Nachdem er sich beim Port Ellen Cycle Hire ein Fahrrad ausgeliehen hatte, machte der Professor sich auf den Weg zur ersten Distillery des Tages. Lagavulin (Mulde, in der die Mühle steht) wäre die im wahren Sinn des Wortes naheliegende Wahl gewesen, gefolgt von der daneben erbauten Distillery Ardbeg (kleine Anhöhe). Doch Bietigheim wollte endlich mehr von der Insel sehen als die Südküste. Und Benno, der von Macallan so viele Scheiben zugeschmissen bekommen hatte, als wäre Raubtierfütterung im Löwengehege, sollte aus Fitnessgründen nebenherlaufen. Gut, es waren stolze zehn Meilen von Port Ellen, der zweitgrößten Siedlung auf Islay, nach Bowmore, der größten, mit rund achthundertsechzig Einwohnern, aber da musste der kleine Vielfraß nun durch. Das sollte er mal schön laufen!

Nach fünfhundert Metern saß er vorne im Fahrradkorb.

Eine kleine Herde Highland Cattle blickte den Professor gelangweilt und wiederkäuend an, während er über die Straße radelte, welche die scheinbar endlose Landschaft durchschnitt. Benno sandte ihnen aus dem Korb ein paar Kläffer zu. Als sie nicht reagierten, sprang er heraus, rannte zu ihnen und führte vor dem Zaun etwas auf, das Ähnlichkeit mit einem Regentanz hatte.

Der Professor fuhr ungerührt weiter, bis er irgendwann hinter sich einige vorwurfsvolle Beller hörte, bevor der Foxterrier an ihm Richtung Bowmore vorbeiflitzte.

Am Ortseingang, und damit gleichzeitig am obersten Punkt der Hauptstraße, fand sich die Kilarrow Parish Church. Diese war, wie Bietigheim zuvor recherchiert hatte, rund, damit der Teufel sich in keiner Ecke verstecken konnte.

Wenn es doch nur so einfach wäre.

Die nach dem Ort benannte Distillery befand sich zwar am Ufer, aber gleichzeitig auch mitten in der Stadt. Regelrecht eingezwängt. Sraid na Sgoile hieß die Straße, und Bietigheim fragte sich, wie man dies wohl aussprach, ohne sich die Zunge zu verknoten. Whisky half sicherlich.

Bietigheim war beim Manager angemeldet, wie bei Laphroaig auch führte ihn sein Weg aber zuerst in den Shop. Auch hier standen hinter dem Tresen junge Damen, die sich miteinander unterhielten. Scheinbar gab es die auf der Insel säckeweise. Er justierte Anzug und Krawatte, verstaute die Hosenklammern in seiner Jackentasche und trat zu ihnen.

»Sie müssen Professor Bietigheim aus Deutschland sein, Ross erwartet Sie in unserem berühmtesten Lagerhaus, den No. 1 Vaults.« Man wollte den Besuch aus Deutschland anscheinend beeindrucken, dagegen hatte der Professor nichts einzuwenden. »Ich führe Sie hin. Ihr Hund muss leider bei meiner Kollegin bleiben.«

Bietigheim wollte protestieren, doch da war sie schon verschwunden. Grummelnd reichte er der anderen Frau die Leine. »Und wehe, ich höre Klagen! Er ist ein Rassehund!«

Sie gingen über einen Hof, rechts schlug das Meer ans Ufer. Rhythmisch klatschte es gegen die Kaimauer und sandte Sprühregen um Sprühregen Meerwasser über sie.

»Die No. 1 Vaults sind das älteste …«

»… Whiskylagerhaus Schottlands und das einzige, welches unter Meereshöhe liegt. Selbstverständlich bin ich mir dessen voll bewusst.«

Sie presste die Lippen aufeinander und nickte kurz. Danach sagte sie nichts mehr.

Ein riesiges Metallschloss hing vor dem großen, schwarzen Lagerhaustor, auf dem in Weiß der Name des Lagerhauses stand. Es knarrte, als die junge Dame aus dem

Shop es öffnete. »Immer nur rein mit Ihnen.« Sie selbst blieb draußen.

Die Augen des Professors brauchten eine gewisse Zeit, bis sie sich an das Dämmerlicht gewöhnt hatten. Aus der Dunkelheit trat langsam ein mindestens zwei Meter großer Mann. Es war der Musiker aus der Bar im ›Islay Hotel‹, der seiner akustischen Gitarre so gekonnt mexikanische Klänge entlockt hatte. Jetzt trug er einen dicken blauen Rollkragenpullover und streckte Bietigheim die Hand entgegen.

»Ich bin Ross. Freut mich, Sie kennenzulernen.«

»Professor Dr. Dr. Bietigheim«, sagte Adalbert. »Es ist mir auch eine Freude. Das sind sie also.«

»Ja, das sind sie. Die No. 1 Vaults.«

»Sind Sie hier groß geworden?«

»Fast. Nachdem ich vorher kurz bei Port Ellen und Lagavulin beschäftigt war, habe ich hier 1966 angefangen, und dann habe ich mich hochgearbeitet und fast jeden Job bei Bowmore gemacht. Übersetzt heißt der Name übrigens ›Großes Riff‹.«

»Hier bedeutet wohl jeder Name etwas.«

Ross Martin nickte. »Ja, und jeder Name klingt, als gehöre er zu einer guten Geschichte. Aber kommen Sie, lassen Sie uns einen Schluck nehmen.«

Er griff sich eine lange Metallpipette, den Valinch, und zwei Gläser, die er sogleich auf eines der Fässer stellte. Außer dem Namen der Distillery waren auf diesem auch Zahlen eingebrannt, die aber wohl nur Eingeweihten etwas sagten.

»Meine Sekretärin sagte, Sie arbeiten über Islay Whiskys?«

Der Professor hatte sich ganz offiziell angemeldet. »Eine wissenschaftliche Abhandlung über gereifte Islay Whiskys. Samt kulturhistorischen Aspekten selbstverständlich. Immerhin trat der Single Malt Whisky nach der Herrschaft der Blends erst 1963 dank Glenfiddich seinen Siegeszug an. Damals allerdings unter dem Namen Pure Malt.«

»Danke für die Erinnerung, Professor.« Ross lächelte.

»Bitte, gern geschehen. Wenn Sie möchten, gehe ich gerne weiter ins Detail.«

»Lassen Sie uns lieber etwas trinken«, sagte Ross, und sein rollendes »R« hallte im Lagerhaus wie in einer Tropfsteinhöhle wieder. »Eigentlich kann man nicht über alte Whiskys reden, sondern nur über alte Fässer, denn die sind noch entscheidender als das Grundprodukt, welches mal hineingefüllt wurde.« Er steckte den Valinch in das Spundloch eines Fasses, rührte ihn kurz darin herum, drückte seinen Daumen auf das obere Ende und zog die Metallpipette blitzschnell heraus, die beiden Gläser im Handumdrehen füllend.

»Der Whisky in diesem Fass ist jetzt siebzehn Jahre alt.« Er legte seine Hand auf die dunkle Mauer dahinter. »Gegen die hier schlagen in diesem Moment die Wellen des Atlantiks, und wir trinken hier in aller Seelenruhe. Ich mag das. So nah beieinander und doch gefühlte Welten entfernt.« Er reichte Bietigheim ein Glas.

Der Whisky roch nach Jod, nach Tang, aber auch reichhaltiger Butter, Haselnüssen und … Sherry. »Ein Sherryfass«, sagte Bietigheim.

»Genau«, bestätigte Ross Martin.

Sie fachsimpelten eine Weile über den Whisky. Ross gab eine Menge Wasser hinzu, hielt seine Hand auf die Öffnung des Glases und schüttelte so sehr, dass Bietigheim an eine Waschmaschine im Schleudermodus denken musste.

»Gestern war ich übrigens bei Laphroaig«, erklärte er.

»Ich weiß.«

»Sie wissen?«

»Islay ist klein, Neuigkeiten reisen schnell. Und Sie sind eine Neuigkeit. Wie hat Ihnen Laphroaig gefallen? Sie waren wohl sogar nachts noch da. Oder wieder.«

Neuigkeiten reisten auf Islay anscheinend nicht nur schnell, sondern auch ausführlich. »Ich war äußerst beeindruckt, vor allem von ›The Bruce‹. Vermutlich der teuerste Whisky der Insel. Ich hoffe sehr, ihn bald verkosten zu dürfen.«

Ross hielt inne. »Ja, die sind schon gut da, bei Laphroaig. Aber den teuersten Whisky haben sie nicht. Den haben wir. Ansehen dürfen Sie ihn, ein Glas anbieten kann ich Ihnen leider nicht.«

Wie ärgerlich, dachte der Professor, dabei hatte er gehofft, den Distillery Manager an seiner Ehre packen zu können. Dieser führte ihn nun zu seinem ganzen Stolz.

Die ausgestellte Kristallflasche des 1957ers fand sich geschützt durch einen Glaskubus im repräsentativen Verkostungsraum der Distillery und funkelte im Sonnenlicht wie ein riesiger Diamant. Dank bodentiefer Fenster hatte man von hier einen herrlichen Blick auf die Küste. Das Meer gebärdete sich jedoch immer noch wie ein aufgestachelter Stier.

»Wenn Sie hunderttausend Pfund haben, gehört sie Ihnen.«

»Schon ihr Anblick ist ein Hochgenuss. Ich wusste, dass es sich lohnen würde, zu Bowmore zu kommen. Wissen Sie, wer sagte, dass ich unbedingt hierhin müsse? Colin Lewis.«

»Ah, Colin.«

»Sie kennen ihn natürlich.«

»Ja, ich kenne Colin.« Die Temperatur in Ross' Stimme sank rapide. Es fehlte nicht mehr viel, und sie würde die Tiefe der No. 1 Vaults erreichen.

»Er hat sehr von Bowmore geschwärmt.«

»Schön zu hören.« Ross stellte das Glas ab.

»Ich habe ihn letzte Woche gesprochen. Weiß gar nicht, ob er da von Islay aus anrief.«

»Das sagen einem selbst modernste Smartphones noch nicht.«

Wie ärgerlich, er stieg nicht drauf ein!

»Meinen Sie, er kommt demnächst noch mal auf die Insel?«

Ross trat näher zum Professor. »Das müssten Sie als sein Bekannter doch eigentlich viel besser wissen als ich. Warum interessieren Sie sich so dafür, wo er war?«

»Ich frage immer nach gemeinsamen Bekannten. Sie wissen doch, die Welt ist ein Dorf.«

Ross trat noch näher, und mit seiner schieren Körpergröße stellte er Bietigheim in den Schatten. »Stimmt schon, aber fragen Sie ihn doch selbst, oder haben Sie seine Nummer nicht?«

»Doch, doch.«

»Wir sind sehr gastfreundlich auf Islay. Aber wie alle Inselbewohner sind wir auch misstrauisch, wenn man uns Merkwürdiges fragt. Sehen Sie, es ist so: Sie sind nicht von hier. Das ist kein Vorwurf, wir sind sehr offen für Gäste, schließlich leben wir von den Touristen und Whiskyfreunden. Aber es gibt Dinge, die behalten wir für uns, und die regeln wir unter uns.«

»Was gibt es bei Colin Lewis denn zu regeln?«

»Ich weiß nicht, was er Ihnen erzählt hat, und erst recht nicht, warum, aber Sie müssen nicht weiterfragen.«

»Aber ...«

Ross blickte auf seine Uhr. »Leider habe ich keine Zeit mehr, ein Termin mit unseren Marketingleuten. Es tut mir fürchterlich leid. Kommen Sie doch mal wieder, und ich sage Julie, dass sie Ihnen die große Tour geben soll, ja? Sie finden alleine raus, oder? Einfach die Außentreppe runter. Es hat mich ausgesprochen gefreut.«

Er reichte ihm die Hand, blickte Bietigheim aber schon nicht mehr an, als dieser sie schüttelte.

Kurze Zeit später stand der Professor wieder vor der Distillery und fragte sich, was gerade eigentlich genau passiert war.

Ähnlich erging es Bietigheim auch bei Bruichladdich (Ecke am Strand), Caol Ila (Sund von Islay) und Bunnahabhain (Ursprung des Flusses). Mit jeder Zurückweisung sank Bietigheims Stimmung weiter. Irgendwann fing er an, mit Benno zu reden, der es sich im Fahrradkörbchen bequem gemacht hatte. »Was ist nur mit diesen Ileachs los? Warum redet dieses Volk nicht mit mir?«

Benno bellte, Bietigheim wertete es als Zustimmung.

»Genau! Ich stelle doch nur eine ganz harmlose Frage nach einem Whiskypub-Besitzer aus Edinburgh! Weißt du was, wir fahren jetzt zu Cameron McFallon und erklären ihm dieses Dilemma. Vielleicht weiß er eine Lösung, schließlich ist er Teil dieser inzestuösen Hebriden-Mischpoke.«

Benno jaulte kurz auf.

»Keine Sorge, alter Freund, ich werde dafür sorgen, dass dieses Teufelsweib von Maria dir nicht zu nahe kommt!«

Rauch drang aus der Pagode Laphroaigs, die Torffeuer brannten, ihr schwerer Duft erfüllte die Luft, drängte sogar die Salzigkeit zurück ins Meer. Der Professor erfuhr, dass McFallon heute selbst am Trockenofen, dem Kiln, stand, um ihn mit Torf zu beladen, denn der eigentlich dafür Verantwortliche hatte sich krankgemeldet. McFallon hatte einst am Trockenofen seine Laufbahn bei Laphroaig begonnen und nahm die Chance wahr, wieder einmal dort zu stehen.

Der Manager hörte den Professor beim Eintreten nicht, mit der Schaufel legte er gerade Torf nach, von einem großen Haufen, der sich mannshoch in der Ecke türmte. Die Wände des kleinen Raums waren schwarz vom Rauch der Jahrhunderte. Das laute Geräusch des rasend schnell ziehenden Feuers war zu hören. Bietigheim mochte es auf Anhieb, denn es klang so kraftvoll, fast lebendig. Flammen waren im Ofen kaum zu sehen, dafür Rauch und Glut. Die

Intensität der Aromen war so stark, dass er sie vermutlich monatelang in seiner Kleidung würde riechen können.

Damit konnte er gut leben. Hielt wahrscheinlich auch Motten fern.

Er räusperte sich. »Mr McFallon, wir müssen reden.«

Der Manager drehte sich um, Schweiß auf seiner Stirn, ein Lächeln in seinem Gesicht. »Professor! Jetzt sagen Sie nicht, dass Sie den Fall schon gelöst haben.«

»Nicht ganz«, erwiderte Bietigheim. Benno blieb in sicherer Entfernung vom Feuer, als sein Herrchen vortrat, dem Hausherren die schmutzige Hand schüttelte und sich seine eigene danach mit einem Seidentaschentuch, so gut es ging, säuberte.

»Riecht gut, oder?«, fragte McFallon und atmete tief ein.

»Mein Eindruck ist, dass der ganze Gebäudekomplex danach riecht.«

»So soll es auch sein! Wir sind hier schließlich auf Islay, Whisky aus gemälzter Gerste ist das, was uns von den meisten Festlandschotten unterscheidet. Männerwhisky.«

»Manche sagen, er stinke nach brennenden Autoreifen.«

»Das mag ja sein, aber es sind die besten brennenden Autoreifen der Welt. Kommen Sie näher, Professor. Halten Sie Ihre Hand rein, na los.«

Bietigheim wollte nicht wie ein Angsthase dastehen. Deshalb trat er, ohne seine Miene zu verziehen, zum prasselnd brennenden Torffeuer des Kiln. Er stellte sich darauf ein, seine Hand sofort wieder zurückzuziehen. Doch als er sie hineinstreckte, stellte er fest, dass dies gar nicht nötig war. Der Dampf war sehr warm, aber nicht so heiß wie erwartet.

»Wir mälzen die Gerste zuerst und trocknen sie dann. Zwei Arbeitsschritte. Alle anderen machen das in einem Rutsch. Zwölf bis fünfzehn Stunden geht das, auf den Böden über uns liegt die gerade gekeimte Gerste. Mit dem Rauch kommt Islay rein, denn die Gerste stammt nicht von hier. Einige pflanzen jetzt an und machen Sonderabfüllungen damit, aber die Menge reicht einfach nicht für alle Whiskys. Es sind Rauch, Luft und Wasser, die Islay ausmachen. Aber Sie sind sicher nicht gekommen, damit ich Ihnen den Herstellungsprozess erkläre. Manchmal trägt es mich einfach davon, wissen Sie, dann fange ich an zu dozieren.«

»Fraglos eine unangenehme Eigenschaft für Ihre Mitmenschen«, erwiderte der Professor. »Doch Sie haben vollends recht, deshalb bin ich nicht hier. Die Ermittlungen stocken, bevor sie richtig angefangen haben. Sie reden nicht mit mir.«

»Wer?«

»Sie.«

»Wer sie?«

»Alle. Die ganze Insel. So etwas habe ich noch nicht erlebt. Nun hören Sie doch mal mit dem Schippen auf. Vorher spreche ich nicht weiter.«

McFallon stellte die Schaufel leicht beleidigt zur Seite. »Bin ganz Ohr.« Er verschränkte die Arme vor der Brust.

Bietigheim nickte zufrieden und fuhr fort. »Ich habe mich überall ganz harmlos nach Colin Lewis erkundigt. Niemand, und ich möchte das betonen, niemand verriet mir, ob und schon gar nicht wann er diesen zuletzt gesehen hat.«

McFallon nickte. »Sekunde, muss gerade Torf nachwerfen.« Danach drehte er sich wieder zum Professor. »Hätte ich kommen sehen müssen. So sind sie hier auf Islay, immer schon. Man kommt schnell ins Gespräch, aber Vertrauen fassen wir nur schwer. Das hat mit dem Inselleben zu tun, da wird man zur eingeschworenen Gemeinschaft. Wir sind nur dreitausendfünfhundert, und jeder weiß über jeden Bescheid. Manche halten das nicht aus und verlassen Islay. Das Schlimme, hat mir mein Bruder mal gesagt, der jetzt in Glasgow lebt, ist nicht, dass alle alles über dich wissen, es ist, dass du alles über alle anderen weißt. Und das stimmt. Wenn mit Ihnen jemand kommt, über den man nicht alles weiß, ist man misstrauisch. Sie haben keinen Stallgeruch.«

»Oder besser: keinen Torfgeruch.«

McFallon grinste breit. »Den muss ich mir merken!« Ein Mitarbeiter ging an den beiden vorbei. »Er wendet oben die Gerste.«

»Im Rauch?«

»Ja klar, er liebt es.« In Cameron McFallons Blick lag Neid. Am liebsten hätte er wohl alle Arbeitsschritte in der Distillery selbst durchgeführt.

»Hören Sie, Mr McFallon, ich möchte diesen Fall lösen. Für Sie, für den Toten und für diese Insel. Aber so wie jetzt geht es nicht. Ich brauche jemanden von hier, der zu meinen Augen, Ohren und zu meinem Mund wird, den ich genau instruieren kann und der die Menschen zum Sprechen bringt. Am besten verkabelt, wissen Sie. Ein Mikro am Kragen, eine Art Kopfhörer unter der Mütze. Alles so, dass es nicht zu sehen ist. Das mag etwas Geld kosten. Aber eine andere Lösung sehe ich nicht. Wir benötigen meinen Geist, mein Wissen, aber als Hülle jemanden von Islay.«

Cameron McFallon sah ihn lange an. »So, wie Sie es beschreiben, klingt es ein bisschen nach Frankensteins Monster, Professor.«

»Ein unangemessener Vergleich. Viktor Frankenstein war von seiner Schöpfung angeekelt und hatte Angst vor ihr, meine dagegen wird nützlich sein.«

»Sie sind schon eine ganz besondere Nummer.« Er legte wieder eine Schippe Torf nach.

»Ich verstehe nicht«, bemerkte der Professor.

»Wir mögen das«, der Manager lächelte. »Haben was übrig für Exzentriker – vermutlich, weil wir alle selber welche sind. Wollen Sie auch mal schippen?«

Gegen eine praktische kulinaristische Übung hatte Bietigheim nie etwas einzuwenden. »Warum nicht? In der Zwischenzeit denken Sie bitte darüber nach, wer mein … Monster sein könnte.«

Der Professor zog Mantel und Sakko aus, hängte sie ordentlich an den Türgriff, nahm die goldenen Manschettenknöpfe aus seinen Hemdsärmeln und rollte diese ordentlich empor, bevor er in die Hände spuckte und schaufelte. Der Torf war federleicht, da er nicht in dicken Brocken, sondern aufgeribbelt und feucht ins Feuer geworfen wurde.

»Das reicht«, sagte Cameron schon nach Kurzem. »Sonst erstickt es. Und ich habe auch schon eine Lösung gefunden.«

»Gut zu hören.« Der Professor besah sich seine Arbeit. Besser konnte man Torf nicht schippen! »Wie heißt der Glückliche?«

»Dougie McFallon. Mein Onkel.«

»Wunderbar. Lassen Sie uns gleich zu ihm gehen. Wo lebt er?«

»In Alaska«, antwortete Cameron.

»Bitte *wo*? Wollen Sie mich veralbern?«

»Nein, kein bisschen, Professor. Sie sind ab jetzt sein Sohn. Schauen Sie nicht so, Professor. Dougie ist ausgewandert, als ich gerade vier Jahre alt war. Er ist der ältere Bruder meines Vaters, seitdem hat man nichts mehr von ihm gehört. Vor zwei Jahren habe ich angefangen, mich für Genealogie zu interessieren, und ihn ausfindig gemacht. Er lebt in Alaska als Lkw-Fahrer. Hatte wohl schon Dutzende Jobs, ein echter Abenteurer. Erzählt habe ich keinem von ihm, Dougie wollte das nicht. Wir geben Sie einfach als seinen Sohn aus, der sich erst mal auf der Insel umschauen wollte, bevor er seine Identität preisgibt.«

»Aber das geht doch nicht, ich bin unter meinem Namen im Hotel abgestiegen!«

»Na, dann sind Sie eben der uneheliche Sohn von Dougie und tragen den Namen Ihrer deutschstämmigen Mutter, die ebenfalls nach Alaska ausgewandert ist. Wie finden Sie das?«

»Unehelich? Ich?« Bietigheim wollte sich empören, doch nach kurzer Überlegung nickte er zustimmend. »Wenn es denn der Wahrheitssuche dient.«

»Prima. Ich erzähle Ihnen gleich alles, was Sie über ihn wissen müssen. Das ist Ihre Eintrittskarte. Willkommen zurück, Cousin!« Er umarmte ihn scherzhaft. »Ab jetzt sind Sie einer von uns. Hoffentlich können Sie auch so saufen wie wir!«

Pit stand wie ein Fels in der Brandung in den schnell fließenden Menschenmassen auf der Royal Mile. Er war gefühlte drei Meter hoch und zwei Meter breit. Das schwarze Leder seiner Hose und Jacke schien mit seiner Haut längst eine Einheit eingegangen zu sein, und der lange weiße Rauschebart an seinem Kinn ließ selbst einen Weihnachtsmanndarsteller wie einen Wichtel aussehen. Auf seine Glatze fielen Regentropfen, doch er schien sie nicht zu spüren, denn Pit war vertieft in die am Pub aushängende Karte des ›The Ben Nevis‹.

Sie hatten Whisky, sie hatten Bier, sie hatten Fleisch, und in einigen Gerichten gab es sogar alles gleichzeitig.

Warum konnten ihn nicht alle Ermittlungen in Pubs führen?

Pit führte seinem Körper nur Dinge zu, die diesem nicht fremd waren. Sprich: Fleisch. Er war das Gegenteil eines Vegetariers. Er war ein Carnivore. Fisch sowie Meerestiere aß er nur, wenn sie nach Fleisch schmeckten.

Pit hatte sich entschieden. Er würde Würstchen, Haggis und Schwein mit Whiskysoße nehmen und dazu ein paar Bier, gefolgt von ein paar Whisky. Damit er für die Ermittlungen auch lange genug sitzen bleiben konnte. Er war bereit!

Der Besitzer dieses Whiskypubs war tot. Was aber niemand wusste. Und wenn es einer wusste, dann hatten sie den Mörder.

Pit trat ein – und liebte das ›Ben Nevis‹ umgehend. Der Geruch von Fleisch und Alkohol lag wie Nebel im Raum, dessen Wände aus dunklen, deckenhohen Holzregalen bestanden, die mit Whiskyflaschen gefüllt waren. Dazwischen gab es ein paar alte Schinken mit Jagdmotiven, etliche Geweihe und einen prächtigen Tresen, an dem viererlei Bier gezapft wurde. Ein großes Whiskyfass stand an der Seite des Tresens, darauf mit Kreide geschrieben: »The Real Stuff«.

Hier würde er einziehen!

Und hoffentlich würden diese Ermittlungen niemals enden!

Es war Abend und deshalb viel los im ›Ben Nevis‹. Pit hatte ein paar alte Säufer erwartet, die sich an der Theke festkrallten oder als Halbleichen auf einer Bank lungerten, von der man nicht herunterfallen, sondern nur langsam rutschen konnte. Dazu eine Geräuschkulisse wie im Zombiefilm, ein akustischer Flickenteppich aus Stöhnen und schwerem Atmen.

Doch hier war es anders als in seiner Hamburger Lieblingskneipe.

Ja, es gab einige alte Säufer, die hier zu trinken schienen, seit William Wallace 1297 in der Schlacht von Stirling Bridge die Engländer vertrieb. Aber außerdem gab es junge Cliquen, Pärchen und gut gereifte Mittelalte, die hier gesellig und zivilisiert speisten.

Pit steuerte auf den Tresen zu, an dem es noch genau einen unbesetzten Barhocker gab. Seiner! Er machte sich auf, ihn zu entern.

»Der ist besetzt.« Die Worte kamen von dem älteren Mann mit den langen, ungepflegten Haaren auf dem Barhocker daneben. Er trug ein geschnürtes Hemd unter dem halb langen Mantel, das wirkte wie aus der Piratenzeit.

»Ach ja?«, fragte Pit. »Von wem denn? Ich seh keinen.« Pit machte Anstalten, sich zu setzen.

»Von Her Majesty the Queen. Wir Schotten, junger Mann, sind gastfreundlich. Sie soll hier immer einen Platz haben.«

»Und zwar den schlechtesten«, sagte Pit. Jetzt, wo er neben dem Barhocker stand, konnte er erkennen, wie zerrissen das Leder war.

»Wir erwarten nicht von ihr, dass sie sich daraufsetzt. Aber sie könnte es!« Der Mann grinste. Er schaffte das mit drei Zähnen.

»Wissen Sie was?«, sagte Pit. »Ich lebe in Cambridge, ich halte ihn für die Königin warm. Und wenn sie durch die Tür kommt, springe ich sofort auf. Falls sich durch mein Sitzen weitere Risse im Leder ergeben, muss sie damit leben. Haben wir einen Deal?«

»Wenn Sie einmal gehörig reinfurzen, haben wir den.«

Die beiden Männer starrten sich an, dann lachten sie grölend los.

»Ich bin Pit«, sagte dieser und setzte sich hin.

»Geoffrey«, erwiderte der andere. »Ich bin der Hausgeist. Spuke hier schon seit zweihundert Jahren rum.«

»Dafür hast du dich aber gut gehalten.«

Pit setzte sich und gab seine Bestellung auf. Er wollte Geoffrey einladen, doch dieser meinte, als Geist könne er nichts trinken. Aber riechen, das ginge. Die beiden verstanden sich auf Anhieb prächtig.

»Sag mal, kennst du den Besitzer?«

»Colin? Natürlich. Was für eine Frage. Wunderbarer Junge. Ich weiß noch, wie er geboren wurde. Hier im Hinterzimmer, es ging alles so schnell. Das ›Ben Nevis‹ wird in der fünften Generation geführt, musst du wissen. Colin hat nie was anderes gelernt, der ist geborener Wirt. Seiner Meinung nach ist die einzige Medizin der Whisky. Ist gut gegen alles, oder für alles, je nachdem!«

»Klingt, als wäre er ziemlich beliebt.«

Geoffrey nickte vehement. »Oh ja, dem wünscht keiner was Böses. Mit dem kann man Pferde stehlen. Und dabei säuft er jeden unter den Tisch.«

»Ich werde ihn rausfordern!«

»Mach das nur. Du wirst verlieren.«

Plötzlich kam Pit eine Idee. »Ich wette, er hat einen Hund. So einen riesigen Dobermann.«

»Falsch geraten. Seine Frau ist allergisch gegen Hunde. Er würde gern einen haben, aber geht natürlich nicht. Colin kann gut mit Hunden, die lieben ihn auf Anhieb.«

»Was kann ich Ihnen bringen?«, kam es von jenseits des Fasses. Pit stand auf, um zu sehen, wem er seine Essenswünsche anvertrauen konnte.

»Das ist seine Frau Bonnie«, raunte ihm Geoffrey zu.

Sie hatte einen Busen, auf dem man Tabletts abstellen konnte, und war auf eine Art knubbelig, die nur jahrelange Tätigkeit in der Gastronomie hervorbrachte. Gemütlich wirkte Bonnie nicht, sondern auf eine gelangweilte Art ernüchtert von der Welt. Pit fragte sich, wie oft sie schon Kotze hatte wegmachen müssen oder den Kloboden wischen, weil Männer es mit ihren gefühlten zwanzig Zentimetern nicht schafften, ein Pissoir von der Größe einer Kuhtränke zu treffen. Vermutlich konnte man dann gar nicht anders als so dreinblicken.

Pit schenkte ihr ein Lächeln und zählte auf, welches Fleisch er gerne neben welchem auf seinem Teller wünschte und dass Beilagen nicht nötig seien.

»Ist Colin eigentlich da?«

»Nein, leider nicht.«

»Wo ist er denn? Mir hat ein Kumpel so viel über ihn erzählt. Er soll ja eine richtige Whisky-Koryphäe sein.«

Bonnie Lewis wischte mit einem Tuch die Theke ab. »Colin angelt. Dann ist er immer weg, und man hört wochenlang nichts.«

»Jetzt im Winter?«

Sie lachte gequält. »Es gibt keine Jahreszeit, in der er nicht angelt. Er holt überall einen Fisch raus. Selbst wenn Sie ihn in der Wüste Gobi angeln lassen.« Sie wischte über den Tresen.

»Ach, Mist. Ich bin extra wegen ihm hergekommen, brauche echt seinen Rat.« Pit versuchte, wie ein unschuldiger Hundewelpe dreinzublicken, schaffte aber nur einen kuscheligen Rottweiler. »Haben Sie vielleicht seine Handynummer?«

»Da geht er nicht ran, wenn er angelt. Colin will seine Ruhe haben, nur er, die Fische und der Whisky in seinem Flachmann. Vielleicht kann ich Ihnen helfen? Hier schon mal Ihr Pale Ale.«

Pit nahm es und trank einen kräftigen Schluck. Das Bier tat gut, und er war sich sicher, dass es die Hirntätigkeit anregte. Weswegen er es austrank und gleich ein neues Glas orderte.

»Ich will nach Islay, weiß aber nicht, wen ich da besuchen soll. Colin hat einem Kumpel von mir immer von einer bestimmten Distillery vorgeschwärmt, zu der er wohl auch wollte, aber mein Kopf.« Pit deutete an, dass eine Schraube locker sei, irgendwo am rechten Ohr.

»Cathleen, kommst du mal?« Bonnie Lewis blickte in Richtung Küche.

Eine Frau erschien, sich die Hände an einer um die Hüfte gebundenen Schürze abwischend. Sie war ungefähr in Bonnies Alter, aber größer und schlanker, ihre braunen Haare leicht gelockt. Pit fand sie noch gut in Schuss, so wie ein gepflegter Oldtimer. »Du hast doch mit Colin gesprochen, bevor er auf seine Tour ist«, sagte Bonnie zu ihr. »Wollte er nicht auch nach Islay?«

»Ja, stimmt. Ich glaub, das war so.«

Bonnie musste eine Bestellung aufnehmen, und Pit hatte die Köchin ganz für sich.

»Hat er von irgendeiner bestimmten Distillery gesprochen?«

»Ja, aber ich weiß jetzt nicht mehr, von welcher.«

»Lagavulin?«, fragte Pit.

»Nein, die nicht.«

»Laphroaig? Ardbeg?«, setzte er nach.

»Nein, das wüsste ich.«

»Bowmore? Bruichladdich?«

»Mhm. Nein, glaube nicht.«

Pit musste in den hinteren Schränken kramen, um alle acht zusammenzubekommen. »Caol Ila? Bunnahabhain?«

»Nein, da klingelt nichts. Ich muss jetzt auch wieder in die Küche.«

»Sind Sie sich sicher, dass es die alle nicht waren?«, fragte Pit.

Sie nickte entschlossen. »Ja, ganz sicher. Ich muss wirklich zurück. Ich habe eine große Bestellung mit viel Fleisch auf dem Herd.«

Pit grinste. Aber nicht, weil er sich schon auf sein Essen freute, sondern weil ihm Colins Reiseplanung nun klar war. Es gab nämlich nur noch eine weitere Distillery auf Islay. Die jüngste und kleinste.

»Dann meinte er bestimmt Kilchoman!«

»Nein.«

»*Nein?*« Pit trug an jedem seiner Finger einen Ring, auch an den Daumen. Das ersetzte bei Prügeleien den Totschläger. Nun fuhr er nervös darüber.

»Ganz bestimmt nicht.«

»Ganz bestimmt nicht?«

»Sie müssen nicht alles wiederholen, was ich sage.« Cathleen wischte sich Schweiß von der Stirn.

»Sind Sie sich wirklich sicher? Es gibt nämlich keine weiteren Distilleries auf Islay.«

»Ganz sicher, Kilchoman kenne ich gut, die waren mal hier, sehr nette Leute. Colin liebte den Haufen.«

»Och, menno«, sagte Pit. »Ansonsten gibt's auf der Insel nur noch eine geschlossene Distillery. Aber warum sollte er zu Port Ellen fahren?«

»Das war es! Da wollte er hin! Port Ellen.«

»Aber …«

»Ich glaube, Ihr Haggis ist gleich fertig.« Und damit verschwand sie in der Küche.

»Wollen Sie noch etwas trinken?«, fragte Geoffrey. »Einen Port Ellen vielleicht?«

»Jau«, sagte Pit. Er rief in Richtung Bonnie. »Geben Sie mir eine Flasche Port Ellen! Und für Geoffrey auch ein Glas, auch wenn er es nicht trinken darf.«

»Geoffrey? Wen meinen Sie?«, fragte Bonnie.

Und als Pit zu Geoffreys Platz deutete, war er bereits verschwunden.

****

Bietigheim strich die Butter mit festem Druck auf das nahezu verbrannte Toastbrot, denn er war immer noch wütend über Pits Anruf. Spät in der Nacht! Das hatte ihn geweckt! Und die Wirtin! Die ihm eine Standpauke wie einem unflätigen Balg gehalten hatte! Selbst seine Zimmernachbarin, die Tupperware-Vertreterin aus Coventry, war wach geworden und in den Flur gestürmt.

Aber eine Spur hatte dieses bärtige Ungetüm zumindest aufgetan. Zur Port-Ellen-Mälzerei an der A846 waren es vom ›Trout Fly Bed & Breakfast‹ nur wenige Schritte, weshalb er den Morgenspaziergang dorthin verlegen würde.

Als er aus der Tür trat, sah er, dass der Tag klar und sonnig war, doch die See weiter unruhig, als würde sie gegen das schöne Wetter aufbegehren. Benno hielt sich nah bei ihm und zog nicht wie sonst an der Leine. Im Kopf ging er noch mal alles durch, was er sich am Morgen nach einer erfrischenden kalten Dusche zu Port Ellen angelesen hatte. Es war eine der sogenannten Silent Stills, der stillen

Brennereien, weil sie keinen Laut mehr von sich gaben. Einige waren nur eingemottet und konnten wieder in Betrieb genommen werden, doch andere würden nie mehr Whiskys erzeugen, da sie demontiert worden waren oder wie bei Imperial Kupferdiebe die Brennblasen irreparabel beschädigt hatten. 1825 gegründet, war 1983 endgültig Schluss für die Port Ellen Distillery, da der damalige Besitzer drei Islay Distilleries sein Eigen nannte, aus wirtschaftlichen Gründen aber eine schließen musste – und Lagavulin sowie Caol Ila den Vorzug gab. Unter anderem, weil Port Ellen die kleinste davon war. Die Brennblasen gingen nach Indien, und die Gebäude wurden zerstört. Heute war der Whisky von hier enorm gesucht. Und je länger es her war, dass die Distillery geschlossen wurde, desto gesuchter und wertvoller wurde er. Heute gab es neben den alten Lagerhäusern nur noch die 1973 errichteten Trommel-Mälzereien, sieben Stück davon, die aussahen wie riesige Waschmaschinen, dazu drei mächtige Kilns. Beeindruckende zweitausend Tonnen Torf gingen hier alljährlich in Flammen auf, um der gekeimten Gerste torfigen Rauchgeschmack zu verleihen.

Der Professor war am Ziel. Alle drei Schornsteine bliesen weißen Rauch in den klaren Winterhimmel über Islay, als seien sie riesige Zigarren.

»Port Ellen Maltings« stand auf einem Schild, kurz danach fand sich eines mit der Aufschrift »Betreten verboten«.

Der Professor schmunzelte und ließ, wie von ihm geplant, Benno von der Leine, der sofort losflitzte.

Da musste er jetzt wohl hinterher.

Die Anlage war groß und industriell, hatte nichts von der Romantik einer Manufaktur wie Laphroaig. Doch der Geruch des malzigen Rauchs war hier sogar noch stärker als bei dieser. Kein Wunder.

»Hey, Sie, runter vom Gelände!« Ein Mann, dessen

Unterarme so dick wie seine Oberschenkel waren, näherte sich. Er trug eine gelbe Sicherheitsweste und einen weißen Schutzhelm. »Besuch nur beim Islay Malt Whisky Festival oder nach Vorankündigung. Und am liebsten keins von beidem.«

»Ich bin…«

»Ist mir egal, wer Sie sind. Und wenn Sie Kenny Dalglish wären und einen signierten Fußball dabeihätten, runter, hier wird gearbeitet.« Der Mann kam näher, seine Augen zu Schlitzen verengt, seine Schultern gehoben. Es sah aus, als wolle er gleich durch eine Wand rennen. Eine Wand namens Adalbert.

»Ich bin…«, setzte Adalbert nochmals an.

»…der Mann, der jetzt umgehend verschwindet«, beendete sein Gegenüber den Satz und kam noch näher.

»…auf der Suche nach meinem Hund, einem Foxterrier.«

»Der ist nicht hier.«

»Er ist hier aber hereingelaufen, und sein Name ist Benno von Saber, und mein Name ist…«

»…mir egal, raus jetzt. Hier wird gearbeitet, verdammt noch mal! Die Töle wird schon den Weg nach Hause finden.«

»Mein Name ist…«

»… Schall und Rauch.«

»Können Sie mich jetzt endlich mal wie ein zivilisierter Mensch ausreden lassen, Sie unhöflicher Rüpel! Ich bin…«

Die Haare des Mannes hingen wie die eines Highlandrinds so weit über die Augen, dass diese nicht zu sehen waren. »Mir verdammt verschissen bekackt egal!«

»…Dougie McFallons Sohn«, beendete Bietigheim seinen Satz wie geplant.

Der Mann vor ihm verharrte. »Nee.«

»Doch.«

»*Nee!*«

»Aber so ist es.«

»Ich bin Hughie Fletcher. Das ist mir eine Riesenfreude.« Er schüttelte Bietigheim die Hand – und damit den ganzen Professor. »Jetzt sehe ich auch die Ähnlichkeit.«

»Ach, wirklich?«

»Ja, klar. Diese spitze Nase, die eng anliegenden Ohren, klar, Dougie, wie er leibt und lebt. Was macht der alte Verbrecher?« Der Mann knuffte ihn. »Ich kannte deinen alten Herrn noch. Der hat mir alles beigebracht, was ich weiß.« Er zwinkerte. »Und ich meine, wirklich alles, wenn du verstehst.«

Adalbert zwinkerte zurück, eine ungewohnte Bewegung für seine Augenlidmuskulatur.

»Dein Vater ist echt einer. Hat immer gesagt, wir würden die Gerste hier veralbern. Ihr mit torfigem Wasser das Gefühl geben, es sei Frühling, damit sie keimt. Und gerade, wenn sie auskeimt, in der Hoffnung, eine Pflanze zu werden, trocknen wir sie und nebeln sie mit Torfrauch ein, weil dann am meisten Stärke in ihr ist. Die Stärke, das sei die Seele der Gerste, und aus der werde Zucker und später Alkohol. Der Whisky sei deshalb die purste Form des Korns. Ein Dichter, dein Vater. Du auch?«

»Nur am ersten Maientage, wenn ich meine Liebste freie.«

»Bitte?«

»Ich dichte selten, obwohl ich das Florett der Sprache gekonnt schwinge, so sagt zumindest Hildegard zu Trömmsen.« Auch bekannt als die Venus von Blankenese, wie Adalbert sie zu nennen pflegte. Hildegard mochte das.

»Und du suchst also deinen Hund hier? Einen Foxterrier? Hört der, wenn du ihn rufst?«

»Nur, wenn ich dabei ein Putenfilet schwenke.«

»Verstehe. Hilft pfeifen?«

Bietigheim schüttelte den Kopf. »Warten hilft.«

»Ah so, okay. Aber ich muss wieder arbeiten. Soll ich dich schnell rumführen?«

»Das wäre ausgesprochen freundlich von ... dir.«

Und Hughie führte ihn durch die riesigen Hallen, die Waschtrommeln und Bewässerungsbecken, die für olympisches Turmspringen ausgereicht hätten.

»Ein Bekannter von mir aus Edinburgh, Colin Lewis heißt er, erzählte mir, er wollte Port Ellen Maltings besuchen.«

Der Professor sah Hughie erwartungsvoll an. Nun würde sich zeigen, was Pits nächtlicher Anruf wirklich wert war.

»Ja, der war hier«, antwortete Hughie. »Vor zwei Wochen, Dienstag, nee Mittwoch. Es war ja Live Music im ›Port Charlotte Hotel‹.«

Endlich ein konkretes Datum! Es ging vorwärts!

»Ein Pfundskerl, der Colin. Wollte alles ganz genau sehen, vor allem die alten Lagerhäuser, die sind ja alles, was von der eigentlichen Distillery geblieben ist.«

»Was wollte er denn da?«

»Puh, da fragst du mich was. Er ist da rumgelaufen, wollte die Atmosphäre aufnehmen. Na ja, ein Spinner war er auch, aber einer von den Guten. Ich musste irgendwann wieder an den Kiln, aber er blieb noch. Warum fragst du?«

»Wir wollten uns auf Islay treffen, und jetzt ist er nicht da und auch auf dem mobilen Telefon nicht zu erreichen.«

»Wahrscheinlich liegt er irgendwo besoffen in 'ner Ecke. Der wollte doch immer alle unter den Tisch saufen. Bei mir hat er das nicht geschafft. Ha!«

»Darf ich mir die Lagerräume auch mal anschauen?«

»Warum?«

»Mein Vater hat mir so viel davon erzählt.«

»Ach? So besonders sind die aber nicht.« Er winkte ab.

»Mein Vater sagte, die müsste man gesehen haben.«

»Echt? Na ja, wenn du willst, kannst du natürlich rein.«

Kurze Zeit später standen sie in dem, das Colin Lewis

besichtigt hatte. Die Lagerhäuser mochten das Letzte sein, was von der Port Ellen Distillery geblieben war, aber Hughie hatte recht: Viel unspektakulärer ging es nicht.

»Und wo stand Colin? Vielleicht kannte er die beste Stelle, um die Größe dieser magnifizenten Lagerhalle aufzunehmen.«

»Dieser was?«

»Großen.«

»Ach so.« Er stupste dem Professor mit dem Ellbogen in die Seite. »Dougie hat auch manchmal so komisch geredet wie du. Das ist echt der Wahnsinn.«

»Wo stand er denn nun?« Der Professor wünschte sich langsam, sein Vater wäre ein Mafiapate, dessen Sohn alle Wünsche erfüllt werden mussten.

»Dahinten in der Ecke«, sagte Hughie und wies mit dem ausgestreckten Zeigefinger dorthin.

Das Meer war an der Stelle zu hören, da es nur wenige Meter entfernt an der Küste nagte. Aber auch hier: nichts Besonderes. Unter dem Fensterrahmen lag etwas weißer Putz auf dem Betonboden. Bietigheim blickte kurz hinaus, doch hinter dem Glas waren nur Küste und Meer zu sehen. Es sah auch nicht so aus, als hätte sich Colin Lewis die Mühe gemacht, den dicken Staub des Fensters mit dem Ärmel wegzuwischen, um eine bessere Sicht zu haben. Wegen der Aussicht hatte er diese Ecke also sicher nicht gewählt. Aber auch sonst gab es keinen ersichtlichen Grund. Bietigheim blickte betrübt zu Boden. Wieder eine Spur, die verschwand wie Whisky in einer durstigen Kehle.

Plötzlich erschien Benno und rannte kläffend auf ihn zu. Der Professor ging in die Knie, um ihn in Empfang zu nehmen, aber der Foxterrier bog einen guten Meter vor ihm ab und stürzte sich auf etwas Weißes, das Adalbert zuvor nicht aufgefallen war. Er schaffte es gerade noch, das Knäuel aus Bennos Maul zu ziehen, bevor der Fund vollends zerfetzt war.

Es war ein zerknülltes Stück Papier.

Ein Notizzettel mit dem Logo des ›The Ben Nevis‹.

Die Hälfte davon war in Bennos Magen. Auf der anderen in Bietigheims Hand stand eine Telefonnummer. In Bennos Magen stand vermutlich der dazugehörige Name und wurde langsam vorverdaut.

»Kennst du zufällig die Nummer hier?«, fragte Bietigheim den noch im Eingang stehenden Hughie.

»Ich kenn alle Telefonnummern auf Islay.«

»Auch die?« Bietigheim kam mit dem Zettel zu ihm. »01496 850 011.«

»Klar. Gerade die.«

»Wieso?«

»Na, weil wir die beliefern.«

»Ist es Laphroaig?«

»Nee. Kilchoman.«

Die jüngste und kleinste Distillery auf Islay.

Und die nächste, der Bietigheim nun einen Besuch abstatten würde. »Eine Frage noch, Hughie. Sie mag etwas komisch klingen.«

»Immer raus damit!«

»Was trug Colin, als er hier war?«

»Das weiß ich noch genau.« Er strahlte vor Stolz.

»Ja?«

»Ein Lagavulin-T-Shirt.«

»Willst du mich verarschen?« Pit sah den Verkäufer in der Imbissbude am Picardy Place mit aufgerissenen Augen an.

»Geht auch mit Snickers, Bounty oder Milky Way. Aber Mars ist der Klassiker«, antwortete der Mann freundlich.

Pit klingelten die Ohren. »Und die werden alle tiefgefroren in Bierteig gewälzt, in dem ihr sonst den Fisch wendet, und dann frittiert?«

»Ist in der Carron Fish Bar in Stonehaven erfunden

worden. Eine von Schottlands größten Erfindungen! Neben der Dampfmaschine, dem Golfschläger und dem Telefon.«

»Frittiert ihr die auch?« Pit brach in Lachen aus.

»Wir frittieren alles.« Der kleine asiatische Imbissbudenbesitzer sah ihn fragend an. »Was darf es denn jetzt sein?«

Pit musste nicht lange überlegen. »Von jedem Riegel einen!«

Er konnte es kaum erwarten. Zwar war in den Riegeln deutlich zu wenig Fleisch, aber Fett und Zucker gingen als ordentlicher Ersatz durch. Das Frühstück nahm er mit zu der hölzernen Bank, die sich auf der Royal Mile genau gegenüber dem ›The Ben Nevis‹ befand. Das Mars war innen angeschmolzen und floss glühend heiß auf seine Zunge. Die zuckrige Lava vermischte sich mit dem fetttriefenden Teigmantel zu einer wahren Kalorienorgie. Was er aß, ging eins zu eins auf die Hüften. Wie gut, dass die ausbaufähig waren!

Als er beim frittierten Bounty ankam, war dieses nur noch lauwarm, was nur der halbe Spaß war, aber er verschlang es trotzdem. Danach fühlte er sich, als habe er eine ganze Badewanne Koks durch die Nase gezogen. So viel Zucker war selbst für seinen Kreislauf eine Überraschung.

Pit lehnte sich zurück und breitete die Arme aus. Er saß allein auf der Bank, und alles an seinem Körper signalisierte den Passanten, dass dies besser so bliebe. Eine Ausgabe des »Scotsman« lag neben ihm, und Pit tat so, als lese er darin, doch galt sein Interesse einzig dem Pub. Es dauerte eine Dreiviertelstunde, bis Cathleen, die Köchin, erschien. Sie schloss allerdings nicht den Eingang zum Pub auf, sondern eine kleine, dunkel gelackte Holztür daneben. Kurze Zeit später gingen die Lichter im ›Ben Nevis‹ an, und Pit konnte durch die großen Sprossenfenster erkennen, wie

Cathleen die Stühle von den Tischen auf den Boden stellte. Danach wischte sie mit einem nassen Tuch noch mal darüber, auch über die Theke. Sie arbeitete penibel, fast liebevoll, schaute aus verschiedenen Winkeln auf die Tische und Barhocker, obwohl diese schon nach wenigen Gästen nicht mehr so aussehen würden. Sie polierte das Pub wie eine Perle. Dann verschwand sie in der Küche.

Die Royal Mile füllte sich langsam, vor allem Touristen flanierten, Stadtpläne und Reiseführer in den Händen haltend wie Rettungsringe. Es waren sehr wenige Männer mit Kilts unterwegs. Um nicht zu sagen: keine. Das war Pit schon in der ganzen Stadt aufgefallen. Nur für Geld spielende Dudelsackpfeifer, die strategisch an einigen Ecken Edinburghs platziert waren, gaben dem Affen Zucker mit voller Montur. Aber als Alltagskleidung fungierte der Kilt nicht mehr.

Das würde er ändern! Wenn es irgendwo einen schwarzen Lederkilt mit Nieten gab.

Cathleen erschien wieder, mit einer Schüssel in der einen und einer Plastikdecke in der anderen Hand. Sie legte Letztere über einen Tisch und setzte sich hin, um Kartoffeln zu schälen und Steckrüben klein zu schneiden. Als es für einen Moment etwas stiller auf der Royal Mile wurde, weil weder Wagen fuhren noch dauerquasselnde Touristen vorbeigingen, konnte er hören, dass sie Musik laufen ließ. Tom Jones, der Tiger aus Wales. Keine schlechte Wahl. Cathleen benutzte keinen Sparschäler, sondern ein spitzes Messer, arbeitete schnell und akkurat. Pit bekam Hunger. Wenn auch mehr auf mögliche fleischhaltige Beilagen als auf die Kartoffeln selbst.

Als sie fertig war, brachte Cathleen alles in die Küche, dann kam sie mit einer Art Eisenhaken zurück, schob etwas auf dem Boden mit dem Fuß beiseite – Pit stand auf, um besser sehen zu können: ein Teppich – und hob mit dem Werkzeug eine Klappe im Boden empor.

Sie verschwand darin.

Klappen im Boden mochte Pit immer schon. Sie ließen einen Raum wie das Deck eines Piratenschiffs wirken. Und Piratenschiffe mochte er noch mehr. Was sie dort unten wohl wollte?

Doch sie kam nicht wieder hoch.

Erst als er einen kurzen Blick zur schwarzen Nebentür warf, bemerkte Pit, dass er nicht mehr der Einzige war, der das Pub beobachtete. Den Zigarettenstummeln an seinen Füßen zufolge musste der Raucher schon eine gute Viertelstunde hier stehen. Pit entschied sich für den alten Zeitungstrick und pulte ein kleines Loch hinein, sodass er den Burschen beobachten konnte. Er trug seine wenigen dunklen Haare so über den Kopf gekämmt, dass seine Glatze weniger auffiel. Seine Koteletten waren weiß, seine Haut grau von jahrzehntelangem Zigarettenkonsum. Da seine Kleidung nur aus schwarzen und weißen Klamotten bestand, wirkte er monochrom vor dem Hintergrund der lockend-bunten Royal Mile.

Er telefonierte viel, schaute immer wieder auf seine Armbanduhr sowie das Pub oder die Royal Mile rechts und links runter. Pit konnte das Verhalten deuten. Der Raucher wartete, dass jemand kam. Doch er wartete vergebens. Und irgendwann warf er eine nur zur Hälfte gerauchte Zigarette aufs Straßenpflaster und zertrat sie, bevor er schnellen Schritts die Royal Mile hinaufging.

Pit legte die Zeitung neben sich und folgte ihm – obwohl in diesem Moment Cathleen wieder aus der Klappe emporstieg.

Das Erste, was ihm bei der Verfolgung hoch zum Edinburgh Castle auffiel, war, dass die rechte, hintere Hosentasche der schwarzen Jeans des Rauchers ausbeulte.

Und wenn er sich nicht täuschte, hatte die Beule die Form einer kleinkalibrigen Schusswaffe.

Der Professor liebte Wind, dessen erfrischende Natur, wie er im Herbst die Blätter von den Wipfeln der Bäume pflückte oder im Winter den Schnee gleichmäßig über das Land verteilte.

Doch der Wind auf Islay konnte ihm wirklich gestohlen bleiben.

Egal, in welche Richtung er radelte, der Wind blies ihm entgegen, als wolle er ihn zwingen, umzukehren.

Die Kilchoman Distillery lag weit entfernt von Port Ellen im Nordwesten der Insel. Erst 2005 gegründet, war sie die jüngste und zudem die kleinste Distillery Islays, nur zwei Brennblasen verrichteten hier ihre Arbeit, eine Wash Still für die erste Destillation und eine Spirit Still für die zweite. Im Gegensatz zu den anderen Distilleries lag sie nicht direkt am Meer. Hier war alles ein wenig anders.

Das letzte Stück des Weges ging es ständig auf und ab, das Land wellte sich wie ein schlecht gemachtes Bett, und Bietigheim kam ins Schwitzen, erst recht, als die Straße nur noch aus Schotter bestand. Als er endlich an der von Feldern umgebenen Distillery eintraf, war er schweißgebadet. Bietigheim mochte es gar nicht, zu schwitzen, das war ihm entschieden zu animalisch, und das Gefühl, wie sein Seidenhemd nun an der Haut klebte, war ihm so zuwider, dass er sich am liebsten auf der Stelle ausgezogen, geduscht und frische Kleidung angelegt hätte. So musste er sich damit begnügen, die Fliege zu lockern und seine Barbourjacke über den Arm zu nehmen. Es dämmerte bereits, als er sein Fahrrad abschloss, obwohl kein Auto auf dem Parkplatz der Rockside Farm stand und keine Menschenseele zu sehen war.

Nur aus einem Gebäudeteil drang noch Licht.

Adalbert machte sich auf den Weg dorthin, Benno trabte schnüffelnd hinter ihm her.

Bevor er eintrat, richtete er selbstverständlich wieder seine Fliege.

Das Gebäude beherbergte die Brennblasen – die Seele einer Distillery. In anderen Distilleries glich dieser Raum einem hell durchfluteten Kirchenschiff, in dem die kupfernen Brennblasen wie sakrale Gegenstände aufbewahrt wurden, riesigen Monstranzen gleich. In kirchlichen Kathedralen, wie in den Still Rooms der Distilleries, befand sich der Geist – nur dort der heilige und hier der flüssige. Was gar nicht so weit auseinanderliegen muss, dachte Bietigheim.

An einem kleinen Tisch saß ein junger Kerl, den Stuhl nach hinten gekippelt, die ungeschnürten Springerstiefel auf der Tischplatte. Er hatte Stöpsel in den Ohren und daddelte auf seinem Smartphone.

Bietigheim räusperte sich.

Der Bursche reagierte nicht.

Der spargellange Hansel trug einen viel zu weiten Sweater mit großem Totenkopf-Aufdruck, auch seine Jeans war mehrere Nummern zu groß und hing so tief, dass der Bund seiner Unterhose zu sehen war.

Der Professor räusperte sich abermals. Es klang bereits wie ein wütendes Schnauben. Dazu trat er vor den jungen Mann.

Dieser riss überrascht die Augen auf, dann befreite er seine Ohren von den Stöpseln. »Abend, wie kann ich helfen?«

»Mein Name ist Bietigheim, Prof. Dr. Dr. Bietigheim. Man merkt es mir nicht an, aber das Blut Islays fließt in meinen Adern. Mein Vater ist …«

»… der legendäre Dougie McFallon. Weiß ich doch.«

»Aber …!«

»Hughie ist einer meiner Golfkumpel.« Er stand auf und reichte ihm die Hand. Dabei sah Bietigheim, dass er ein Tattoo mit dem Namen der Distillery auf dem Unterarm trug. »Ich bin Andrew. Eigentlich studiere ich in Edinburgh Medizinische Informatik, aber ich hab mir ein Freisemester genommen, nicht wahr, um hier auf Islay zu jobben.

Ich komme nämlich von hier, und im Studium hab ich den Whisky schätzen gelernt, also in den Pubs, weißte, war mir vorher gar nicht klar, wie gut der ist.«

Ohne etwas in den Ohren sprudelte es aus dem Burschen ja wie aus einem Wasserfall. Andrew redete ungemein schnell, und seine Pupillen zuckten dabei unentwegt.

»Als was arbeiten Sie denn hier?«

»Ach, dies und das, ich will ja was lernen. Aber hauptsächlich als Nachtwächter.«

Bietigheim deutete auf die Kopfhörer. »Sie hatten aber diese kleinen Ohrstöpsel drin.«

»Weil hier eh nix passiert. Das ist Islay, hier gibt es keine Einbrecher oder so. Und wenn, würden die Leute wohl eher die einzige Buddel Malt Mill bei Lagavulin stehlen, als bei uns einzubrechen. Nach dem Film »Angels' Share« waren alle ganz scharf darauf. Dabei war Malt Mill nur eine Distillery auf dem Gelände von Lagavulin, die den Stil von Laphroaig nachahmen sollte, weil der Besitzer da irgendwie rausgeflogen ist.«

»Oder man würde den 1957er bei Bowmore stehlen.«

»Genau! Und die ist noch nicht mal besonders gesichert. Aber wir hier sind minimini. Zwar was Besonderes, weil die erste Distillery, die seit hundertfünfundzwanzig Jahren neu auf Islay errichtet wurde, klar, aber das kann man nicht klauen und zu Geld machen, am wertvollsten sind noch die Brennblasen. Wusstest du, dass jede Delle den Geschmack verändert?«

Bietigheim war nicht bereit einzuräumen, dass ihm dies neu war. »Natürlich.«

»Da sind die Jungs echt extrem. Shaun, das ist unser Manager, hat mir mal erzählt, dass eine Speyside Distillery die Brennblasen ausgewechselt hat, weiß nicht mehr, warum, und der Brennmeister jede verdammte Delle genauso wie bei seiner alten Brennblase haben wollte. Die dachten, der spinnt, und machten es halbwegs so ähnlich. Und was passierte? Na? Ich sag's dir. Obwohl Fassungsvermögen, Größe, Breite, Rundung, alles wie bei der alten waren, die Dellen aber nicht, schmeckte der Whisky plötzlich nicht mehr so gut. Also Finger weg von der Brennblase!«

Bietigheim brachte einen Schritt zwischen sich und die nahe stehende Brennblase, obwohl er keinerlei Lust verspürte, mit einem Hammer eine Delle hinzuzufügen.

»Was führt dich denn nachts noch her? Für ein Tasting ist es zu spät. Aber eine kleine Führung kann ich dir geben.«

»Ich unternahm eine Fahrradtour und dachte ganz spontan, ich schaue einfach mal vorbei, vielleicht treffe ich noch jemanden vor Ort.«

Andrew blickte ihn an, als wäre die Vorstellung einer Fahrradtour für ihn so fremd wie burmesische Brömselschaben. Er schüttelte sich kurz, dann legte er los, indem er die Arme ausbreitete, als wäre all dies sein Reich.

»Willkommen bei Kilchoman!« Er lehnte sich verschwörerisch zu Bietigheim. »Touren darf ich noch nicht leiten, aber das kann nur eine Frage der Zeit sein, oder? Coole Gelegenheit, mit dir zu üben.« Er sprach wieder lauter. »Das Wichtigste zuerst: Wir machen alles selbst, bauen sogar unsere eigene Gerste an und mälzen hier auch. Es gibt in Schottland nur sechs Distilleries, die selber mälzen, und drei davon finden sich auf Islay: Bowmore, Laphroaig und wir.«

»Außerdem Balvenie, Highland Park und Springbank.«

Andrew nickte. »Ja, demnächst kommt wohl Benriach dazu.«

»Aber sie alle müssen dazukaufen, weil die eigene Gerste nicht ausreicht.«

»So ist es, das meiste bei Port Ellen Maltings. Wir nehmen von dem, was sie für Ardbeg produzieren, es würde sich nicht lohnen, extra für uns was anzusetzen. Fünfzig ppm hat das Zeug, sehr potent.« Er spannte seine Bizeps in der Pose eines Bodybuilders. Ppm war dem Professor selbstverständlich ein Begriff. Es stand für »parts per million« und es ging um den Stoff Phenol im Malz. Leicht getorfte Whiskys lagen bei fünf bis zehn, alles über zwanzig galt als stark getorft, wobei der Octomore Comus von Bruichladdich mit sagenhaften hundertsiebenundsechzig ppm die Spitze des Eisbergs bildete. Aber nicht immer war mehr auch gleich besser. Whisky-Herstellung war schließlich keine olympische Disziplin!

»Was ist noch wichtig«, fuhr Andrew fort und suchte die Antwort augenscheinlich in der Luft. »Ach ja, unsere Expressions.«

Bietigheim wusste, dass er damit die verschiedenen Whiskys des Hauses meinte. »Darüber bin ich bereits im Bilde. Mein Freund Colin Lewis hat mir alles erzählt. Sie kennen ihn wohl nicht zufällig?«

»Colin? Doch, klar! Über den bin ich ja erst zum Whisky gekommen, weil ich mit meinen Kommilitonen immer ins ›The Ben Nevis‹ gegangen bin. Der hat mir total die Augen geöffnet. Deshalb war ich natürlich hier, als er Kilchoman besucht hat, vor zwei Wochen oder so.«

»Mit einem Lagavulin-Shirt?«

»Genau, wahrscheinlich um Shaun zu ärgern.« Andrew grinste breit. »Ist ihm auch voll gelungen. – Soll ich deinem Hund etwas zu trinken bringen, der sieht so durstig aus?«

»Ja, das sieht er zwar immer, aber Wasser wäre wirklich nett. Und Wurst bitte.«

»Ich schau mal, was ich tun kann.«

Als er den Raum verließ, sah Adalbert sich nochmals die Brennblasen an. Vor allem mögliche Dellen. Was für Ammenmärchen. Diese Distilleries erzählten solche Geschichten doch nur, um ihren Whisky geheimnisvoll erscheinen zu lassen und dadurch den Preis hochzutreiben. Wenn sie könnten, würden sie noch Distillery-Geister erfinden!

Als Andrew zurückkam, stürzte sich Benno auf den Teller mit Wurst, als hätte er vierzig Tage und Nächte nichts gegessen.

»Weshalb war Colin denn hier?«, versuchte der Professor, den Gesprächsfaden wieder aufzunehmen. »Etwas Besonderes?«

Andrew fläzte sich wieder auf seinen Kippelstuhl. »Och nee, eigentlich nicht. Er hat lange mit good old Shaun zusammengesessen und sich ein Fass ausgesucht, das er exklusiv für sein Pub abfüllen lassen will.« Andrew lachte kurz. »Colin hat echt Ahnung, hat sich das Beste ausgesucht. Shaun wollte es zuerst gar nicht verkaufen, aber er hat ihn geknackt.«

»Wie hat er das fertiggebracht?«

»Ach, die kennen sich schon lange. Shaun hat ja vorher Ewigkeiten bei Bunnahabhain gearbeitet, das kommt ja häufig vor, dass man von einer Distillery zur anderen wechselt. Die meisten hier stammen von Port Ellen, als das noch eine Distillery war. Wie auch immer, Colin hat in seinem Pub wohl Bunnahabhain verkauft, als das gar nicht so trendig war, weil die ja nicht viel torfen. Daran hat er Shaun erinnert. So was zählt viel, die Vergangenheit ist allgegenwärtig, wenn man mit was zu tun hat, das manchmal erst nach zwanzig Jahren in den Verkauf kommt.«

Bietigheim war überrascht über diese klugen Worte des Schlabberpulli-Trägers.

»Aber weggesoffen ist selbst das älteste Zeug mit einem einzigen Schluck! Zwanzig Jahre hin oder her!« Andrew grinste breit.

Bietigheim war wieder weniger überrascht.

»Willst du einen? Also einen Schluck?«

»Nein, danke. Ich muss noch radeln.«

»Komm, trink einen mit mir. Unser Machir Bay schmeckt total nach tropischen Früchten und Vanille.«

Der Professor wollte nicht unhöflich sein. »Aber nur einen kleinen. Zur Stärkung.«

Kurze Zeit später hielt er ein volles Glas in der Hand, sie stießen, den gälischen Trinkspruch ausstoßend, an, und Andrew kam wieder ins Reden über seine Abende im ›The Ben Nevis‹ und Colins Überraschung, ihn hier bei Kilchoman zu treffen.

»Wissen Sie, eine Sache war komisch, als Colin zu uns kam.«

»Ja, was meinen Sie, junger Mann?« Bietigheim setzte das Glas ab.

»Na, der Abschied. Er sagte nicht Auf Wiedersehen.«

»Sondern?«

»Wünsch mir Glück. Und dabei hatte er Tränen in den Augen.«

»Glück wobei?«

Andrew zuckte mit den Schultern. »Hat er nicht gesagt.«

»Und wo wollte er hin?«

»Das hat er gesagt. Ich hatte mich noch gewundert, weil es war ja echt spät in der Nacht. Also nach Mitternacht. Die beiden hatten schließlich fast jedes Fass probiert.« Er beugte sich hinunter und nahm den leeren Teller hoch. »Wow, alles verputzt, der kleine Bursche!«

»Und?«

»Was und?«

»Na, wo wollte Colin hin?«

»Zu Laphroaig.«

KAPITEL 4

Slàinte

Pit bestellte noch einen Whisky. Er blieb bei Islay. Und er blieb bei Fassstärke. Kein Wasser und erst recht kein Eis, mit Letzterem im Glas hätten sie ihn wahrscheinlich gleich rausgeschmissen.

Der Mann mit der Waffe goss lächelnd nach – und sich selbst auch einen Schluck ein.

Die Verfolgungsjagd, oder besser der Verfolgungsspaziergang, hatte nicht lange gedauert, denn schon nach rund dreihundert Metern war der Mann in einen Pub gegangen. Seinen Pub. Das ›Auld Lang Syne‹, das »Beste Whiskypub Schottlands«, wie ein Schild im Fenster behauptete. Was merkwürdig war, da Colin Lewis' ›The Ben Nevis‹ doch »Edinburghs bestes Whiskypub« war. Das ›Auld Lang Syne‹ bot über fünfhundert Whiskys, alle gab es glasweise, wobei die teuersten pro Glas tausend Pfund kosteten und deshalb nur rein hypothetisch existierten. Es war sehr dunkel, nur wenig Licht erhellte das viele dunkle Holz, das Pub wirkte eng, mehr wie eine Höhle, eine Heimat für Schatten und weniger für Menschen.

Pit hatte den monochromen Mann die letzten vier Stunden beobachtet, ihm bei Gesprächen mit Gästen zugehört und irgendwann herausgefunden, welchen Whisky er liebte: den Glenmorangie Ealanta. Und den bestellte er sich ab diesem Zeitpunkt. Immer wieder. Das Herz eines Wirts gewann man mit dessen liebstem Drink, egal ob in Hamburg, Edinburgh oder Abu Dhabi. Nach dem ersten Glas reagierte dieser noch nicht, auch nicht nach dem zweiten, aber beim dritten schenkte er sich ebenfalls ein Glas ein und stellte sich neben Pit.

»Ich bin Robert Burns, willkommen in meinem Pub. Ich mag deinen Geschmack.« Seine Stimme war warm wie eine Plaiddecke.

»Und ich deinen«, sagte Pit. »Robert Burns? Wie der Dichter?«

Der Wirt nickte. »Er war mein Vorfahr. Burns hatte ein uneheliches Kind mit der Magd Elizabeth Paton. Und ein paar Generationen später kam ich. Eigentlich heiße ich Andrews, aber ich habe als Künstlernamen den meines Ahnen angenommen. Sein Blut fließt in mir. Verdünnt wie in einer homöopathischen Medizin, und doch wirksam.« Er lächelte freundlich. Doch Pit wusste, dass er eben noch eine Schusswaffe mit sich herumgetragen hatte. »Beim Alkohol geht es mir genau wie ihm. Mir reicht ein Drink, um betrunken zu werden. Ich weiß nur nicht, ob's der dreizehnte oder vierzehnte ist.« Pit prostete ihm zu. »Auf das wirksame Blut.« Sie stießen an. »Ich bin neu in der Stadt und wollte zum besten Whiskypub.«

»Gefunden.« Robert Burns nahm einen Schluck seines Whiskys. Er nahm ihn langsam und schloss die Augen, als er seinen Gaumen benetzte.

»Ich habe gehört, das ›Ben Nevis‹ soll auch ziemlich gut sein.«

Robert Burns zog seine Augenbraue auf eine äußerst distinguierte Art empor. »Wenn du einen rostigen alten Honda oder einen herrlichen Jaguar fahren kannst, welchen Wagen nimmst du? Deshalb – spar dir den Weg.«

Er sprach den Namen des Pubs nicht aus.

»So schlimm?«

»Weißt du, Pit, jemand, der Leidenschaft für Whisky hat, der fährt zu den Distilleries und probiert die Fässer, sucht die besten Abfüllungen und findet sie, weil er Verbindungen hat, die seit Jahrzehnten existieren. Der von dem anderen Pub kauft sich am Erscheinungstag Jim Murrays Whisky Bible, deckt sich mit den Gewinnern des Jahres ein und fährt dann erst zu den Distilleries. Das kann jeder! Außerdem hat Murray weiß Gott nicht immer recht.«

»Welcher Depp hat ihm denn dann die Auszeichnung als bestes Pub der Stadt gegeben? Das ist ja echt eine Riesenschweinerei.«

Robert Burns legte seine Hand auf die Registrierkasse. »Mit dem hier kriegt man alles geregelt.«

»Scheiße ja, Money makes the world go round.«

»Darf ich dir noch einen ausgeben? Einen vierzehn Jahre alten Glendronach vielleicht?«

»Aber immer gern!« Pit wartete ab, bis ein neues gefülltes Glas vor ihm stand. Robert Burns benutzte keine Tumbler, sondern kleine, tulpenförmige Gläser, die einen Deckel hatten. Pit wartete einige Zeit, bis er ihn abnahm und den Duft einatmete. »Oh, der riecht nach …« Er schnupperte noch mal daran und blickte Robert Burns danach fragend an. »Äpfel und Rhabarber. Und relativ süß?«

»Hat ja auch ein Finish in Sauternes-Fässern bekommen, das ist ein Süßwein aus dem Bordelais. Hervorragende Nase! Willkommen in der Familie der Whisky-Aficionados.«

»Ich dachte immer, die Whiskywelt ist eine große, glückliche Familie. Und dann hat so ein Arsch sein Pub ein paar Meter die Straße runter …«

»Du weißt also, wo es ist.« Robert Burns klang enttäuscht. Pit begriff, dass er es mit einer sensiblen Künstlerseele zu tun hatte, und er sah in den Augen des blassen Mannes die Liebe zum Whisky und die Angst, diese Liebe zu verlieren, weil ihn die Konkurrenz verdrängte. Es war nicht viel los im ›Auld Lang Syne‹, kein Vergleich zum ›The Ben Nevis‹. Vielleicht strahlte Robert Burns im Gegensatz zu seinem Vorfahren zu viel Ernsthaftigkeit statt

Lebensfreude aus. Er berührte jede Whiskyflasche, als wäre sie zerbrechlich wie eine Eierschale.

»Bin eben dran vorbeigelaufen«, erklärte Pit. »Wollte aber zuerst zu dir.«

»Die Lage des Pubs ist hervorragend, keine Frage.«

»Ist der Besitzer ein Zugezogener?«

»Oh nein. Aus Edinburgh, Old Town, wie ich. Ich kenne ihn schon seit Jahrzehnten, wir waren sogar auf derselben Schule. Seine Familie hat ihr Pub schon immer, wie meine. Aber er favorisiert seit jeher Islay, das Raue, das Unbändige, und ich Speyside, die Eleganz, das Geschliffene und Feine. Wie Feuer und Eis, verstehst du. Wenn du weißt, was ein Mensch trinkt, dann weißt du alles über ihn. Oder zumindest alles, was sich zu wissen lohnt. Ein billiger Blend? Vergiss es, ein Mensch, dem es nicht um Genuss geht, der keinen Sinn für das Schöne hat. Ein Bourbon? Breitbeinig und mit großem Mundwerk. Ein Lowland? Offen und freundlich. Der Whisky ist die Seele der Gerste, und Seele gesellt sich zu passender Seele. Das ist meine Meinung. Meine Exfrau hat immer Scapa getrunken, die Distillery liegt auf einer Orkney-Insel, am Ende der Welt. Ihre Whiskyheimat war einsam, meine, die Speyside, ist gesellig. Gut gehen konnte das nicht. Was trinkt deine Frau?«

»Tee.«

»Oh. Mein Beileid.« Er zwinkerte. »Wenn du sie liebst, schütte ihr ab und an etwas Whisky hinein.«

Pit merkte es sich. Doch für seinen Geschmack waren sie nun viel zu weit von dem Thema abgekommen, wegen dem er hier war: Colin Lewis. Der Konkurrent, vor dessen Laden Robert mit einer Waffe gewartet hatte.

Da war noch etwas, das Robert Burns über diesen loswerden wollte. Pit spürte es, wie bei Fahrgästen in seinem Taxi, diese nervöse Unruhe. Manchmal reichte ein »Alles in Ordnung dahinten?«, um den Korken von der Flasche knallen und die Worte sprudeln zu lassen. Bei einigen Fahrgästen musste er dagegen vorlegen, dann erzählte er, was für einen Scheißtag er hatte, selbst wenn das gar nicht so gewesen war. Irgendwann kam dann von hinten: »Sie glauben, Sie hätten einen Scheißtag gehabt? Ich erzähl Ihnen jetzt mal was!« Und bei noch anderen musste er einen Radiosender mit besonders bescheuert-fröhlicher Musik finden und diesen so laut aufdrehen, bis irgendwann hinten die Tränen rannen.

»Solchen Leuten wie Colin Lewis scheint aber auch immer die Sonne aus dem Hintern. Kann ich gar nicht ab. Kotzen mich total an. Man selber arbeitet sich den Arsch ab, und denen fällt es in den Schoß.«

Robert Burns zögerte kurz, dann lehnte er sich vor und sprach leiser, obwohl niemand in der Nähe saß, der ihn außer Pit hätte hören können. »Er soll sich sogar bei einer Distillery eingekauft haben. Auf Islay.«

»Echt? Eingekauft? Bei welcher denn?«

»Das ist mir völlig egal. Aber wenn ich es weiß, dann werde ich all deren Whiskys in den Gully vor meinem Pub kippen.«

»Woher hat der Bursche denn die ganze Kohle? Bei einer Distillery kauft man sich doch nicht mal eben aus der Portokasse ein. Läuft sein Laden denn gut?«

»Ach, lass uns nicht mehr über ihn reden. Er ist es nicht wert, dass man über ihn redet. So, ich muss weiter, etwas Geld verdienen.«

Er kam nicht wieder zu Pit, stattdessen grummelte er die ganze Zeit vor sich hin – und redete jedem, der einen Islay bestellte, diesen vehement aus.

Pit trank noch drei weitere Whiskys, dann zahlte er und wartete draußen im Schatten. Obwohl die Sperrstunde abgeschafft war, läutete Robert Burns um zweiundzwanzig Uhr fünfundvierzig die Tresenglocke zur »Last Order«. Um Punkt dreiundzwanzig Uhr sperrte er zu. Bevor er ging, streichelte er die alte hölzerne Pubtür.

Pit folgte ihm die menschenleere Royal Mile hinunter zum ›The Ben Nevis‹. Robert Burns sah kurz hinein, schüttelte enttäuscht den Kopf, öffnete dann den Hosenstall und pinkelte gegen die Scheibe.

Die Schusswaffe trug er weiterhin bei sich.

Der Mörder ist er nicht, dachte Pit, denn der wusste, dass Colin Lewis tot war. Aber das Hühnchen, das Burns mit dem Besitzer des ›The Ben Nevis‹ zu rupfen hatte, musste die Größe eines Flugsauriers haben.

***

Der Professor kam sich am nächsten Morgen vor wie bei einer Schnitzeljagd, dabei wäre es ihm viel lieber gewesen, er hätte Fangen mit dem Mörder gespielt.

Die Distillery Laphroaig erwachte wie ein müder Riese, der schnaubte und seine Glieder streckte, bevor er sich mühselig erhob. Es dämmerte gerade erst, als Bietigheim mitsamt Benno an seiner Seite das Gelände der Distillery betrat. Nur Richard Ferguson war zu dieser frühen Stunde unterwegs, schon von Weitem an seiner wie festgewachsenen grau karierten Schiebermütze zu erkennen, natürlich samt seiner Maria. Er öffnete gerade die Lagerhalle, in der sie den Leichnam untergebracht hatten. Benno scharwenzelte sofort um die knurrende Hündin herum.

»Guten Morgen, Mr Ferguson«, sagte Bietigheim zur Begrüßung und reichte ihm die Hand. »Ein herrlicher Morgen!« Er atmete durch.

»Das hoffe ich.« Er schloss auf. »Ich schaue immer mal wieder nach ihm. So, als ob ich Angst hätte, er könnte aufstehen und einfach davonlaufen.« Er lachte nicht, als er aufblickte und Bietigheim ansah. »Das fürchte ich wirklich.« Sie gingen hinein, der Torfhaufen war mit einem Flatterband abgesperrt. Ferguson stieß vorsichtig mit einer Harke hinein. »Er ist noch da.« Er wirkte erleichtert. Doch sofort verfinsterte sich seine Miene wieder. »Ich hoffe, die Fässer nehmen nicht seinen Geruch an. Auch den Torf, in dem er liegt, würde ich am liebsten entsorgen. Es widerstrebt mir, dass unser Whisky mit dem Tod Berührung hatte.«

»Sie müssen die entsprechenden Flaschen ja nicht trinken.«

Ferguson zog Maria näher zu sich. »Ich trinke ihn nicht.«

»Keinen Laphroaig?«

»Keinen Alkohol. Seit siebenundzwanzig Jahren nicht.«

»Darf ich fragen, warum?«

Ferguson schob seine Schiebermütze ein wenig zurück. »Lassen Sie uns zum Picknicktisch gehen, da nehme ich immer mein Frühstück ein.«

Der Holztisch mit zwei daran montierten Bänken stand vor dem Eingang zum Shop, direkt am Ufer. »Setzen Sie sich, Professor.« Er ließ Maria von der Leine, die sofort davonjagte.

Bietigheim machte mit Benno dasselbe, da dieser ihm sonst den Arm abgerissen hätte. »Seit wann steht dieser Tisch schon hier?«

Ferguson hatte anscheinend keine Lust auf Small Talk. »Hat Ihnen Ihr Vater mal vom Ende der Port Ellen Distillery erzählt?«

Bietigheim schüttelte den Kopf.

»Dougie hat das damals nicht gefallen, vielleicht wollte er nicht drüber reden. Wissen Sie, Professor, für die Mitarbeiter kam es damals ziemlich überraschend, sie waren traurig, mehr noch, frustriert, wütend. Auf Islay trinken wir, wenn wir wütend sind. Wir trinken auch, wenn wir fröhlich sind oder wenn die Sonne untergeht, auch wenn die Sonne aufgeht. Und zum Essen sowieso. Aber wenn wir wütend sind, trinken wir noch mehr. Meine Schwester arbeitete damals bei Port Ellen.« Er machte eine Pause. »Annie.« Wieder eine Pause. Er blickte fort von Bietigheim und auf das Meer, dessen Wellen an Kraft gewannen. »Damals kam sie bei einem Autounfall ums Leben, den wohl ein Betrunkener verursachte. Auf dem Gelände von Port Ellen. Bis heute weiß man nicht, wer es war. An dem Tag schwor ich mir, nie wieder einen Tropfen Alkohol anzurühren, und dabei ist es bis zum heutigen Tag geblieben. Und es wird so bleiben, bis ich sterbe und sie wiedersehe.« Er packte schweigend sein Frühstück aus, welches aus einem Apfel und einer Banane bestand.

»Mein Beileid«, sagte der Professor.

»Sie wäre heute dreiundvierzig und sicher mehrfache Mutter. Sie wollte Kinder, wissen Sie. Und ich wäre Onkel, würde mit ihren Kindern angeln gehen und ihnen natürlich Geschichten erzählen. Gute Geschichten, die sie ein Leben lang begleiten.« Er brach der Banane das Genick und zog die Schale ab.

Der Professor schwieg. Ein ungelebtes Leben, und doch war Richard Fergusons Schwester mit ihm gealtert.

»Ich habe noch mal über den Hund nachgedacht, der Colin Lewis' Kehle zerfetzt hat«, sagte der Mash Master plötzlich mit einer Stimme, die sich zusammenriss. »Es gibt Gerüchte, jemand will nachts etwas gesehen haben. Sogar zweimal. Etwas, das viel zu groß für einen Hund ist. Sie meinen, es wäre ein Wolf, der jetzt im Winter hungrig sei. Nur wie soll der Wolf auf die Insel gekommen sein? Zum Schwimmen vom Festland ist es wahrlich zu weit, und weder auf der CalMac-Fähre noch per Flugzeug wäre er unbemerkt geblieben.« Er biss in die Banane.

»Richard, ich muss Sie etwas fragen. Und auch wenn Sie meinen, Laphroaig dadurch schaden zu können, müssen Sie mir die Wahrheit sagen.«

Sein Gegenüber aß den Rest der Banane. »Ich bin zu alt für Lügen, sie strengen viel zu sehr an.«

»Colin Lewis ist in der Nacht seines Todes hergefahren. Es war der Mittwoch vor zwei Wochen. Ist er hier angekommen?«

Ferguson biss in den Apfel. Er sprach nun mit vollem Mund. »Nein, unmöglich. Da war ich hier. Ich erinnere mich gut. Es war der Abend, als wir gegen zehn Uhr den Stromausfall hatten, nur kurz, aber alles wurde zur Sicherheit kontrolliert, und da ich in Port Ellen am nächsten wohne, musste ich ran. Sonst war in dieser Nacht nur unser Nachtwächter da, und der hätte mir erzählt, wenn irgendwas gewesen wäre.«

»Haben Sie sonst etwas bemerkt? Das Heulen eines Hundes oder eines Wolfes?«

»Nein, ganz bestimmt nicht. Wenn ein anderer Hund bellt, macht Maria direkt mit, und da war nichts.« Er schaute auf die Uhr und packte den Müll seines Frühstücks ein. »Ich muss noch mal in eines unserer Lagerhäuser. Da liegt Annies Fass, also der Whisky, der in ihrem Todesjahr gebrannt wurde. Ich kontrolliere ihn immer.« Er schaute den Professor an. »Dieses Fass können Sie nicht nehmen, Professor!«

»Das würde ich auch nie.«

»Gut, dann kommen Sie.«

Es kam Bietigheim wie der Gang zu einem Friedhof vor. Ferguson schwieg, und sein Schweigen verlangte Schweigen auch von ihm. Das Fass sah aus wie jedes andere, aber mit Kreide war ein A draufgeschrieben. Ferguson setzte tatsächlich seine Schiebermütze ab, griff sich einen langen Holzhammer, klopfte links, dann rechts, immer abwechselnd, bis der Stopfen des liegenden Fasses sich wie von selbst aus diesem erhob. Mit dem Valinch holte Richard Ferguson ein wenig hervor, goss es in ein Glas und sog den Duft ein. Er nickte zufrieden.

»Ich habe alle Jobs bei Laphroaig schon gemacht – außer dem des Managers. Sie wollen bei der Zusammenstellung der Whiskys immer meine Meinung hören, obwohl den Job mittlerweile ein Jüngerer hat. Aber Whiskyherstellung, Professor, ist einer der wenigen Berufe heutzutage, in denen Erfahrung noch zählt. Wir haben ein Produkt, das mindestens drei Jahre in Fässern reifen muss – in der Zeit haben in modernen Unternehmen viele ihren Job längst wieder gewechselt, und das Computerprogramm, auf dem man gelernt hat, gibt es gar nicht mehr.«

Beide Hunde hatten ihren Ausflug beendet. Benno lief um die Fässer herum, als suche er gar nichts Bestimmtes, doch führte ihn sein Weg immer näher zu Maria, die in der Nähe ihres Herrchens blieb.

Ferguson reichte das Glas an den Professor. »Trinken Sie.«

»Das kann ich nicht annehmen.«

»Dougie würde ich eins geben, doch er ist nicht hier.«

»Hören Sie, Richard.« Bietigheim wollte ihm die Wahrheit sagen, denn so kam er sich wie ein mieser Dieb vor. Doch der Mash Master ließ ihn nicht ausreden.

»Es würde Annie gefallen, wenn Sie etwas von ihrem Whisky trinken.«

Still und mit Bedacht trank der Professor den Whisky. »Er ist köstlich«, sagte er. Jede weitere Beschreibung schien ihm unangebracht. »Vielen Dank.«

Benno tauchte hinter einem Fass auf und hielt sich nun nah an Bietigheims Hosenbein. Er klemmte die Rute, doch die bei Ferguson stehende Maria bellte nicht. Dies war, dachte der Professor, nicht ihr Reich.

Erst als sie wieder draußen standen, redeten sie erneut. Mittlerweile hatte sich die Distillery mit anderen Arbeitern gefüllt, bald begann offiziell die Schicht. Ein Lkw fuhr so scharf an Bietigheim vorbei, dass dieser einen Satz zur Seite machen musste.

»Das gibt es doch nicht.« Er brüllte dem Fahrer hinterher. »Sie kranker Mensch! Schauen Sie doch, wohin Sie fahren!« Bietigheim wollte schon zum Fahrer gehen, um diesem gehörig die Leviten zu lesen, doch Richard Ferguson hielt ihn zurück. »Das ist Kieran, dem ist gestern gekündigt worden. Lassen Sie ihn bitte, er ist ein guter Junge.«

Bietigheim schnaufte kurz, dann nickte er. »Innerhalb von kurzer Zeit das zweite Mal fast überfahren.«

»Wieso das zweite Mal?«

»Na, in der Nacht, da vorne.« Und der Professor erzählte von dem Wagen ohne eingeschaltetes Licht.

Ferguson sah ihn eindringlich an. »In der Nacht, nach der Sie eben gefragt haben, als Colin hier gewesen sein soll, da fuhr auch ein Wagen ohne Licht an der Distillery vorbei. Er kam aus Richtung Lagavulin und Ardbeg.«

Benno saß nun einen guten Meter von Maria entfernt. Dann drehte er sich auf den Rücken und bellte sie an, bevor er wieder auf alle viere sprang und wedelte. Das wiederholte er ungefähr viermal, doch die Foxterrier-Hündin reagierte nicht.

Bietigheim fand seine Sprache wieder. »Ganz sicher? Vielleicht fuhr er nur woanders und deswegen sahen Sie das Licht nicht.«

»Nein«, Ferguson nahm Maria auf den Arm. »Ich war mit ihr auf dem Rückweg nach Hause, zu Fuß. Und wäre beinahe überfahren worden. Maria hat das längst vergessen, aber ich nicht. Wenn ich den Fahrer kriege, bringe ich ihn um.« Er ging in Richtung Mash Room. »Aber die Leiche wird dann niemals jemand finden.« Er lächelte nicht, drehte sich nur kurz um. »Ich muss wieder. Viel Erfolg, Professor.«

Das ›The Ben Nevis‹ hatte noch zu. Gestern war es Punkt zehn gewesen, als Köchin Cathleen die Nebentür aufgeschlossen hatte. Nun war es acht.

Die zwei Stunden sollten ihm reichen.

Pit hatte darüber nachgedacht, nachts hier einzusteigen, aber das wäre viel zu auffällig gewesen. Zwar schlossen auch in Edinburgh viele Pubs früh, doch es torkelten immer noch genug Besoffene die Royal Mile hinab, die den Schein einer Taschenlampe in einem Pub für verdächtig halten würden. Also lieber dann rein, wenn es ganz normal aussah, dass jemand innen herumtaperte.

Genau jetzt.

Es war schon einiges los auf der Flaniermeile. Trotz der Minustemperatur liefen manche Passanten sogar in Sommerjacken herum. Pit blickte sich nicht um, denn niemand blickte sich um, der ein Haus betrat, zu dem er gehörte. Es sei denn, er hatte Angst, überfallen zu werden – was auf der bevölkerten Royal Mile tagsüber sehr unwahrscheinlich war. Deshalb schlenderte Pit nun zu der schwarzen Holztür neben dem ›The Ben Nevis‹, holte seinen Elektropick aus der Tasche, führte ihn sanft und im richtigen Winkel ein, sodass er auf die Köpfe der Kernstifte im Inneren des Schlosses drückte, welche nun in Vibration versetzt wurden, tat so, als klemme das Schloss, und nach dreißig Sekunden hatte der E-Pick sein Werk getan, und das Schloss glitt auf.

Pit widerstand dem Drang, zufrieden zu grunzen oder sich beifallheischend umzudrehen. Erst als er drinnen war, grinste er von einem Ohr zum anderen.

Die Küche wirkte penibel sauber und roch nach Reinigungsmittel. Aus Interesse fuhr er von oben über die Dunstabzugshaube – kein Dreck an den Fingern. Etwas anderes hatte er von Cathleen auch nicht erwartet. Er blickte in den Kühlschrank, wo noch einige Würste lagen. Seiner Meinung nach wollten sie gegessen werden, und er war genau der Richtige dafür, deswegen griff er sich gleich drei Stück und biss umgehend in die erste hinein.

Durch die sich in beide Richtungen öffnende Saloontür betrat er den Gastraum. Den Lichtschalter suchte er vergeblich, doch dank der Fensterfront zur Royal Mile fiel etwas Licht hinein. Pit biss erneut in die Wurst und wartete, bis seine Augen sich ans Halbdunkel gewöhnt hatten. Damit die Metzgerkunst leichter den Hals hinunterglitt, griff er sich eine Flasche Auchentoshan zum Nachspülen. Half! Prima zum Wachwerden. Pit überlegte kurz, dann richtete er sich nach Süden aus, um seiner Freundin Diana zuzuprosten. Mit ihr musste er heute Mittag telefonieren, sie hatte sich die Zeit extra frei gehalten, obwohl das Tee-Imperium von ›Aunties Tea House‹ stetig wuchs. Ohne ein langes Gespräch pro Tag hing der Haussegen schief. Schiefer als die Titanic nach ihrem Untergang.

Nachdem Pit die drei Würste verputzt hatte, wischte er sich die Hände an einem Spültuch ab und stellte die Buddel ordentlich an ihren Platz zurück. Er hatte jetzt nur ein Ziel. Die Klappe im Boden. Der durchgelaufene rote Perserteppich war schnell zur Seite geklappt, und Pits Zeigefinger reichte, um die alte hölzerne Klappe an ihrem metallenen Ring emporzuheben.

Von draußen klopfte jemand an die Scheibe.

Pit blickte auf, sein Puls raste.

Der alte Mann am Fenster signalisierte gestenreich, dass er gerne etwas trinken wollte, und zwar viel sowie schnell. Seine rote Nase zeigte, dass er Übung darin hatte. Doch Pit schüttelte den Kopf und deutete auf seine Armbanduhr.

Dann stieg er hinab in die Dunkelheit, die Klappe hinter sich schließend.

Die Treppe knarzte laut, die Stufen waren in der Mitte tief abgetreten. Pit hatte auf einen Lichtschalter am Ende gehofft, aber seine Hand tastete erfolglos auf dem in der Düsternis verharrenden Mauerwerk herum, weshalb er sein Handy aus der Lederjacke zog und die Taschenlampen-App einschaltete. Das kühle Licht strahlte in den Raum, doch weit kam es nicht, denn dieser war groß, viel größer als das Pub über ihm. Der Keller war gefüllt mit unzähligen Fässern, die hintereinanderlagen wie Boote in einem Kanal. Pit ging in die Knie, um lesen zu können, was auf ihnen stand: Glenfarclas, Springbank, Highland

Park, Brora, Namen von Distilleries, darunter geschrieben jeweils das Jahr der Destillation, der Alkoholgehalt und die Füllmenge. Die letzten beiden Ziffern immer wieder durchgestrichen, da sie schwanden, sich einfach in Luft auflösten, die hier im Keller schwer und mit Alkohol geschwängert war. Pit sog sie tief ein und ging den Gang hinunter. Es herrschte eine drückende Stille, die so gar nicht zur Royal Mile passte, und auch die Feuchtigkeit der Luft ließ eher an eine tiefe Tropfsteinhöhle denken. Es war kühl. Pit knöpfte die Nieten seiner Jacke zu.

Cathleen hatte also Whisky geholt.

Na, das war ja unspektakulär.

Pit ging trotzdem weiter. Am Ende des Kellers fand sich eine kleine Abfüll- sowie eine Etikettiermaschine, daneben ein kleiner PC samt Drucker, mit dem die Labels beschriftet werden konnten. Colin Lewis war also ein unabhängiger Abfüller. Von denen gab es einige in Schottland, wie Pit wusste. Sie kauften Fässer bei den Distilleries und füllten sie selbst ab – zum Teil, nachdem sie diese weitergelagert hatten, manchmal sogar in anderen Fässern. Lewis' Firma hieß ›Aqua vitae‹, Wasser des Lebens. Pit besah sich das Etikett, auf dem ein Mann im roten Schottenrock abgebildet war, der eine Flasche Whisky hielt. Zum einen fand er, dass ein Hund dem Bild gutgetan hätte, vorzugsweise Benno, zum anderen fiel ihm auf, dass nirgendwo ein Hinweis stand, wer sich hinter der Firma befand, die offiziell in Stirling ihren Sitz hatte. Pit konnte sich täuschen, aber er meinte, keine einzige Flasche mit diesem Etikett im Schankraum gesehen zu haben. Nach einigem Herumkrosen sah er, dass weitere Rollen dahinterlagen, mit anderen Namen von Abfüllern, die angeblich in Inverness, Perth und Oban angesiedelt waren.

Das würde den Professore sicher interessieren. Pit schaltete die Taschenlampe seines Handys aus und wählte die Nummer des Freundes – doch Empfang gab es hier unten keinen. Das dicke Mauerwerk über ihm war Jahrhunderte alt und scherte sich nicht um die Segnungen der mobilen Telekommunikation. Pit schaltete sein Handy deshalb wieder aus und ging auf die Klappe zu, die in der Dunkelheit die Linien eines hellen Rechtecks an der Decke bildete.

Plötzlich hörte er Schritte, sie kamen in seine Richtung, hielten abrupt inne, traten dann zögernd noch näher. Pit drückte sich hinter einen der schweren Pfeiler.

Die Klappe wurde hochgehoben, Licht fiel in den Keller, ein Kopf erschien. Pit konnte ihn nicht identifizieren.

»Ist da wer?«, fragte Cathleen. »Hallo? Ich ruf jetzt die Polizei!«

Scheiße, was sollte er jetzt tun? Hochgehen, alles erklären. Aber was erklären? Dass der Chef tot und er illegal eingedrungen war, um nach Leichen im Keller zu suchen? Oder sollte er die Alte einfach überwältigen? Ausknocken? Wenn er Pech hatte, würde sie ihn vorher sehen, dann würde die Polizei nach ihm fahnden.

Pit schwieg.

»Hallo?«, erklang wieder Cathleens Stimme. »Ist da wer?«

Klappe zu. Das Flappen des Teppichs, der daraufgelegt wurde.

Pit ließ sich mit dem Rücken die Wand hinunter auf den Boden sinken.

Eine Viertelstunde verging, ohne dass Polizei auftauchte. Dann eine halbe.

Von oben war das Geräusch eines Staubsaugers zu hören.

Pit merkte erst jetzt, dass er die ganze Zeit nicht tief eingeatmet hatte. Er holte es nach.

Cathleen musste sich eingeredet haben, dass vergessen worden war, den Teppich über die Klappe zu legen. Das menschliche Hirn war doch wunderbar, wie es alltägliche Erklärungen für Dinge fand, die mal nicht alltäglich waren. Er stellte die Taschenlampe seines Handys wieder an.

Es würde ein langer Tag werden.

Immerhin war Verdursten ausgeschlossen.

Auf einem Fass lag ein Valinch, und Pit beschloss, ihn zu nutzen, um seine Kehle feucht zu halten. Nur aus welchem Fass sollte er sich etwas Lebenswasser ziehen? Die Auswahl war verdammt groß. Pit schritt sie leise ab, legte manchmal eine Hand auf den Spund, doch immer wieder zog er sie zurück. Die wertvollen Fässer würden nicht vorne stehen, sondern weit hinten.

Über ihm lief nun Musik, dem breiten schottischen Akzent nach zu urteilen waren es die ›Proclaimers‹. Es gab wahrlich schlechtere Begleitmusik, um sich mit Whisky volllaufen zu lassen. Und das würde er tun, um nicht daran zu denken, wie stinkig Diana sein würde, wenn er gegen Mittag nicht ans Telefon ging. Sie würde es nicht als Ausrede gelten lassen, dass er in einem Keller eingesperrt war. Das klang sowieso wie »Der Hund hat meine Hausaufgaben gefressen«.

Pit hielt inne, denn er hatte etwas gesehen. Ganz hinten in der rechten Ecke des Raums stand ein Fass, auf dem mit roter Farbe »Nicht anrühren!« geschrieben stand. Es gehörte zu den größten der hier liegenden Fasstypen. Die kleinen waren ehemalige Bourbonfässer, die rund zweihundert Liter fassten. Die nächste Stufe wurde Hogsheads genannt, zweihundertfünzig Liter fanden darin Platz, und schließlich gab es ehemalige Sherryfässer, die fünfhundert Liter fassten.

In diesem Fass war also ausreichend Befeuchtung für seine nun ausgesprochen trockene Kehle!

Schon allein aus medizinischen Gründen musste er etwas trinken. Den Holzstopfen, der mit einem Stück Stoff im Spundloch steckte, zog er mit roher Kraft heraus, dann senkte er den Valinch hinein und rührte damit um, damit der Whisky hineinstieg. Den flüssigen Inhalt ließ er großzügig in sich laufen. Wer brauchte schon ein Glas? Der

Whisky schmeckte ausgesprochen würzig und rauchig, nach altem Leder, nach Eisen und Wolle. So etwas hatte er noch nie getrunken.

Er wollte mehr, also wieder hinein mit dem Valinch.

Dann hielt Pit inne.

Im Inneren des Fasses war er gegen etwas gestoßen.

Oder war es Einbildung?

Pit führte den Valinch nochmals an die Stelle.

Nein. Keine Einbildung. Etwas Großes mit gewisser Weichheit. Vorsichtig fuhr er mit der Spitze des Valinch die Konturen ab, um die Form erahnen zu können. Pit wurde immer langsamer, weil ihm dämmerte, um was es sich handelte.

Ein Arm.

Der sich an einem Körper befand.

Über sich hörte Pit die tanzenden Schritte von Cathleen.

Obwohl seinen Magen nichts so schnell erschütterte, wollte dieser den Whisky nicht länger in sich behalten. Sekunden später kotzte sein Besitzer sich an der Wand die Seele aus dem Leib.

Nachdem er von Laphroaig zurückgekehrt war, hatte der Professor beschlossen, erst einmal in aller Ruhe den »Ileach« zu lesen, wie die zweiwöchentlich erscheinende Inselzeitung hieß, die nach den Bewohnern Islays benannt worden war. Neben sich eine Tasse frisch aufgebrühten Scottish Breakfast Tea, schlug er sie nun auf, mit leichtem Unmut, denn Mrs Harrington hatte diese nicht, wie von ihm gewünscht, gebügelt.

Der Speiseraum des ›Trout Fly Bed & Breakfast‹ hatte einen Wintergarten mit Blick in den gepflegten Garten, der nun im Januar kahl dalag, doch der Rasen sah selbst jetzt noch anständig aus.

Bis auf die Stellen, an denen Benno gebuddelt hatte.

Bietigheim hatte die Gartentür geöffnet, als seine Wirtin

nicht hingesehen hatte, und den kleinen Räuber rausgelassen. Wonach er buddelte, war völlig unklar, doch er arbeitete sich tief in den offensichtlich noch nicht gefrorenen Boden. Wenn Benno auf Öl stieß, wollte Bietigheim auf jeden Fall beteiligt werden.

Auf dem Tisch lag sein ledernes Notizbuch, in dem er fein säuberlich die Informationen dieses Falls zusammengetragen hatte – und viel Freiraum gelassen für all das, was es noch herauszufinden galt. Ein Motiv wäre zum Beispiel schön. Doch alles, was er hatte, war eine ungefähre Uhrzeit und eine merkwürdige Todesart. Vom Hund gerissen und dann begraben. An einer Stelle, wo die Leiche durchaus gefunden werden konnte, da Touristen hier ihre Nationalflaggen in den Boden steckten. Vor seinem Tod war Colin Lewis bei der Port-Ellen-Mälzerei im alten Lagerhaus gewesen und dann zu Kilchoman gefahren. Danach zu Laphroaig, wo er nie ankam, in deren Moor er aber gefunden wurde. Dazu ein Wagen, der in dieser Nacht ohne Licht fuhr – mit Edward Macallan am Steuer. Was dieser aber abstritt. Nicht zu vergessen der Anruf des Verwesenden auf dem AB des Distillery Managers.

Bietigheim blickte hinaus, der Sturm, der sich seit Tagen über dem Nordatlantik zusammenbraute, vergleichbar einem Siebengangmenü in einer Großküche, war immer noch nicht eingetroffen, sammelte weiterhin Kraft. Islay schien unbeeindruckt davon, die alten weißen Häuser mit ihren dicken Mauern wirkten längst wie mit dem steinigen Grund der Insel verschmolzen, ohnehin waren die Straßen meist leer, ohne Fußgänger oder Autofahrer. Man blieb drinnen, im Warmen, gerade jetzt im Winter. Der Sturm würde über die Insel peitschen, doch die Bewohner Islays würden sich davon nicht um den Schlaf bringen lassen. Apropos Schlaf, ein kleines Vormittagsnickerchen wäre jetzt genau das Richtige. Benno würde ohnehin noch etwas Zeit brauchen, bis er den Garten komplett umgegraben hätte.

Nachdem er in seinem Zimmer sämtliche Kleidung, inklusive Socken, ordentlich aufgehängt hatte, stieg er ins Bett. Es dauerte nicht lange, und sein Unterbewusstsein ließ einen schwarz-weißen Edgar-Wallace-Schinken ablaufen, in dem merkwürdigerweise Horst Tapperts Tränensäcke die Verfolgung von James Bond aufnahmen, der in einem Martiniglas die Skipisten entlangraste. Wenn Träume der Schlüssel zur Seele waren, sollte er diesen lieber in einer schwer gesicherten Schatulle verschließen.

Zum Ende tauchten im Traum Steckrüben und wohlfeil zubereitete Schweinebäuche sowie fidele Kartoffeln auf. Ihr Duft stieg ihm in die Nase, immer stärker, und als er die Augen öffnete, war der Traum Wirklichkeit geworden, und ein dampfender Eintopf stand vor ihm im Zimmer.

»Hamburger National!« Fast kamen dem Professor die Freudentränen. »In Norddeutschland als Rübenmalheur bekannt. Heimat, was bringt dich her?« Unwillkürlich sprach er mit Hamburger Akzent, wobei er immer ein wenig wie der selige Hans Albers klang.

»Guten Appetit, mon Capitan!« Eine strahlende junge Frau mit Brezelfrisur und Dirndl-Figur, aber in Jeans und roter Bluse gekleidet, saß ihm gegenüber, stand nun aber auf und herzte ihn heftig. Rena, eigentlich Renate, war seine wissenschaftliche Assistentin in der Hansestadt. Sie widerlegte alle Vorurteile, dass nur Männer Computernerds sein können, und hatte darüber hinaus ein unfassbar gutes Gedächtnis. Bietigheim nannte sie deshalb manchmal auch sein Diktafon.

»Da sind Sie ja endlich!«, begrüßte er Rena. »Wo haben Sie denn meine Leib- und Magenspeise aufgetrieben?«

»Selbst gekocht! In der Küche Ihrer reizenden Wirtin. Ich freue mich übrigens auch, Sie zu sehen.«

»Reizende Wirtin, das kann man wohl sagen. Mich reizt sie auch jeden Tag aufs Neue! Sie sehen übrigens ausgesprochen propper aus.«

»Na, das ist ja mal ein Kompliment.« Sie verzog die Mundwinkel und machte ein Froschgesicht.

Bietigheim hatte es ehrlich positiv gemeint. Er musste es wohl präzisieren. »Ich meinte, wohlgenährt!«

»Das wird ja immer besser!« Rena nahm sich den dampfenden Teller Suppe.

»Diese rosigen Backen, äh, Wangen!«

Rena schüttelte den Kopf. »Zu spät! Dafür esse ich Ihnen jetzt den ersten Teller weg. Auf diese Weise werden vielleicht auch meine Backen rosig.«

Der Professor lehnte sich vor. »Haben Sie Ihren tragbaren Computer dabei?«

»Mein Notebook? Aber klar.«

»Dann lassen Sie die Suppe stehen, holen ihn her und fangen mit der Arbeit an. Ich habe hier einen Mordfall, der nicht so lange darauf warten kann, wie reifender Whisky braucht, bis er unter diesem Namen verkauft werden darf.«

»Drei Jahre!«, sagte Rena grinsend. »Und die Suppe werde ich essen, sonst falle ich vom Fleisch und bekomme nie wieder so schöne, aufbauende Komplimente von Ihnen!«

Eine Viertelstunde später saß sie einsatzbereit vor dem Professor.

»Für Lewis' Konten brauche ich etwas. Klar ist aber, dass er nur bei der Royal Bank of Scotland gelistet ist, die war auch in die Finanzkrise verwickelt. Außerdem soll sie Mittelständler, die bei ihr Kredite genommen hatten, bewusst in die Überschuldung getrieben haben.«

»Was ist mit seiner Beteiligung an einer Distillery auf Islay? Pit hat mir davon berichtet. Aber wer weiß, ob diese Information auch stimmt. Er hat sie wohl aus einem Pub.« Der Professor aß nun seine Portion Hamburger National und genoss die herzhafte Hitze des Gerichts, das für ihn mit jedem Löffel von Alster und Michel erzählte.

»Sekunde…« Rena tippte auf der Tastatur, ihre Finger schnell wie die Flügel eines Kolibris. »Lagavulin und Caol Ila können es nicht sein, die gehören zu Diageo, einem der größten Hersteller alkoholischer Getränke weltweit. Bowmore gehört zur japanischen Suntory-Gruppe, Ardbeg ist im Besitz von Moët Hennessy – Louis Vuitton, Bunnahabhain gehört Burn Stewart Distillers, die außerdem noch Deanston und Tobermory im Portfolio haben. Wer bleibt noch?«

Der Professor musste keine Sekunde überlegen. »Laphroaig, Bruichladdich und Kilchoman.«

»Also Laphroaig gehört Fortune Brands, das ist ein riesiges US-amerikanisches Unternehmen mit über dreißigtausend Mitarbeitern. Bruichladdich wurde 2012 von Rémy Cointreau für sagenhafte achtundfünfzig Millionen Pfund gekauft. Bleibt nur Kilchoman, die gehört… einem gewissen Anthony Wills.«

»Was der Name eines multinationalen Riesen ist?«

»Nein, einfach Anthony Wills.«

»Das heißt…«

»Lassen Sie mich die Schlussfolgerung ziehen, ich hab ja auch alles rausgefunden!« Sie zwinkerte ihm zu. »Colin Lewis kann sich nur an Kilchoman beteiligt haben. Oder wenn er sehr, sehr viel Geld hat, an Bunnahabhain. Aber wenn man sieht, für wie viel Kohle Bruichladdich verkauft wurde, müsste es sich bei Lewis um deutlich mehr als einen einfachen Kneipier handeln. – Noch einen Teller?«, fragte sie, auf Bietigheims leeren deutend. »Zum Nachtisch gibt es übrigens Rode Grütt mit flüssiger Sahne.«

Sie war ein Engel, keine Frage. Nur sagen durfte man ihr dies nicht, sonst hob sie ab. Man musste sie rechtzeitig auf den Boden zurückholen. »Haben Sie denn auch Braune Kuchen mitgebracht?«

»Nein, die habe ich leider vergessen.«

»Macht nichts, macht nichts. So bleibt wenigstens ein

Grund, in die Heimat zurückzukehren.« Er bemerkte ihr verwundertes Gesicht. Hatte er etwa zu dick aufgetragen? »Alles in Ordnung bei Ihnen?«

Sie deutete in den Garten. »Ist das da hinten etwa Benno? Seit wann ist sein Fell denn pechschwarz? Und wieso haben die hier einen Kartoffelacker hinter dem Haus?«

Pit wartete. Er tat es im Dunkeln. Und er tat es mit Whisky. Aus dem Valinch, den er für das Fass mit dem Leichnam benutzt hatte, wollte er allerdings nicht mehr trinken. Glücklicherweise hatte ein anderes Fass einen Zapfhahn, unter den man sich legen konnte. Pit hatte dafür seine Jacke zum Kopfkissen zusammengerollt und seinen Kopf darauf gebettet. Der Whisky war ein süffiger Campbeltown aus dem Sherryfass. Gewünscht hatte er sich solch ein Gelage schon lange, aber ohne Leiche wenige Meter von ihm entfernt wäre es doppelt schön gewesen.

Das Schwierigste war, die Augen offen zu halten und nicht einzuschlafen, falls Cathleen nochmals herunterschaute und er schnell in Deckung gehen musste. Sowie nicht laut zu singen, wonach ihm mit einem Alkoholpegel über ein Promille immer war.

Und ein Promille war schon lange her.

Am Ende des Abends rief Cathleen noch ein paar Mal »Hallo?« in den Keller, dann wurde es ruhig. Pit wollte danach eigentlich zur Sicherheit ein halbes Stündchen warten – schaffte aber nur fünf Minuten.

Er stellte das Handy so auf eines der Fässer, dass die Taschenlampen-App den Whiskysarg beleuchtete. Dann löste er dessen Stopfen und drehte ihn so weit, bis der Inhalt herausgluckerte. Der ohnehin alkoholgeschwängerte Keller war nach kürzester Zeit nicht mehr fahrtüchtig und der Boden bis in die letzte Ecke dunkel glänzend. Es dauerte erstaunlich lange, bis der Whisky sich völlig ergossen hatte. Pit versuchte, das Fass anzuheben. Es war zwar deutlich leichter als zuvor, aber immer noch unfassbar schwer. Von der Reise mit dem Professor ins Burgund wusste er, dass normale Barrique-Fässer mit zweihundertfünfundzwanzig Litern Inhalt rund fünfzig Kilo wogen, dieses hier also wahrscheinlich doppelt so viel, plus Leiche. Rollen ließ es sich trotzdem problemlos, doch es danach die Leiter emporzudrücken stellte sich als schweißtreibende Aufgabe heraus. Die nicht dadurch erleichtert wurde, dass er selbst schwer Schlagseite hatte und seine Handinnenflächen immer feuchter vom Schweiß wurden.

Pit verursachte einen Höllenlärm.

Als er das Fass endlich emporgewuchtet hatte und sich im ›The Ben Nevis‹ umsah, entdeckte er niemanden. Nur nächtliche Dunkelheit und den Schein einiger Straßenlaternen der Royal Mile.

Nun konnte er Anlauf nehmen!

Pit wusste, dass er jetzt gut zielen musste, damit sich das Fass nicht in der Klappe verhakte, und dass er genug Wucht aufbringen musste, damit es nicht einfach nur die Leiter hinunterschlidderte, sondern mit ungebremster Wucht auf den steinernen Kellerboden donnerte. Pit fragte sich, ob er zur Stärkung einen weiteren Schluck nehmen sollte, und entschied: selbstverständlich! Er griff sich das Nächstbeste. In seinem jetzigen Zustand hätte er nicht gemerkt, wenn es Klosterfrau Melissengeist gewesen wäre.

Danach spuckte er in die Hände, atmete ein, brüllte laut, trommelte sich auf die Brust, rannte los und rollte das Fass mit aller Kraft vorwärts. Es rollte allerdings nicht geradeaus, sondern eierte, Pits Hände hatten mit einem Mal nur noch unregelmäßigen Kontakt mit dem Holz, seine Füße kurz darauf nicht mehr mit dem Boden, er stolperte, fiel unglücklich, dem Fass eine kreiselnde Bewegung verleihend, das dadurch über das Loch der Klappe rutschte, gegen ein Tischbein krachte, die Richtung änderte, an Tempo verlor und schließlich ganz langsam und gemächlich zurückkehrte, um kurz vor dem völligen Stillstand in die Tiefe zu stürzen.

Und unten angekommen lautstark zu zerbrechen.

Pit robbte die kurze Strecke, um hinunterblicken zu können – dadurch sah er auch endlich den direkt unter der Decke angebrachten Lichtschalter und legte ihn um.

Als das Licht den Raum flutete, dachte er drei Worte.

Herr im Himmel!

Der Whisky hatte die Leiche perfekt konserviert, welche nun inmitten des geborstenen Fasses lag wie ein totes Küken in der Eierschale.

Es war ein Mann, und seine Klamotten stammten nicht aus dem 21. Jahrhundert. Er trug einen maßgeschneiderten Anzug, dazu einen Parka mit Aufnähern von ›The Who‹, den ›Small Faces‹, den ›Yardbirds‹ und den ›Kinks‹. Entweder war er ein Zeitreisender oder ein Vertreter der Jugendbewegung der Mods. Aus den Siebzigern. Der Mann mochte Ende zwanzig, Anfang dreißig sein, groß und schlaksig, mit einem riesigen Muttermal an der rechten Halsseite.

Pit stieg hinab, um ihn nach Persönlichem abzusuchen wie Portemonnaie oder Han…, nee, Quatsch, Handys gab es damals noch gar nicht. Leider fand sich nichts an der Leiche. Von allen Seiten schoss Pit Fotos, vor allem das Gesicht leuchtete er ab. Die Augen des Mannes standen noch offen. Pit wusste nicht, ob sich nach so langer Zeit die Lider schließen ließen, also versuchte er es gar nicht erst.

Die Polizei würde er gleich von seiner Unterkunft aus anrufen. Aber dann hätten sie seine Nummer. Also besser von einer öffentlichen Telefonzelle. Aber die gab es heute leider so selten wie früher mobile Telefone. Ihm würde schon was einfallen. Handy mit Rufnummerunterdrückung vielleicht? Egal wie, die Polizei würde den Toten finden und identifizieren, die Medien darüber berichten. Er brauchte dem Professor nur einen der Zeitungsartikel zuzufaxen.

Hier konnte er jetzt nichts weiter tun.

Pit ließ die Klappe offen, löschte nur das Licht und ging zur Seitentür hinaus. Er wusste, dass er dabei überall seine Fingerabdrücke hinterließ, aber da im ›The Ben Nevis‹ nicht abends, sondern nur morgens geputzt wurde, waren sie in guter Gesellschaft von denen etlicher Pubgäste.

Zwar torkelte er noch leicht, doch der sanfte Schleier, den der Alkohol sonst immer gnädig über die Welt legte, war von dem Toten fortgezogen worden.

Ein Schatten löste sich von der Wand gegenüber, und als Pit erkannte, wem dieser Schatten gehörte, verwandelte sich das anachronistische Flair der Royal Mile in das Bühnenbild eines Gefängnisfilms.

Der Mann hob sein Handy. »Sollen wir reden oder direkt die Polizei rufen?«

Einige Stunden zuvor zog der Professor gerade seine Barbourjacke an und machte sich bereit, das ›Trout Fish Bed & Breakfast‹ zu verlassen. Rena hatte er instruiert herauszufinden, wie es möglich war, dass ein Toter auf einen AB sprach und wo sich Edward Macallan befinde. Er benötige umgehend dessen Telefonnummer, egal, ob er gerade in seiner Filiale in Edinburgh oder seiner eigentlichen Chocolaterie in Pitlochry weilte. Rena hatte nur gelacht und ihm einen Prospekt zugeworfen, den sie bei den anderen auf dem kleinen Flurtisch des Bed & Breakfast gefunden hatte. Edward Macallan gab am heutigen Abend einen Kurs zum Thema »Whisky und Schokolade« bei Ardbeg und warb auf einem Foto für das Seaview Cottage. Dabei handelte es sich um das ehemalige Wohnhaus des Distillery Managers, das nun vermietet wurde.

»Ich vermute mal, dass er dort Quartier bezogen hat. Würde ich auch tun, wenn ich nicht meinen Professor betüddeln müsste.«

»Niemand muss mich … ach, was rede ich. Da ist jedes

Wort zu viel. Ich werde sofort dorthin fahren. Und Sie durchstöbern das Internet. Zudem versuchen Sie bitte noch mal, Pit ans Telefon zu bekommen. Ich hatte leider keinen Erfolg. Eigentlich sollte er sich heute Morgen bis spätestens zehn Uhr mit einem Lagebericht melden.«

»Da ist ja wer im Garten zugange«, sagte Rena und deutete hinaus.

»Ein Gärtner, den ich bezahlen muss«, knurrte Bietigheim. »Er meinte übrigens, dass der Boden hervorragend gelüftet worden wäre. Aber dieser unmögliche Mensch war nicht bereit, mir einen Rabatt dafür einzuräumen! Benno, wir gehen.«

Der Foxterrier hörte mit der Nachmittagstoilette auf und rannte den Professor auf dem Weg zur Haustür fast um.

Das Seaview Cottage von Ardbeg war genauso weiß wie alles andere auf dieser Insel. Wer immer die Farben für Hausanstriche verkaufte, würde auf Taubenblau übel sitzen bleiben. Der Schornstein auf dem Haus rauchte, was für Bietigheim stets etwas Gemütliches hatte. Es weckte zudem die Hoffnung auf Köstliches aus der Küche.

Der Professor stellte sein Fahrrad vor der Haustür ab, die sich als unverschlossen herausstellte. Er fand den Chocolatier, wie erhofft, am Ofen, in den er so fasziniert starrte wie Fußballfans in den Fernseher. Macallan trug ein verblichenes T-Shirt mit Kurt Cobains Konterfei sowie eine Boxer-Shorts mit lustigen Dinosauriern. Sonst nichts.

»Mr Macallan?«

Dieser drehte sich um, wie so oft bester Laune. »Oh, Professor. Sie hier?« Er umarmte ihn herzlich, Bietigheim umarmte nicht zurück.

»Dasselbe wollte ich gerade zu Ihnen sagen. Nur ohne ›Oh, Professor‹. Ich dachte, Sie seien zurück nach Edinburgh. Ein dringender Termin, so sagten Sie.«

»Ja, war es auch, tierisch dringend. Aber ich hab ihn

schnell erledigt.« Er vollführte einige Kung-Fu-Schläge in der Luft.

»Und sind zurückgekommen, aber nicht in die Pension, in der ich weiterhin nächtigen muss.«

»Die Chefin da ist der Horror, oder? Das hier ist viel besser. Eine Win-win-Situation! Ardbeg stellt mir ab jetzt das Haus, wann immer ich es nutzen möchte, und ich kreiere für sie ein exklusives Shortbread, und zwar eins, das perfekt zu ihren Whiskys passt. Außerdem leite ich noch einen Kurs, dafür gibt es aber extra Kohle. Cool, oder?«

Bietigheim trat näher zum Ofen, die Unordnung in der Küche ausnahmsweise unkommentiert lassend, denn Macallan war ein großartiger Chocolatier, und in seinem Chaos steckte System. »Ist das da drin Ihr Shortbread?«

»Ein Versuch. Soll zum Uigeadail passen. Der hat ja leichte Sherrynoten und so einen Espressoduft, deshalb habe ich etwas Kaffeepulver in den Teig gemischt.«

»Das klassische Rezept besteht nur aus einem Teil Zucker, zwei Teilen Butter und drei Teilen Mehl.«

Macallan stellte Benno ein Schüsselchen mit Wasser hin. »Ja, genau: Eins, zwei, drei, so einfach ist es. Oder doch nicht? Was für Zucker, was für Butter, was für Mehl? Wie lange, bei welcher Temperatur? Und welche Gewürze gebe ich noch dazu? Macht mir einen Heidenspaß, das auszuprobieren. Lassen Sie uns doch was zusammen backen.«

»Deshalb bin ich nicht hier.«

»Sondern? Haben Sie etwa schon was rausgefunden? Ich wusste es! Sie sind nämlich verdammt gut.«

»Nun ja, da kann und will ich nicht widersprechen.« Bietigheim nahm sich einen der bereits fertig gebackenen Shortbread Fingers, die neben einer Flasche 10 Year Old stand. Der Teig hatte genau die richtige Mürbheit, und die Qualität der Butter, die nach frisch gemähtem Gras schmeckte, war atemberaubend.

»Nicht schlecht«, sagte er deshalb.

»Danke, es bedeutet mir echt viel, wenn Sie das sagen.« Er steckte sich auch ein Shortbread in den Mund. »Also, worum geht es? Stört Sie doch nicht, wenn ich dabei weiterbacke, oder?« Er legte umgehend los.

»Colin Lewis hat Anteile an einer Distillery Islays besessen, ich vermute an Kilchoman.«

»Kilchoman? Nein, das wüsste ich.«

»Wieso?«

»Weil ich dort Miteigentümer bin. Stiller Teilhaber. Aber nicht so still, dass ich über einen weiteren nichts wüsste. Wir kennen uns alle. Lewis ist nicht dabei. Aber ich weiß, wo er investiert haben könnte. Oh, da klingelt schon die aktuelle Fuhre. Aus dem Weg, heiß und fettig!« Er zog das Blech heraus, der warme buttrige Duft war Verführung pur. Macallan konnte nicht widerstehen und nahm sich ein Gebäckstück. »Heiß! Heiß! Heiß!«

»Was hatten Sie erwartet? Dass Sie einen Gefrierbrand erleiden?«

»Aber gut! Gut! Gut!«, sagte er mit vollem Mund. »Mal gucken, wie sie abgekühlt mit dem passenden Dram schmecken. Wollen Sie auch schon probieren?«

»Nein, ich bin geduldig. Nun sagen Sie endlich, wo Lewis sein Geld hineingesteckt haben könnte. Eine Mordermittlung wird nicht erfolgreicher, indem man Zeit sinnlos verstreichen lässt.«

Macallan schob ein neues Blech Shortbread in den Ofen, schüttete sich einen Schluck Whisky ein und wuchtete seinen Körper auf den Küchentresen, um die Beine baumeln lassen zu können. Bietigheim erhielt dadurch Einblicke in die Boxershorts des Schotten, die ihn bis an sein Lebensende verfolgen würden. Vor allem wenn er Großschlangen in Terrarien sehen würde.

»Whisky boomt, Professor. Es gibt viele Neugründungen, wobei das meist Micro-Distilleries sind, kleine Unternehmen mit geringer Produktion. Auch auf Islay gibt es Überlegungen zu weiteren davon. Bruichladdich zum Beispiel denkt ernsthaft darüber nach, die 1920 geschlossene Lochindaal-Brennerei, auch als Port Charlotte bekannt, wieder aufleben zu lassen. Die Zolllager existieren noch. Eine andere der vielen verschwundenen Islay Distilleries hieß Octomore. Ihren Whisky mit höchstem Phenolgehalt nennen sie bei Bruihladdich so. Zurzeit denken sie nicht über eine eigene Brennerei unter dem Namen nach, aber wer weiß? Die nächste, und damit die neunte Distillery auf Islay, wird wohl Gartbreck sein, deren Bauplatz liegt in der Bucht von Loch Indaal, quasi gegenüber von Bruichladdich. Da sollen Franzosen dahinterstecken oder Inder, aber man weiß nicht genau, von wem das Geld stammt. Kilchoman wird also nicht mehr lange die kleinste und jüngste ihrer Art auf Islay sein.«

»Sie glauben also, dass Lewis dort …?«

Macallan schüttelte seinen Kopf heftig, es sah fast wie ein Derwischtanz aus. »Ganz bestimmt nicht. Und auch nicht bei Port Charlotte. Nein, Lewis wusste mit Sicherheit, dass es noch ein Projekt gibt, und zwar eines, das viel mehr Staub aufwirbeln wird. Wenn er sein Geld irgendwo reingesteckt hat, dann dort. Es ist noch sehr in der Anfangsphase. Aber wenn sie es öffentlich machen, wird man den Knall über die ganze Whiskywelt hören können. Setzen Sie sich, Professor.«

»Ich will mich aber nicht setzen!« Stattdessen stellte sich der Professor noch gerader hin.

»Aber einen Whisky trinken Sie doch jetzt mit mir? Bitte! Ich schenke Ihnen einen ein. Das Shortbread passt zwar nicht hundertprozentig dazu, aber es geht schon. Der Whisky ist ja auch nicht von Ardbeg.« Benno sprang am Tisch hoch und stibitzte sich ein Stück Gebäck. »Ihm scheint es zu schmecken.«

»Ihm schmecken auch mumifizierte Ratten«, erwiderte der Professor. Macallan reichte ihm den Whisky. Doch Bietigheim roch nicht an dem Glas und weigerte sich auch, ihn in diesem Moment zu trinken.

»Das ist ein Port Ellen aus dem Jahr 1983, dem letzten Jahr, in dem die Distillery produzierte. Dies ist eine Abfüllung vom allerletzten Brennvorgang. Da war sie schon nicht mehr so gut wie zu ihren Glanzzeiten. Plötzlich wurde sie schlechter, keiner weiß, wieso, aber jeder schmeckte es. Doch bald wird es wieder neuen Port Ellen geben, denn eine der legendärsten Distilleries der Insel soll wieder auferstehen. Und wenn Lewis sein Geld irgendwo drinhatte, dann dort.«

»Und Sie haben?«

»Nein«, er nahm einen langen Schluck. »Da hängen einige aus Edinburgh drin, ein verschworener Haufen aus irgendeinem Club, geschlossene Gesellschaft, altes Geld. Ich kam leider nicht rein. Aber Lewis ist ein alter Edinburgher gewesen und in der Hauptstadt sicher gut vernetzt.«

Der süße Duft von Shortbread lag wie Parfüm in der Luft, dazu gesellte sich der Rauch des Whiskys und ließ ihn noch köstlicher erscheinen. Macallan schwenkte seinen Tumbler langsam, genoss den Whisky in kleinen Schlucken. »Ein guter Whisky ist wie etwas aus einer anderen, besseren Welt. Es gibt wenig, das mich an Gott glauben lässt. Aber nach einem Glas Islay bin ich bereit, darüber nachzudenken, ob es nicht doch einer gut mit uns meint.« Er lächelte selig.

Der Professor lehnte sich vor, denn dies war genau der richtige Moment, um Macallan zu überrumpeln. »Sie sind mit dem Wagen nachts ohne Licht gefahren. Auch in der Nacht des Mordes. Geben Sie es zu.«

Der Chocolatier blickte lange in sein Glas, schwenkte es wieder und schien die Reflexionen der kleinen Wellentäler zu bewundern. »Glauben Sie etwa schon wieder, dass ich ein Mörder bin?«

»Ich wäre dumm, würde ich die Möglichkeit ausschließen.«

»Und trotzdem trauen Sie sich her, ganz allein?«

Bietigheim dachte kurz darüber nach, auf Benno zu verweisen, ließ es dann aber sein. Ein Begleiter, der gerade seinen eigenen Hintern leckte, ging wohl kaum als Bodyguard durch.

Er hatte nicht darüber nachgedacht, dass Macallan ihn beiseiteschaffen könnte. Er hatte darauf gezählt, dass dieser wie ein guter britischer Sportsmann seine Niederlage einsah und die Waffen streckte. Fair Play. Doch dies von einem Mörder zu erwarten war mehr als dumm.

»Ich war nicht der Fahrer«, sagte Macallan nun und trank den Rest in einem Schluck.

»Wie Sie wollen, dann werde ich jetzt Zeugen auf Islay dafür suchen, dass Sie es doch sind. Jemand muss Sie gesehen haben. Und glauben Sie mir, ich vergesse nicht, dass Sie mich angelogen haben. Das zeugt von fehlendem Respekt, Sie beleidigen mich damit.« Bietigheim stellte sein Glas ab und drehte sich zum Gehen.

»Warten Sie, Professor!«

Er baute sich vor dem Chocolatier auf. »Sie lassen mich nach Islay bringen, um eine Leiche zu begutachten, ein Mysterium aufzuklären. Doch Sie selbst sind Teil davon. Hielten Sie mich für so dumm, nicht darauf zu kommen?« Er ging zur Tür, Benno folgte ihm.

»Okay.«

Bietigheim drehte sich um. »Okay?«

»Ja, okay. Ich bin es.«

»Dann haben wir jetzt ja wohl einiges zu besprechen.«

»Und noch etwas.« Macallans Stimme wurde lauter. »*Wallace!*«

Es dauerte einige Sekunden, dann trat ein riesiger schwarzer Scottish Deerhound aus dem Schlafzimmer in die Küche.

KAPITEL 5

Spirit Receiver

Die Luft erstarrte, als Wallace den neben Bietigheim stehenden Benno erblickte. Für einen Moment bewegte sich keiner der Hunde. Dann lief der riesige Scottish Deerhound wedelnd auf den Foxterrier zu, Benno seinerseits blieb Habachtstellung pur, machte nur kleine Schritte und wirkte wie ein einziger angespannter Muskel.

Sie schnüffelten einander am Hinterteil, sich dabei im Kreis drehend wie im neuesten Modetanz aus Paris.

Bietigheim war sehr froh, dass Menschen sich bloß die Hand reichten.

»Ist das der Hound of the Baskervilles?«, fragte Bietigheim und wich zur Sicherheit vor Wallace zurück. Nicht, weil er fürchtete, dieses große tapsige Ding könnte ihm die Kehle zerfetzen, sondern weil er beim Anspringen seine tellergroßen Pfoten auf die maßgeschneiderte Hose patschen würde.

Macallan ging nicht direkt auf die Frage des Professors ein. »Wallace ist wie Jekyll und Hyde. Tagsüber ein Schoßhündchen …«

»Ein zu groß geratenes.«

»… und nachts ein Stromer. Er führt dann sein eigenes Leben. Ich weiß nicht, wohin er geht oder wen er bespringt. Er will das ja auch nicht von mir wissen. Wir sind Brüder im Geiste. Jeden Morgen ist er wieder da. Egal, ob zu Hause in Pitlochry oder wenn ich unterwegs bin und er nachts neue Wege erkunden kann.«

Bietigheim besah sich den Hund, der sich gerade auf den

Rücken warf und Benno auffordernd anbellte. Er wollte spielen.

»Höchstens zwei Jahre alt«, konstatierte der Professor mit Blick auf die Elastizität der Gliedmaßen.

»Anderthalb«, antwortete Macallan.

»Er muss Blut an den Lefzen gehabt haben, wenn er Lewis gerissen hat.«

Der Chocolatier schüttelte den Kopf. »Er hat ihn nicht gerissen. Wallace ist ein Schaf. Er wird den Leichnam gerochen und ausgebuddelt haben, wie einen großen Knochen.«

»Den man anknabbert.«

Macallan sprang vom Küchentresen, um Wallace kraulen zu können. »Ich habe mal in der Zeitung gelesen, dass Hunde bei Leichen zuerst Gesichter und Genitalien fressen. Warum auch immer. Wallace hat wohl einen ganz eigenen Geschmack.«

»Es scheint ihm allerdings nicht sonderlich geschmeckt zu haben, sonst wäre von der Leiche weniger übrig geblieben.«

»Er ist ein Gourmethund!« Macallan schürzte die Lippen und beugte sich vor Wallaces Schnauze, der ihm daraufhin den Kussmund ableckte. »Ja, du bist mein Bester!«

Bietigheim besah sich Wallace, der nun wieder davonstürmte, um mit Benno durch das Wohnzimmer zu tollen. »Sie wissen, dass es eine Frage des Glaubens ist, ob ich Ihnen dies abnehme. Vor allem, da Sie verschwiegen haben, im Besitz eines solchen Hundes zu sein.«

Macallan zündete sich eine Zigarette an. »Weiß ich. Auch eine?«

»Nur Pfeife und manchmal kubanische Zigarren.« Letztere nur, um Hildegard zu Trömmsen zu gefallen, die es liebte, wenn ein Mann neben ihr wie eine kleine Dampflok qualmte. »Wieso weiß denn niemand auf Islay etwas von Wallace? Er ist wahrlich nicht so klein, dass man ihn übersehen könnte.«

»Wie gesagt pennt Wallace tagsüber, im Auto hinten auf der Rückbank. Und ich gehe mit ihm auch nicht spazieren. Seine Geschäfte erledigt er hausnah, und nachts zieht er dann ab. Seit dem Leichenfund habe ich darauf geachtet, dass es definitiv so bleibt. Lassen Sie uns auf die Terrasse gehen, sonst hängt der Rauch hier in der Bude, dabei soll es doch nach Shortbread duften. Da erzähle ich Ihnen dann, wieso ich mein Licht auslasse.«

Sie traten hinaus in die Kälte, zogen die Reißverschlüsse ihrer Jacken bis oben zu und setzten sich auf zwei der Holzstühle am großen Gartentisch. Das Meer vor ihnen sammelte weiterhin Kraft für den Angriff auf das Eiland. In der Ferne hörte man die beiden Hunde kläffen. Macallan faltete die Hände hinter seinem Kopf und blickte in den eisig blauen Himmel. »Es gibt da eine Lady, Professor. Eine Lady, die verheiratet ist. Weswegen niemand wissen darf, dass wir uns sehen. Wenn ich zu ihr fahre, ist das Licht am Wagen aus. Der Mond scheint eh so hell, dass ich trotzdem alles sehe.«

Adalbert schlug mit der Hand auf den Tisch. »So ein Unsinn! Das ist unverantwortlich. Sie könnten Mensch wie Tier überfahren!«

»Aber ich ...«

»Nichts aber ich! Es gibt keine Ausrede dafür. Und wenn Sie mir nicht die Hand sowie Ihr Ehrenwort geben, dass Sie solch ein Verhalten nicht fortführen, werde ich Sie der Polizei melden.« Bietigheim streckte seine Hand aus.

Macallan zögerte, dann schlug er ein. »Versprochen, Daddy.«

»Gut. Und nun verraten Sie mir den Namen der jungen Dame.«

»Privatsache.« Macallan zog lange an seiner Zigarette, die Spitze glühte hell auf. »Nachher machen Sie mir noch Konkurrenz mit Ihrem Universitätscharme und dem heißen deutschen Akzent.«

»Ich darf doch sehr bitten! Der Name wäre von Vorteil, um Ihre Liaison decken zu können.« Bietigheim hatte allerdings nichts dergleichen im Sinn. Er würde diese Liaison weder decken noch sie verraten, doch er wollte alle Puzzleteile im Kästchen haben, selbst jene, die für das komplette Bild vielleicht nicht nötig sein würden.

Macallan drückte die Zigarette auf der Tischplatte aus, ein schwarzer Fleck blieb. »Es ist Fiona Menzies, sie ist Küchenchefin im Restaurant von Ardbeg. Und mit dem Manager der Distillery liiert. Kevin, ein ehemaliger Rugbyspieler, der aussieht wie ein Highlandrind. Also niemand, von dem ich eine Tracht Prügel verabreicht bekommen will. Die zwei leben auf dem Gelände, aber er hat viele Repräsentationstermine. Erfreulicherweise.« Ein Lächeln umspielte seine Lippen.

Bietigheim legte den Namen im Archivfach seines Kopfes ab, das er für diesen Fall dort freigeräumt hatte. »Wie ungemein praktisch für Sie zwei, dass Sie nun hier nächtigen.«

»Ja, nicht? Ich pass hier sowieso super hin.« Er stand auf, um sich eine Decke für seine nackten Beine zu holen. Anscheinend waren die Temperaturen selbst für einen Schotten einen Hauch zu niedrig.

»Wieso?«, fragte der Professor.

Macallan antwortete erst, als er wieder zurückkam, eine weiße Tischdecke um seine Hüften geschlungen. »Ardbeg war im 18. Jahrhundert eine Distillery von Schwarzbrennern. Raue, bärtige Gesellen mit Schwielen an den Händen.« Er setzte sich, es wirkte, als trage er einen Wickelrock.

»Sie sind Chocolatier. Und an Ihren Händen klebt höchstens Kakaobutter.«

»Aber den passenden Bart habe ich!« Er strich sich über seine Stoppeln. »Herrlich, die Stille hier, oder?«

»Stille?«, fragte Bietigheim und stand auf. »Wo sind die Hunde geblieben?« Kein Kläffen war mehr zu hören.

»Sind wohl schwimmen gegangen«, antwortete Macallan grinsend.

Bietigheim setzte sich wieder, doch seine Ohren blieben gespitzt. Er hatte das Gefühl, irgendetwas stimme nicht. Doch so intensiv er auch lauschte, er konnte das Problem nicht benennen. Deshalb fuhr er fort mit seiner inneren To-do-Liste für dieses Gespräch. »Der Leichnam kann nicht bei Laphroaig bleiben. Das ist keine Lösung. Eine Lösung kann nur sein, ihn irgendwo anders auf der Insel zu deponieren, sodass Constable Dolan ihn findet und die Polizei eine Obduktion durchführen sowie die Mordermittlungen aufnehmen kann. So hätten wir es von Anfang an gestalten sollen. Aber manchmal hindert ein Schock die passenden grauen Zellen daran, sich über so etwas zu verständigen.«

Die Nacht brach über Islay ein, sie tat es schnell und schwer. »Klingt logisch. Sie sollten Cameron gleich morgen früh Bescheid geben. Dann können wir gemeinsam den ganzen Tag überlegen, wo der Bursche hinsoll und wie sie ihn da hinbekommen.«

»Nein, wir kümmern uns gleich darum. Jetzt sofort.«

»Aber ich habe in ein paar Stunden das Whisky- und Schokoseminar.«

»Eben, in ein paar Stunden. Also auf geht es. Und diesmal fahren Sie mit Licht. Da heißt es, konsequent sein. Es ist ohnehin viel unauffälliger, mit als ohne Licht zu fahren. Wir warten nur noch, bis das Shortbread aus dem Ofen ist, und dann instruiere ich Sie, Mr McFallon und Mr Ferguson, was mit der Leiche zu geschehen hat.«

Macallan stand kopfschüttelnd auf. »Mann, Mann, Mann, ihr Deutschen habt auch immer nur Arbeit im Sinn. Was bin ich froh, dass ich Schotte bin und fast nur an die beiden großen Ws denke: Whisky und Weiber!«

Plötzlich war das Kläffen wieder zu hören, und zwar gleich um die Ecke des Hauses. Es klang nicht länger spielerisch, sondern wütend und drohend.

Der Grund dafür kam in diesem Moment um die Ecke. Eskortiert von den beiden bellenden Hunden.

Es war Dolan.

Er schrieb etwas in einen Notizblock. Dann blickte er auf, Stahl in seinen Augen.

»Machen wir es kurz: Zeigen Sie mir umgehend die Leiche.«

Das ›Auld Lang Syne‹ war menschenleer, auf einem Tisch standen etliche Whiskyflaschen, aus denen zuvor in zwei Gläser eingeschenkt worden war, weswegen über dem Tisch eine Duftwolke aus Whiskys aller Regionen Schottlands hing. Die salzig-jodigen Islays und die anderen Inselwhiskys mit ihren Seetangaromen vermählten sich mit den würzigen Highlands, den sanften Lowlands, den eleganten Speyside Whiskys und sogar einem Vertreter aus Campbeltown, das einst Zentrum der Whiskyindustrie war und nun wie eine verschmähte Geliebte wirkte.

Doch niemand saß an diesem Tisch.

Die einzigen Geräusche drangen aus der kleinen fensterlosen Küche, die einer Kombüse ähnelte. Der Boden schwang auch bereits wie auf einem Schiff. Geradezu eingequetscht darin stand Pit am Herd und schwenkte eine gusseiserne Pfanne auf der Gasflamme, in dem ein paniertes Schnitzel brutzelte.

»Und das soll schmecken?«, fragte Robert Burns.

»Muss!«, antwortete Pit. »Ich mein: Alle Zutaten sind super. Schweinefleisch, platt gekloppt mit einer Whiskybuddel, eingerieben mit Whisky aus derselben Buddel, Panade, Butter. Kann nur gut werden!«

»Und das isst man so bei Ihnen in Deutschland?«

»Nee, das war jetzt eine spontane Idee! Hab ich öfter. Und ich sag immer: Ideen muss man nachgeben, sonst hauen sie wieder ab. Der Duft ist doch göttlich!«

»Cranachan-Dessert ist göttlich«, antwortete Robert

Burns. »Und meiner Meinung nach das Beste, was einem Whisky in der Küche passieren kann.«

»Außer getrunken zu werden!«

Robert Burns schaute über den Rand seiner Brille. »Außer getrunken zu werden.«

Der Boden unter seinen Füßen schwankte heftiger als der unter Pits, denn dieser hatte den Besitzer des Whiskypubs unter den Tisch getrunken. »Erst trinken, dann reden«, hatte Pit gesagt, und Robert Burns hatte darauf verzichtet, direkt die Polizei zu rufen, nachdem er ihn vor dem ›The Ben Nevis‹ erwischt hatte. Vielleicht hatte er es aber auch getan, weil Pit gesagt hatte: »Wenn Sie direkt die Polente rufen, werden Sie nie erfahren, was ich im Pub getrieben habe. Und erst aus zweiter Hand, was sich da Unglaubliches im Keller befindet.«

Robert Burns hatte etliche Whiskys für ihn aufgemacht, es war eine richtige kleine Reise durch die Whiskyregionen geworden. Pit hatte sie sich einverleibt, und dank Burns Worten war nicht nur eine Menge Alkohol, sondern auch eine Menge Wissen darüber in ihn geflossen.

»Cranachan macht man aus schottischen Himbeeren, darüber kommt Clotted Cream mit Whisky und Honig, und dazu angeröstetes Getreide für den Crunch. Ich mach das mal. Aber nur, wenn du mir jetzt endlich erzählst, was du in dem anderen Pub zu suchen hattest.«

Dass sie sich mit dem Vornamen anredeten, war so unvermeidlich gewesen wie die hereinbrechende Nacht.

Und Pit erzählte. Zuerst vom Fund der Leiche auf Islay. Robert war geschockt, von Lewis' Tod zu hören, und er vergaß augenblicklich, dass er gerade Cranachan zubereitete, holte sich zitternd einen Hocker aus der Bar und ließ sich darauf nieder.

Pit reichte ihm das erste Stück Whiskyschnitzel auf einem Teller.

Der Pubbesitzer stellte es neben sich ab.

»Er hatte Feinde«, begann er schließlich wieder zu reden. »Ich war sein kleinstes Problem. Das wusste er auch. Es hat mich maßlos geärgert. Deshalb wollte ich ein größeres Problem werden, eines, um dessen Lösung man nicht herumkommt. So wie man hier in Edinburgh Gleise überqueren muss, wenn man von der New Town zur Old Town will. Unausweichlich.« Er blickte Pit nicht an, nur seine Hände, die einander kneteten wie Teig, der nicht aufging. »Vor Jahren, also Ende der Siebziger, lief sein Pub miserabel. Whisky war lange nicht so populär wie heute. Man trank ihn halt, und zwar vor allem Blends.« Pit hatte bereits gelernt, dass dies ein Verschnitt von Malt Whiskys verschiedener Distilleries war. Das Gegenteil eines Single Malt Whiskys, der nur von einer Distillery kam. Und ein Single Barrel schließlich stammte nur aus einem einzelnen Fass. »Er war nicht leidenschaftlich, was Whisky anging«, fuhr Robert fort. »Dafür war er leidenschaftlich, was Frauen betraf – bis Bonnie ihn domestizierte. Aber er hatte einen finanziellen Riecher in puncto Whisky, und er glaubte damals, dass Port Ellen die Zukunft gehöre. Also kaufte er Fässer. Viele Fässer. Doch die Nachfrage stieg nicht. Und er saß plötzlich auf Unmengen gebundenen Kapitals. Deshalb befragte er andere Pubbesitzer, ob sie ihm nicht Fässer abnehmen wollten, er würde sie auch bei sich lagern, so lange sie wollten, die besten Fässer würde er abtreten. Ich war einer von denen, die mitmachten, ich suchte mir selber fünf Fässer aus und zahlte ihm einen fairen Preis, obwohl ich ihn hätte herunterhandeln können. Doch ich war nur einer von sehr wenigen. Es war klar, dass er nicht mehr lange durchhalten würde, vielleicht drei, vier, höchstens fünf Jahre, dann wären die Rücklagen aufgebraucht. Er hätte seinen Pub verkaufen müssen, solange er noch konnte und keinen Dumpingpreis zu akzeptieren brauchte. Doch er war stur und verkaufte nicht, hielt durch. Wenige Jahre später wurde die Qualität der Port Ellen Whiskys schlechter, eigentlich ab 1981. Im Frühling

1983 wurde die Distillery dann geschlossen und abgebaut. Ab diesem Moment stieg ganz langsam die Nachfrage nach den guten alten Port-Ellen-Jahrgängen – von denen er den Keller vollhatte.«

Pit fiel auf, dass Robert weder den Namen Colin Lewis noch den von dessen Pub ›The Ben Nevis‹ in den Mund genommen hatte. Die Wunde musste sehr tief sein, wenn schon das Aussprechen dieser Worte ihm Schmerzen bereitet hätte. Er drückte Robert nochmals den Teller mit dem Whiskyschnitzel in die Hand, das er selbst schon längst in Whiskytzel umgetauft hatte. »Wird sonst kalt. Wäre schade drum. Mama Kossitzke sagt immer: Hau rein, Junge! Du musst doch groß und stark werden.«

Robert begann zu essen, doch es wirkte mechanisch, als schmecke er gar nicht, was er da in seinen Magen transportierte, sondern bewege nur die Kiefer. »Irgendwann begann dann der Boom. Und er besaß flüssiges Gold. Ich sagte ihm, dass ich meine Fässer an den Meistbietenden verkaufen wolle und er sie mir in meinen Keller transportieren lassen solle.« Robert schluckte schwer. Und es lag nicht an einem dicken Stück Whiskytzel. »Ich bekam keine Antwort. Eines Morgens fand ich stattdessen einen Umschlag in meinem Briefkasten. Mit exakt der Summe, die ich ihm viele Jahre zuvor für die Fässer bezahlt hatte. Keinen Cent mehr. Dabei waren sie zu diesem Zeitpunkt das Vier- bis Fünffache wert!« Er biss so heftig in das panierte Stück Fleisch, als trage es die Schuld an diesem Unrecht. »Zuerst habe ich an sein Wort als Ehrenmann appelliert, dann gedroht, und als es mir finanziell schlecht ging, sogar gebettelt. Nichts half. Dann habe ich ihn verklagt, das war im letzten Jahr.« Er durchschnitt das Fleisch so energisch, dass sein Messer schrill über das Porzellan schrammte. »Kurz vor Weihnachten kam das Urteil. Also erst vor ein paar Wochen. Ich hatte nichts in der Hand, es hatte keinen schriftlichen Vertrag gegeben, nur das Wort von Ehrenmännern.«

»Nein, nur von einem«, sagte Pit.

Robert hörte ihn nicht. »Da beschloss ich, ihn zu bestrafen.«

»Mit einer Pistole? Wohin wolltest du denn schießen?«

Er hielt das Besteck fest in seinen Händen, obwohl auf dem Teller nur noch traurige Reste lagen. »Es hat einige Zeit gedauert, bis ich mir die besorgt hatte. Das ist gar nicht so leicht. Dann bin ich mit der Waffe zu seinem Pub, um ihn nach Ladenschluss abzufangen.«

»Und wo wolltest du ihn treffen? Nur ins Bein oder voll in die Rübe?«, fragte Pit mit Whiskytzel im Mund, das eigentlich auch Schniwhisky heißen konnte, wie ihm gerade bewusst wurde. Oder Schniwhitzel.

»Das weiß ich nicht.«

»Was ich meinte, war: Wolltest du ihn töten?«

Robert blickte auf, das Wasser stand so hoch in seinen Augen, als sei Flut in seinem Innern. »Das weiß ich nicht.« Er kniff die Augen zusammen, Tränen strömten über seine Wangen. »So kenne ich mich nicht. Dass ich zu solch einer Gewalttat fähig bin.«

Pit legte ihm eine Pranke auf die Schulter. »So was zu planen, ist eine Sache, es dann auch durchzuführen eine völlig andere. In Gedanken hat wohl jeder schon einen Mord begangen. Weißt du vielleicht, mit wem er noch so umgegangen ist? Du weißt schon, wegen eines Mordmotivs.«

Robert schüttelte den Kopf. »Kein anderer Pubbesitzer war so dumm wie ich.«

»So gutgläubig«, korrigierte Pit, obwohl er fand, dass es leider in vielen Fällen aufs Gleiche rauskam. »Aber du hast doch gesagt, du wärst einer von mehreren Käufern gewesen.«

»Aus seinem Club gab es noch andere. Nur alteingesessene Edinburgher Familien sind dort vertreten. Für mich ist dort kein Platz. Nicht für den Bastard des Dichterfürsten.« Robert blickte auf zu einem Porträt seines Vorfahren, das über der Tür zum Pub hing, und bekreuzigte sich. Dann sah er wieder zu Pit, sich die Augen mit einem dreckigen Küchentuch abtupfend. »Ich kann mir nicht vorstellen, dass er mit denen so verfahren ist wie mit mir. Dieser Club hat überall seine Verbindungen. Manche meinen, er leite die Geschicke der Stadt und nicht der Bürgermeister. Wobei fast jeder Bürgermeister ein Mitglied des Clubs ist.«

»Wie heißt denn dieser Verein?«

»›Diogenes Club‹.« Robert schob den Teller beiseite. »Es schmeckt leider nicht.«

»Jau. Nicht halb so gut, wie die Idee klang.« Pit zuckte mit den Schultern und aß sein Whiskytzel trotzdem in großen Happen weiter.

Robert stand auf und stellte das Geschirr in die Spüle. »Was hast du denn nun in seinem Pub gesucht? Und was gefunden?«

Pit zerkaute das letzte Stück seiner Kreation und erzählte dann alles, endend mit dem Leichenfund. »Weißt du, wer das sein könnte?« Er zeigte Robert ein Foto auf seiner Digitalkamera. Es folgten die Nahaufnahmen.

Roberts Whiskytzel erblickte wieder das Licht der Welt.

Nachdem er sein Malheur bereinigt hatte, verweigerte er jede weitere Betrachtung der Fotos. »Das Gesicht kommt mir merkwürdig bekannt vor, aber ich kann es nicht zuordnen.«

»Ist vermutlich lange her, dass du es gesehen hast.«

»Du solltest umgehend die Polizei anrufen.« Robert verschwand im Schankraum und kam mit einem alten Tastentelefon zurück. Er tippte die Nummer ein und reichte es Pit.

»Hallo, ich muss Ihnen eine Meldung machen. Im ›The Ben Nevis‹ liegt eine Leiche im Keller … Woher ich das weiß? Spielt keine Rolle.« In den folgenden Sekunden wurde Pits Gesicht immer blasser, bis es fast so weiß war wie sein Rauschebart. »Sie haben *was*?«

Pit legte auf.

»Sie haben was?«, hakte Robert nach.

»Sie wussten schon von der Leiche, denn Nachbarn haben einen Mann beobachtet, der nachts aus dem Pub kam und sich vor der Tür mit einem Komplizen traf. Es gibt eine Personenbeschreibung. Die Fahndung läuft.«

Edward Macallan kickte einen Stein die Straße hinunter und gleich noch einen. Keiner war groß genug für seine Wut.

»Was werden Sie jetzt tun?«, fragte Bietigheim, der neben Constable Dolan Richtung Laphroaig ging. Die zwei schoben ihre Fahrräder, Bietigheim die zusätzliche Last von Benno im Körbchen.

»Meinen Job.«

Dolan erschien dem Professor wie ein dräuender Himmel mit sich türmenden Wolken, so dicht, dass man nicht wusste, was dahinter lag, und so dunkel, dass er jeden Augenblick Blitz und Donner gebären konnte.

»Ihr Job beinhaltet vieles«, sagte Bietigheim und beobachtete, was die Wolken taten.

»Er beinhaltet vor allem, Straftaten zu verfolgen. Und einen Leichnam nicht zu melden fällt darunter. Ihre Vertuschung werde ich zur Anzeige bringen.«

»Selbstverständlich«, sagte Bietigheim.

»Bei Mr Macallan. Bei Ihnen nicht, Professor.«

»Aber ich bitte darum!«

Dolan schob stoisch sein Rad weiter. »Ihr Vater hat mir einmal einen Gefallen getan, ich war noch ein ganz kleiner Junge. Fionas älterer Bruder hatte gesagt, ich gehöre zu ihrer Bande, wenn ich im Supermarkt eine Tafel Schokolade klaue. Doch er hat dafür gesorgt, dass Mrs Conran, die Besitzerin, es sah. Sie beobachtete mich, und als ich den Laden verließ, zog sie mich mit hartem Griff wieder rein und holte das Diebesgut aus meiner Tasche. In diesem

Moment kam Ihr Vater rein. Er begriff sofort, was los war, und sagte Folgendes zu ihr. Ich weiß heute noch den genauen Wortlaut: ›Hat Derek etwa vergessen zu sagen, du sollst es bei mir anschreiben?‹ Er nahm Mrs Conran die Schokolade aus der Hand, riss sie auf und biss rein. ›Mannomann, die hab ich jetzt echt gebraucht. Was bekommst du dafür, Margie?‹ Er bezahlte und drückte mir danach einen Quarter in die Hand. ›Als Dankeschön, wie versprochen.‹ Mrs Conran war so verdutzt, dass sie gar nicht fragte, wieso Dougie in den Laden gekommen war, wenn er mir doch den Auftrag zum Einkauf erteilt hatte. Die Story hatte mehr als ein Loch. Aber es gab sowieso nur zwei Möglichkeiten für Mrs Conran: Eine möglicherweise erstunkene Geschichte glauben oder einen angesehenen Bürger Port Ellens der Lüge bezichtigen.« Er zog seine buschigen Augenbrauen ein wenig empor. »Danach habe ich nie wieder etwas gestohlen. Deshalb passiert das hier gerade nicht für Sie. Ich bin allein mit Edward Macallan unterwegs. Keine Widerrede. Ich warte seit Jahrzehnten darauf, diese Schuld zu begleichen.«

Sein virtueller Vater Dougie hatte anscheinend tiefe Spuren auf der Insel hinterlassen.

Vor ihnen tauchte Laphroaig wie eine schlafende Schöne auf, mit ihren weiß gekalkten Gebäuden wirkte sie wie ein am Ufer ruhender Schwan.

Macallan drehte sich um, sein Handy einsteckend. »Ich habe gerade Richard Ferguson angerufen, er zieht sich schnell an und kommt zur Distillery.«

»Du hättest McFallon anrufen sollen«, sagte Dolan, und es klang wie ein Befehl.

»Der weiß von nix«, log Macallan.

»So, so«, antwortete der Constable. »Was für ein unfassbares Glück für ihn.« Im Schein des Mondes sah Dolans Schnurrbart aus wie die harten Borsten einer Stahlbürste, fast wie eine Waffe, die er im Gesicht trug.

Das Mondlicht erhellte kühl die Brennereigebäude Laphroaigs, sie gingen zum Lagerhaus drei. Das schwere schwarze Tor, dessen Holz durch viele Jahrzehnte und viele Schichten Farbe hart wie Stein geworden war, stellte sich, wie erwartet, als fest verschlossen heraus. Der leichte Nachtwind kam Bietigheim hier nahe dem Meer salziger vor als sonst, als habe die Luft ein schweres Parfüm aufgelegt.

Sie redeten nicht, während sie auf den nahe wohnenden Richard Ferguson warteten. Macallan zündete sich eine Zigarette an, Dolan lehnte ab, als er diesem eine anbot. Benno strolchte herum, bis er irgendwann begann, an der Tür zum Mash Room zu kratzen. Armer Kerl, seine Angebetete war um diese Uhrzeit nicht zu Hause.

Richard Ferguson erschien schnellen Schrittes, nickte Dolan zu, dann erst Macallan und Bietigheim.

»Weiß McFallon davon?«, fragte der Constable ihn.

Richard Ferguson zögerte nicht. »Nein.«

Der Professor bewunderte die Geistesgegenwart des Mannes.

»Also nur vom Leichenfund, wie der Professor mir sagte.« Dolan notierte etwas mit großer Selbstverständlichkeit.

»Genau«, antwortete Ferguson.

Der Constable senkte den Kopf, doch das Lächeln sah Bietigheim trotzdem.

»Schließ auf«, sagte er zu Ferguson.

Das satte Klacken des Schlosses strafte das Alter der Tür Lügen. Als der Lichtschalter umgedreht wurde, flutete kalte Helligkeit die Halle, welche dadurch merkwürdig fremd wirkte, wie in einem Science-Fiction-Film. Als sei elektrischer Strom ein Fremdkörper, als gehöre Whisky unabänderlich in eine Zeit, als Gaslampen die Straßen erhellten.

»Ist schon verrückt, oder? So eine Leiche zu finden. Da rechnet man ja nicht mit«, begann Macallan plötzlich im Plauderton. »Einfach im Moor. Irre, echt. Aber es gibt viele irre Sachen auf der Welt, und das Beste, was man machen kann, ist drüber lachen.«

»Diese Meinung teile ich nicht«, erwiderte Dolan kühl. »Wo ist die Leiche?«

Bevor Ferguson antworten konnte, sprach der Chocolatier weiter.

»Vor Kurzem habe ich was in der Zeitung gelesen, also das war auch irre. So ein Fußballfreak hat seinem Sohn neben den zwei üblichen Vornamen noch die aller Stars der Glasgow Rangers verpasst!«

»Wo ist die Leiche? Ich will nicht noch einmal fragen müssen!« Die ersten Blitze zuckten durch das immer dunkler werdende Wolkenungetüm.

»Pass auf«, fuhr Macallan unverdrossen fort. »Ich kann sie dir alle sagen, weil ich die Geschichte so irre fand, verstehst du? Also der Kleine heißt jetzt Cairo Lionel Sergio Lorenzo Colin Giovanni Barry Ian Jorge Gabriel Stephane Rod Mason. Und warum hat der Vater das gemacht? Na? Weil er sich nicht entscheiden konnte, welchen Rangers-Star er nehmen sollte! Ist das jetzt irre, oder ist das jetzt irre?«

»Wo! Ist! Die! Verdammte! Leiche!«

Macallan zog eine Flappe. »Ich wollte nur für gute Laune sorgen, wir sitzen doch alle in einem Boot, oder? Kein Grund für Stress. Das können wir doch alles miteinander regeln.«

»Sie ist ganz hinten«, antwortete Ferguson, bevor Dolan explodierte. »Unter dem großen Torfhaufen, ich habe sie damit bedeckt, wie der Professor es angeordnet hat, um sie zu konservieren.«

»Damit die Polizei eine intakte Leiche erhält«, ergänzte der Professor.

»Das macht alles nicht besser. Dies ist ein unglaublicher Vorgang. Laphroaig wird nicht unbeschadet daraus hervorgehen. Gesetz ist Gesetz.«

»Niemand steht über dem Gesetz«, sagte Bietigheim.

»Und das Gesetz sind Sie.« Es war eine kleine Spitze, die er sich nicht verkneifen konnte.

Dolan blickte ihn streng an. »Ihr Vater hatte einen Gefallen gut. Nicht zwei. Ich hoffe, Sie können bis zwei zählen.«

Der moosige, feuchte Duft des Torfhaufens wurde mit jedem Schritt näher intensiver. Mit einem Mal lief Benno von Saber neben Bietigheim, ganz dicht und still an dessen Bein. Selbst er benahm sich in Anwesenheit der Staatsgewalt folgsam.

»Ich möchte, dass alle hierbleiben«, erklärte Dolan, während er sich Einmalhandschuhe überstreifte. »Nachdem ich die Leiche in Augenschein genommen habe, wird jeder von mir befragt. Und zwar einzeln. Ich lasse mich nicht verarschen. Die Sache stinkt zum Himmel. Freiräumen!«

Edward Macallan hob die Arme. »Ich bin nur zufällig hier.«

Der Professor verschränkte die Arme hinter dem Rücken. »In dieser Kleidung ist mir eine Unterstützung bei dieser Arbeit leider unmöglich.«

Ferguson zog seine Jacke aus und legte los. Die Torfstücke wurden von ihm wohl nicht zufällig in Richtung Bietigheim und Macallan geworfen.

Es waren viele Torfstücke, und es dauerte lange. Irgendwann ging der Haufen den Anwesenden nur noch bis zur Hüfte, dann bis zu den Knien.

Ferguson wurde langsamer und vorsichtiger, um die Leiche nicht zu beschädigen. Jeden Augenblick musste sie erscheinen.

»Ganz hinten habe ich sie untergebracht, damit sie nicht aus Versehen entdeckt wird.«

»Weil sie hier lange liegen sollte?«, fragte Dolan, keine Antwort erwartend. »Bevor ihr sie irgendwo endgültig entsorgt hättet, ohne mir ein Scheißwort zu sagen. Weil ich für euch nur der Arsch bin, der Strafzettel für Falschparken ausstellt.«

»Nein, Derek, wirklich nicht. Das kannst du mir glauben.« Ferguson hörte auf, Torf wegzuräumen. »Du bist für uns…«

»Spar dir deine Worte, Richard. Wo ist jetzt die Leiche?«

Der Mash Master schaufelte weiter. Und weiter. Bis sich nur noch eine dünne Lage Torf vor ihm befand.

Aber keine Leiche.

»Sie war gestern noch hier!«, sagte er mit brüchiger Stimme. »Genau hier.« Er stocherte mit der Schaufelspitze im Torf herum, doch da war nichts. Ferguson blickte fragend in die Runde. »Aber wer stiehlt denn eine Leiche?«

Dolan schwieg, die wettergegerbten Lippen aufeinandergepresst. Als er wieder sprach, stand seine Stimme unter Spannung. Starkstrom. »Habt ihr mich etwa verarscht? Von Anfang an? Euch mache ich fertig. Das sage ich euch! Und wenn doch noch eine Leiche auftaucht, dann bringe ich euch alle dafür in den Knast. Und wenn ich die Drecksbeweise fälschen muss. Von euch lasse ich mich nicht demütigen! Von euch nicht!«

Er ging.

Ferguson durchsuchte weiter den Torf.

Er konnte immer noch nicht glauben, dass Colin Lewis' Leichnam verschwunden war.

Erst nach einigen Minuten blickte er auf zu Bietigheim und Macallan. Seine Augen zuckten wie an Land verendende Fische. »Aber ich war doch der Einzige, der genau wusste, wo sie lag.«

Pit hatte ein kleines Apartment in der Albany Street in New Town bezogen, dem neuen Stadtteil Edinburghs – der allerdings auch schon mehr als zweihundertfünfzig Jahre auf dem Buckel hatte. Gebaut zwischen 1756 und 1850 galt New Town als Meisterstück der Stadtplanung und bestand auch heute noch zum größten Teil aus der damals angesagten neuklassizistischen und georgianischen Architektur.

Gemeinsam mit der Old Town Edinburghs gehörte sie zum UNESCO-Weltkulturerbe. In ihrer klugen Ordnung, ihrer stilistischen Geschlossenheit, ihren edlen Grau- und Brauntönen war sie eine echte Schönheit, ein begehbares Großkunstwerk.

Und Pit herzlich egal. Für ihn hatte nur Bedeutung, dass der Imbiss mit den ›Fried Mars Bars‹ direkt bei ihm um die Ecke lag. Nach dem Telefonat mit Diana hatte er einige davon gebraucht. Sie war verdammt sauer gewesen, dass er nicht zur verabredeten Zeit mit ihr telefoniert hatte. Diana hatte ihn wüst beschimpft, ihm Tiernamen gegeben, die sich erst in die von süßen, pelzigen Tieren verwandelten, als er endlich zu Wort kam und ihr erzählen konnte, was passiert war. Er war immer noch wahnsinnig verliebt in diese Frau. Nicht auszudenken, wenn er damals sein altes Leben nicht verlassen und ein neues mit dieser Frau begonnen hätte. Das würde er sich nicht verzeihen. Und nicht nur, weil sie so schnuckelig mit dem Hintern wackelte, wenn sie Kakao umrührte.

Das hätte sie auch hier gut tun können, wenn sie nicht so viel arbeiten müsste, denn das Apartment hatte neben einem riesigen Wohnzimmer, das mit seinen hohen Decken und dem repräsentativen Kamin eher einem Ballsaal glich, einem Schlafzimmer mit großem Doppelbett zum ruhigen Hinterhof hinaus und einem fensterlosen Bad auch eine kleine Küche zum Kakaorühren. Es war richtig schön und gehörte einer Cousine Dianas, die allein durch die Mieteinnahmen während des Edinburgh Tattoos ihre Kosten raushatte. Pit fand es klasse – bis auf den Querflötisten in dem Apartment darüber, der Pit mit seinem nervtötenden Gezwitscher in der Frühe aus den Federn gejagt hatte. Mit dem würde er heute ein ernstes Wörtchen sprechen müssen. Oder seine Fäuste sprechen lassen. Die waren in solchen Fällen stets bemerkenswert schlagfertig.

Aber erst mal musste er seine Morgentoilette beenden.

Pit trat einen Schritt vom Spiegel zurück.

Bei dem Anblick hätte er kotzen können.

Der jahrelang sorgsam wie eine Buchsbaumhecke gepflegte Bart war ab. Er sah sein Gesicht zum ersten Mal seit über zwanzig Jahren nackig. Sein Kinn sah völlig bescheuert aus ohne Haare. Noch schlimmer war seine Glatze, deren wundervolles fleischfarbenes Glänzen nicht mehr zu sehen war, stattdessen hatte er nun eine Kurzhaarfrisur mit Mittelscheitel in Rattenbraun. Pit wusste: Er würde nicht so viel fressen können, wie er kotzen wollte. Das i-Tüpfelchen war der schwarze Anzug aus dem Secondhandladen, der dem Weihrauchgeruch zufolge bei einer katholischen Beerdigung getragen worden war. Inklusive schwarzer Krawatte. Ein wenig sah er aus wie ein Profikiller aus »Reservoir Dogs«. Dabei galt »Krimineller« sicher nicht als ideale Verkleidung, wenn man von der Polizei gesucht wurde. Egal, es musste reichen, er würde nicht noch mal Geld für so einen Scheiß ausgeben. Eher würde er nackt durch Edinburgh laufen.

War kaum unauffälliger.

Der ›Diogenes Club‹ lag in Old Town, das Gebäude aus rotem Backstein erbaut, weiße Marmorstufen führten zum Eingang im Hochparterre, verschnörkelte gusseiserne Handläufe zu beiden Seiten, ein purpurner Baldachin über dem Eingang. Doch der Name des Clubs stand nirgendwo, nicht einmal auf einem schlichten goldenen Schild. Nur der bordeauxrote Samtteppich verriet durch kleine Initialen, wohin er führte: DC.

Robert Burns hatte ihm über den Freund eines Freundes von dem Bruder dessen Schwagers einen Termin beim Präsidenten des elitären Clubs organisieren lassen. Offiziell ging es um eine Mitgliedschaft. Wobei diese völlig außer Frage stand, denn zwei Bürgen wären nötig sowie eine einstimmige Aufnahme in einer Vollversammlung, die immer am 1. Januar jedes Jahres stattfand.

In Pits Kopf liefen Roberts Worte über den Club in Endlosschleife: »Die Mitglieder sind die ungeselligsten und clubunfähigsten Männer der Stadt. Außer im Besucherzimmer ist das Reden strengstens untersagt. Drei Verstöße führen zum Ausschluss. Man darf von den anderen Mitgliedern nicht einmal Notiz nehmen. Die meisten kommen nur, um in bequemen Sesseln die neuesten Zeitungen zu lesen.«

Als Pit durch den blauen Salon geführt wurde, in dem alte Männer wie brütende Vögel in den ledernen Ohrensesseln saßen, ihre Köpfe tief in Zeitungen versenkt, die wie zum Schutz emporgehalten wurden, rief er erst einmal herzhaft: »Morgen, zusammen!«

Wenn er ohnehin nicht aufgenommen wurde, konnte er auch einen guten Grund dafür liefern. Die Zeitungs-Eremiten blickten erschreckt auf. Einer stieß gar einen spitzen Schrei aus, ehe er sich die Hand auf den Mund presste. Ein livrierter Bediensteter schrieb etwas in sein Buch und signalisierte dem Schreihals mit seinen Fingern die Zahl zwei. Nur noch ein Verstoß, und er wäre draußen.

Mal sehen, dachte Pit, was ich auf dem Rückweg noch auf der Pfanne habe.

Der Präsident des Clubs empfing ihn in seinem Büro, ein gebürtiger Grieche namens Melas. Er sah aus wie Anthony Quinn in seiner Rolle als Reeder Aristoteles Onassis. Er trug selbst jetzt im Winter einen weißen Anzug und dazu beige Slipper. Er stand auf und kam Pit entgegen, als dieser vom Livrierten eingelassen wurde.

»Mister Isaac, welches Vergnügen. Ich bin Giorgios Melas, der erste Diener des ›Diogenes Clubs‹.«

»James, bitte«, erwiderte Pit.

Melas wies auf ein tannengrünes Chesterfield-Sofa. Es stand nahe dem Panoramafenster mit Blick auf den clubeigenen Garten, wie Melas erklärte, als sie sich setzten. In dem Raum befand sich niemand außer ihnen.

»Schön habt ihr es hier.«

»Wir sind ganz zufrieden. Um gleich mit der Tür ins Haus zu fallen, es ist nicht leicht, bei uns Mitglied zu werden. Wir freuen uns selbstverständlich über jeden Interessenten, aber pro Jahr gibt es nur wenige Neuaufnahmen.«

»Wie viele denn?«, hakte Pit nach.

»Statistisch gesehen null Komma sieben.«

»Also sieben Neue in zehn Jahren? Das nenne ich exklusiv.«

»Nur wenn ein Mitglied verstirbt, wird ein Platz frei. Wir haben eine Warteliste.«

»Mit wie vielen Wartenden?«

»Ich habe extra für Sie nachgesehen. Heute Morgen waren es hundertsiebenundvierzig.«

Pit warf die Kopfrechenmaschine an. »Das heißt, der letzte davon wird in zweihundertzehn Jahren aufgenommen werden.«

»Statistisch gesehen.«

»Na, da hat er dann doch was, worauf er sich lange freuen kann.«

Melas lächelte so dünn, dass es gerade noch als höflich durchging. »Wie sind Sie auf uns gekommen?«

»Durch Colin Lewis.«

Sein Lächeln wurde etwas sichtbarer. »Ah, damit haben Sie dann also bereits einen Bürgen.«

»Ich habe ihn auf Islay kennengelernt.«

»Eine ganz bezaubernde Insel.«

»Ein kalter Brocken Torf, wenn Sie mich fragen. Deshalb destillieren die dort auch so viel Whisky. Anders ist es auf Islay ja nicht auszuhalten.«

»Das Klima prägt sicherlich die Menschen.« Melas knipste sein Lächeln wieder aus.

»Aber ich mag Whisky, deshalb mag ich auch die Leute. In Sachen Whisky sind Colin und ich uns dann auch nähergekommen. Also, Sie wissen schon, was ich damit meine. Und noch wichtiger: was nicht.«

»Selbstverständlich.« Melas blickte auf seine platinfarbene Uhr. Der Termin war für ihn beendet.

»Er sagte, er hat sich an einer Distillery beteiligt, zusammen mit Freunden aus dem Club. Das möchte ich auch, sogar noch mehr, als hier Mitglied werden. Aber er hat mir nicht verraten, welche anderen Mitglieder auch ihr Geld drinhaben.«

Melas erhob sich. »Leider darf ich keine Informationen über unsere Mitglieder geben. Nun muss ich zu meinem größten Bedauern unser Gespräch beenden, ein wichtiger Jour fixe steht an. Arbeit, nichts als Arbeit.«

Pit stand ebenfalls auf, schob unvermittelt das Chesterfield-Sofa vor die einzige Tür des Raums und verkeilte es dort. Dann nahm er sein Toupet ab. Das japsende Einatmen Melas' bestätigte Pit, dass der Effekt seine Wirkung nicht verfehlte.

»Wollen wir uns wieder setzen?«, fragte Pit zuckersüß.

Melas zögerte eine Sekunde, dann nickte er. »Selbstverständlich gern.«

Sie setzten sich auf zwei Sessel, wobei Pit mit seinem genau vor den von Melas rückte.

»Giorgios, wenn du jetzt mitspielst, bin ich hier so schnell wieder draußen wie ein Furz bei Durchzug. Colin Lewis hat früher Port-Ellen-Fässer aus seinem Bestand verkauft und dann seine Käufer beschissen, als sie im Wert stiegen.«

Melas schüttelte den Kopf. »Wäre dies der Fall, wäre Colin schon lange kein Mitglied mehr im ›Diogenes Club‹. Wen auch immer er betrogen haben soll, er gehört sicher nicht zu uns.«

»Verstehe, beschissen werden immer nur die anderen. Sehr honorig, euer Pissverein.«

»War es das jetzt?«

Pit lehnte sich zurück und breite die Arme aus. Seine Füße samt Straßenschuhen legte er übereinandergeschlagen auf Melas' Schoß. Und verlieh ihnen sein ganzes Gewicht. »Nur noch eine Kleinigkeit. Sag mir, wer außer Colin seine Kohle in der neuen Distillery drin hat, und ich bin weg.«

»Warum wollen Sie das wissen?«

»Wir waren doch beim Du. Jetzt zu wechseln wäre sehr unhöflich. Und ich mag es gar nicht, wenn Leute unhöflich sind. *Verdammte Scheiße, das hasse ich!*« Pit schrie den letzten Teil. Es konnte nicht schaden, ein wenig irre zu wirken. Funktionierte bei renitenten Fahrgästen in seinem Taxi jedes Mal. Es hatte sogar schon welche vom Kotzen abgehalten. Die Polsterung dankte es ihm.

Die Wintersonne schien jetzt direkt in den Raum, die Wärme war sofort auf der Haut zu spüren, und ihre Strahlen blendeten. Pit schob Melas' Sessel in die Sonne.

»Ist ja gut, beruhigen Sie sich bitte. Ich sage meinem Sekretär Bescheid. Eine Gruppe von Mitgliedern, zu der auch Mr Lewis gehört, hat sich im letzten halben Jahr regelmäßig im Roten Salon getroffen. Es ging um das Projekt.« Melas ging zu einem Telefon in der Ecke und sprach leise hinein. Als er zurückkam, rückte er seinen Sessel aus der Sonne. »Die Liste wird gleich unter der Tür hindurchgeschoben. Darf ich Sie bitten, beim Hinausgehen nicht für Aufsehen zu sorgen. Dies alles ist bereits unerfreulich genug.« Melas blieb beim Sie. Das war nicht gut. Er wollte also weiterhin die Spielregeln bestimmen. »Die Mitglieder haben bei uns hinterlegt, wer wie viele Anteile hält. Damit haben sie sich den Notar gespart. Eine Vereinbarung, die im ›Diogenes Club‹ geschlossen wird, ist bindend – und wenn darüber ein Richter befinden muss, der ebenfalls Mitglied bei uns ist.«

»Edinburgh gehört also euch, was?«

Melas' Stimme wurde fester, es war, als manifestiere sich Macht in ihr. »Wer sind Sie? Und wie kommen Sie darauf, sich mit uns anlegen zu können?«

»Ich bin … Albus Dumbledore, Träger des Ordens des Merlin 1. Klasse, Hexenmeister, Vorsitzender der internationalen Vereinigung von Zauberern sowie Großmeister im Zaubergamot.« Pit grinste breit. Er fand den Gag super.

Ein Zettel wurde unter der Tür durchgeschoben.

»Den hab ich hergezaubert«, sagte Pit und erhob sich, um ihn zu holen.

»Der größte Anteilseigner ist also Shaun Murray von Kilchoman. Interessant, da tanzt also einer auf zwei Hochzeiten. Genau wie der Manager von Bowmore. Es folgen Colin Lewis, aber auch ein gewisser Charles McDonalds. Wer ist das? Erbe des Hamburger-Royal-mit-Käse-Imperiums?«

»Ein ganz junges Clubmitglied, er steht in keiner Verbindung zu der Fast-Food-Kette. Charles ist Jurist, bereits jetzt einer der besten unseres Landes.«

»Wie alt ist das Bürschchen denn?«

»Dreiundfünfzig.«

»Oha, also noch grün hinter den Falten.« Pit stutzte. »Der letzte Name auf der Liste bist du.«

»Das stimmt.«

»Aber wenn du dazugehörst, hättest du keine Liste von deinem Sekretär gebraucht, um mir die Namen zu nennen.«

»Das stimmt ebenfalls. So, damit darf ich mich für das Gespräch bedanken.« Giorgios Melas stand auf und reichte Pit die Hand. »Sie werden sicher verstehen, dass draußen bereits die Polizei auf Sie wartet. Räumen Sie nun das Sofa möglichst geräuschlos fort. Ich wünsche noch einen schönen Tag.«

***

Bietigheim war überzeugter Frühaufsteher, sechs Uhr morgens – seine Zeit, das Wasser der Dusche musste kalt sein, der Stoff der Handtücher grob und die Seife unparfümiert sowie keilförmig. Eine Morgentoilette sollte wie ein Sprung in Eiswasser sein, das härtete ab! Das Inselklima tat das Seinige dazu, es drang jeden Tag mehr ein, rieb Salz in seine Haut, ließ sie rauer werden, auch sein Haar fühlte sich anders an, doch es gab noch weitere, subtilere Veränderungen. Die gemächliche Zeit stellte seine biologische Uhr um, auf Islay schien alles langsamer zu laufen, und doch endeten die Tage stets viel zu früh.

Der Professor nahm sein Frühstück heute in einem kleinen Erker ein, der zur Charlotte Street hinausreichte. Hughie Fletcher von Port Ellen Maltings begrüßte ihn fröhlich winkend auf dem Weg zur Arbeit, auch die jungen Damen, welche bei Lagavulin Whiskyconnaisseure bedienten, hoben vor dem Fenster die Hand zum Gruß. Auch wenn sie eigentlich Dougie McFallons Sohn meinten, so fühlte sich Adalbert doch mittlerweile wie ein Teil dieser Gemeinschaft und nicht mehr wie ein Durchreisender.

»Professor! Hallo! Hören Sie mich?«

Etwas trat ihn unter dem Tisch. Bietigheim blickte auf. »Selbstverständlich höre ich Sie«, sagte er zu Rena. »Aber ich habe es bevorzugt, meinen Gedanken nachzuhängen, als Ihrem morgendlichen Schnattern zu lauschen.«

»Wie haben mir diese subtilen Komplimente gefehlt! Schöner als ein warmer Sommerregen.«

»Sie sollten sich einmal fragen, warum Sie nicht andere erhalten.«

Rena kippte den vierten Löffel Zucker in ihre Tasse. »Ach, wärmt das mein Herz.« Sie warf ihm einen Kuss zu – samt großem Augenzwinkern. »Also soll ich Ihnen jetzt erzählen, was in der Zeitung steht, oder nicht?«

»Wieso liegt diese nicht vor mir?«

»Weil ich sie gerade erst geholt habe und mein neugieriges Näschen unbedingt hineinschnüffeln wollte. Und es hat etwas gefunden.«

Bietigheim setzte seine Lesebrille ab, die er zum fachgerechten Köpfen des Frühstückseis im oberen Drittel aufgesetzt hatte. »Ich bin ganz Ohr.«

»Pit ist ja in Edinburgh.«

»Wenn dies die Neuigkeit ist, dann verschwenden Sie meine Zeit. Selbstverständlich ist er in Edinburgh, aber bei unserem Telefonat vorgestern wollte er mir nicht sagen, was er herausgefunden hat. Er klang zudem verkatert und meinte, sechs Uhr früh sei keine Zeit, ihn anzurufen.« Bietigheim nahm den extra angeforderten Hornlöffel zur Hand und fixierte die perfekte Stelle zum Eindringen ins Ei, bei dem hoffentlich, und er stieß ein kurzes Stoßgebet gen Himmel, das Eiweiß hart und das Eigelb köstlich flüssig und warm sein würde. Dann ein wenig Butter darauf, welche mit dem Eigelb verrührt wurde, dazu frisch gemahlener Pfeffer sowie Salz. Der Himmel konnte so nah sein!

Warum hielt Rena jetzt die Zeitung vor ihm hoch?

»Sie haben eine Leiche im ›The Ben Nevis‹-Pub gefunden.«

Bietigheim fiel der Löffel aus der Hand. *»Pit ist tot?«*

Rena starrte ihn an. »Würde ich dann mit Ihnen rumflachsen?«

»Ja Himmelherrgott, wer ist es denn dann?« Bietigheim stand auf und riss Rena die Zeitung aus der Hand. Schnell las er die entsprechenden Zeilen durch. »Da steht kein Name! Es könnte also Pit sein.«

»Theoretisch. Bei dem Wissensstand dieser Zeitung.«

»Himmelherrgottnochmal, Renate!« Adalbert wurde zornesrot, der unter dem Tisch liegende Benno bellte unterstützend und begann, seinen Stummelschwanz zu jagen, und diesmal würde er ihn bestimmt kriegen.

»Vaterunserimhimmel, Professor!« Rena hob abwehrend

die Hände empor. »Die Leiche ist nachts gefunden worden, da konnte ja in der Morgenausgabe noch gar nicht stehen, um wen es sich handelt, oder?«

»Bei einer direkten Identifizierung schon. Wäre es die Königin von England, sähe die Schlagzeile sicher anders aus.«

»Es ist aber nicht die Königin von England. Und ich habe eben Radio gehört, da haben sie gesagt, um wen es sich handelt.«

»Ja warum sagen Sie denn dann nicht endlich, was Sie im Radio gehört haben! Und Benno, du hör auf zu bellen!«

Benno bellte lauter, bis Rena ihm das Köpfchen kraulte. »Ich sage nix, ehe Sie nicht runtergekommen sind. Hinsetzen und Mund zu.«

»Ich darf doch sehr ...«

»Hinsetzen und Mund zu!«

Bietigheim beschloss, diesen Kampf mit seiner Assistentin nicht auszufechten. Es würde Wichtigeres geben, für das er seine Kraft sparen musste. »Ich höre«, sagte er, nachdem er sich gesetzt und die Arme vor der Brust verschränkt hatte. »Bitte, oh gnädigste Renate, seien Sie oh so gnädig, Ihr Wissen mit mir bescheidenem Mann zu teilen.«

»Ein ›Oh‹ muss ich abziehen, das war doppelt. Aber ansonsten geht das in Ordnung.« Sie strahlte wieder. »Der Tote heißt Finlay O'Rien, ein gebürtiger Ire, der 1987 als vermisst gemeldet und nie gefunden wurde. O'Rien war wohl ein wundervoll lebenslustiger Mann und ein ziemlich schräger Vogel, ein Mod zu einer Zeit, als es die eigentlich gar nicht mehr gab, fuhr immer mit seinem Motorroller herum, spielte Schlagzeug in einer Band, nahm mit seiner Frau an Tanzwettbewerben teil – und hatte eine ausgezeichnete Nase für Whisky. Einige sagen, es hätte nie eine bessere in Schottland gegeben.«

»Was den Schotten sicher schwerfiel einzugestehen, wenn der Mann Ire war.«

»So ist es. Umso glaubwürdiger sind diese Infos. Finlay war enorm gefragt im Whiskybusiness.«

»Hatte er was mit Colin Lewis zu schaffen?«

»Soweit ich bisher herausfinden konnte, nichts Besonderes, also über das Berufliche hinaus. Finlay arbeitete lange Jahre bei Port Ellen als Brennmeister, wechselte nach der Schließung und der Demontage, die er beaufsichtigte, zu Ardbeg, wo er als Distillery Manager arbeitete. Die Whiskys aus seinen Jahren gelten als die besten der Brennerei.«

Rena hörte auf, Bennos Köpfchen zu kraulen, und holte das Notebook aus ihrer Umhängetasche, um Bietigheim ein Foto des Toten zu zeigen, aus einer Zeit, als dieser noch in voller Blüte stand. »Der hätte mir auch gefallen«, kommentierte sie mit sanfter Stimme.

»Dem Mann blieb einiges erspart...« Rache musste sein.

»Boah, das war jetzt aber echt gemein!« Sie klappte das Notebook zu.

Bietigheim räusperte sich. »Wie bringen wir diesen Mord nun in Zusammenhang mit dem an Lewis? Wenn es einen gab? Auf jeden Fall ist Lewis Hauptverdächtiger für den an O'Rien – schließlich wurde er in seinem Keller gefunden. Noch dazu passierte der Mord zu einer Zeit, als es ihm finanziell sehr schlecht ging. Wobei ich nicht weiß, wie ihm dieser Mord aus der Patsche geholfen haben könnte.«

»Vielleicht kann da die einzige lebende Verwandte helfen. Ich habe recherchiert, dass sie auf Islay lebt.«

»Na, dann nichts wie hin. Wie heißt sie, wo finde ich sie?«

»Fiona Menzies, geborene O'Rien. Sie arbeitet bei...«

»... Ardbeg«, beendete Adalbert den Satz.

Edward Macallans Geliebte.

Fiona Menzies arbeitete heute nicht in der Distillery, sie hatte ihren freien Tag. Kurz entschlossen verfrachtete der Professor Rena in die Küche des Bistros von Ardbeg, wo sie ein kleines Tagespraktikum machen sollte. Er habe dies mit dem Manager Kevin Menzies so besprochen, log er. Bietigheim wusste, dass er Rena dort lassen konnte, dass sie eine echte Unterstützung und keine Bürde für das murrende Küchenteam sein würde – und dass sie es zum Reden bringen würde. Vielleicht kam etwas dabei heraus. Nach Schichtende würde sie dann auf dem Rückweg bei Laphroaig haltmachen, um die Nachricht des toten Colin Lewis vom Anrufbeantworter herunterzukopieren.

Auf diese Weise würde sie nicht den ganzen Tag an seiner Seite sein und ihn damit nerven, dass er dringend, und wenn auch nur für einen Tag, zurück nach Hamburg müsse, um die Berufung zum Kanzler voranzutreiben. Bietigheim hatte ihr mehrmals erklärt, dass er diesen Fall schnell zu Ende bringen und dann zurückkehren würde mit aller Zeit der Welt für Universitätspolitik. Aber sie hörte ja nicht.

Bei Ardbeg war ihm mitgeteilt worden, dass Fiona Menzies auf einer Weide an der Straße Richtung Bowmore wäre, ungefähr auf der Hälfte der Strecke, ihr Wagen würde am Straßenrand stehen, ein zitronengelber VW Beetle, nicht zu übersehen.

Also machte Benno es sich auf einer Decke mit rotschwarzem Schottenmuster im Fahrradkörbchen bequem, während Adalbert in die Pedale trat. Da der Wind von hinten kam, flog er geradezu über das Land.

Lange bevor er den zitronengelben Beetle sah, hörte er Schreie. Schwere, brutale Schreie, die von tiefem Schmerz kündeten. Er trat stärker in die Pedale des Leihfahrrads und hielt direkt neben Fiona Menzies Wagen, legte das Rad schnell auf den Boden, statt es vorsichtig auf den Ständer zu stellen, und lief in Richtung der Schreie durch ein geöffnetes Holzgatter auf eine große Weide. Benno sprintete in die entgegengesetzte Richtung davon, jagte Hasen, Hochlandrinder oder Autos. Irgendwas zum Reinbeißen.

Der Professor hatte sich vorgestellt, einen Menschen in höchster Not vorzufinden, zum Beispiel im Todeskampf mit dem unerbittlich verschlingenden Moor. Doch dies war nicht der Fall. Auch gehörten die Schreie keinem Mann im Moment höchster Lust, die ja manchmal klangen, als treibe man einen stumpfen Bolzen durch dessen Nasenloch.

Die Schreie stammten von einer Frau in hautengem Sportlerdress und farbenfrohen Hightech-Turnschuhen. Sie balancierte aufrecht einen Baumstamm, indem ihre gefalteten Hände diesen auf Hüfthöhe in der Senkrechten hielten, dann ging sie einige Schritte, wurde immer schneller und wuchtete den kolossalen Stamm mit einem kraftvollen Schrei nach vorne, dieser legte eine 180-Grad-Drehung in der Luft hin und senkte sich bei der Landung tief in die Erde. Einen Moment war unklar, ob er nach vorne kippen würde, er entschloss sich jedoch, nach hinten zu stürzen.

»Verdammt! Verdammt! Heilige Scheiße, die verblödete Dreckskuh!«

Bietigheim applaudierte trotzdem, dieser Wurf nötigte ihm Respekt ab. Außerdem hatte er eine Schwäche für Frauen, die Heuwagen ziehen und Autoreifen aufpusten konnten.

»Da gibt es nix zu klatschen, das war scheiße. Was wollen Sie hier? Das ist ein Sportplatz.«

»Es ist eine Weide. Aber Sie, Gnädigste, verwandeln es in ein olympisches Stadion.«

Sie kam näher. »Wollen Sie mich verarschen? Das kann ich nämlich gar nicht leiden!« Gegen Fiona Menzies wirkten weißrussische Hammerwerferinnen zierlich. Fiona Menzies würde den Ärmelkanal mit drei Kraulbewegungen durchschwimmen können.

»Ich bin Professor Dr. Dr. Adalbert Bietigheim, hocherfreut.« Und das war er wirklich. Adalbert hatte zwar schon viel von der Disziplin, bei der Baumstämme geworfen wurden, gehört, aber das berühmte ›Tossing The Caber‹ noch nie gesehen. Er wusste, dass es nicht nur Ziel war, den Stamm möglichst weit zu werfen, sondern auch in möglichst gerader Linie – ansonsten gab es Punktabzug. Das Schlimmste, was passieren konnte, war jedoch, dass die bis zu sechs Meter hohen und sechzig Kilo schweren Stämme nicht nach vorne, sondern nach hinten, also zurück in Richtung des Werfers kippten.

So wie gerade geschehen.

»Ja, ich bin auch so was von hocherfreut, aber ich muss trainieren. Die Highland Games warten nicht darauf, dass ich meine Form erreiche. Und ich will im September meinen Titel in Braemar verteidigen. Schönen Tag noch.«

»Ich bin hier, um mit Ihnen über Ihren Vater zu sprechen.«

Als sie jetzt noch näher kam, hielt sie keinen Mindestabstand, sondern berührte herabschauend mit ihrer Nase die des Professors. Schweiß und Testosteron lagen dick wie Mückenschwärme in der Luft.

»Was ist mit meinem Vater, Bürschchen? Und was geht dich das an?«

»Ich bin Dougie McFallons Sohn, und ein Freund rief mich gerade aus Edinburgh an.«

»Schön für Sie!« Fiona Menzies rückte keinen Zentimeter zurück, ihr Atem roch nach Minze, brutal bearbeitete sie ihren Kaugummi, als sei dieser ein Wurm, den es zu zermalmen gelte. Bietigheim hasste Minze, Gott musste das Gewächs aus Versehen erschaffen haben.

Es fiel Bietigheim schwer, die nächsten Worte zu sagen, denn die Frau, die aktuell an seiner Nasenspitze klebte, war bereits mehr als wütend. Aber aussprechen musste er sie irgendwann. Also raus damit. »Es tut mir leid, Ihnen mitteilen zu müssen, dass Ihr Vater tot ist.«

»Bitte? Was erzählen Sie da? Mein Vater wird seit einem

Vierteljahrhundert vermisst.« Sie packte ihn am Kragen. »Wer hat dich geschickt? Anne? Um mich aus dem Konzept zu bringen vor dem Leistungs- und Laktattest? Ist der blöden Funz denn gar nichts heilig?«

»Er wurde tot in einem Whiskyfass im Pub ›The Ben Nevis‹ gefunden. Noch in der Mod-Kleidung, die er trug, als er damals vermisst gemeldet wurde.«

Fiona Menzies' Augen weiteten sich. Doch sie sagte nichts, dann rannte sie brüllend zu den aufgereihten Baumstämmen, stemmte einen davon empor, spurtete auf die Abwurflinie zu und jagte ihn so hoch in den Himmel Islays, dass es für einen kurzen Moment aussah, als würde er das Festland erreichen. Mit dumpfer Wucht fiel er auf den feuchten Inselboden.

Fiona Menzies erstarrte.

Dann griff sie sich ein Maßband, und als sie die Strecke bis zum Ende des Stammes gemessen hatte, sprang sie jubelnd empor, lief dann einmal um diesen herum und jubelte. »Weltrekord! Welt! Rekord! Yihaaaaa!«

Sie rannte zu Bietigheim, hob ihn hoch, und der Professor hatte für einen Moment Angst, dass sie jetzt auch ihn emporschleudern würde. Doch sie stellte ihn wieder ab und küsste ihn so heftig, dass es sich anfühlte, als knalle ihn jemand mit dem Kopf gegen die Wand.

»Ich hab es in mir! Das wusste ich immer.« Langsam kam sie wieder zu Luft.

»Herzlichen Glückwunsch.«

»Danke.«

»Und mein Beileid wegen Ihres Vaters.«

»Nicht nötig. Ich wusste längst, dass er tot ist. Und jetzt, wo seine Leiche endlich gefunden wurde, finden sie auch endlich seinen Mörder. Es ist ein Glückstag.«

»Ich will Ihre Freude nicht trüben, aber so einfach ist das nach einer dermaßen langen Zeit nicht.«

Fiona Menzies schüttelte den Kopf, die Schweißtropfen

spritzen dabei durch die Luft wie bei einem Hund, nachdem er aus dem Wasser gestiegen war. Apropos Hund, wo war Benno eigentlich?

»Es war Hughie, er hat meinen Vater gehasst, jeder weiß es.«

»Hughie Fletcher von Port Ellen Maltings?«

»Er und Elisabeth Harrington.«

»Die Herbergsmutter vom ›Trout Fly Bed & Breakfast‹?«

»Sie waren damals ein Paar. Und jetzt sind sie fällig! Ich bin so glücklich, dass meine Nippel hart werden.«

Diese Frau erinnerte Bietigheim an die göttliche Hildegard zu Trömmsen – und was konnte besser sein?

Plötzlich erklang ein metallisches Krachen und Scheppern, gepaart mit kreischendem Bremsen und Flüchen, die so markerschütternd waren, dass selbst die toten keltischen Götter sie noch hören mussten.

Der Professor wusste nicht, dass all dies mit seinem Fahrrad in Zusammenhang stand.

Er blickte warmherzig auf diese kräftige Frau mit dem rauen Umgangston.

»Und übrigens: Ich weiß von Ihrer Affäre mit Edward Macallan. Von mir erfährt keiner ein Sterbenswörtchen.«

Fiona Menzies sah ihn verdutzt an. »Wer um alles in der verfickten Welt ist Edward Macallan?«

KAPITEL 6

Blended

»Und dann?« Robert Burns blickte Pit an. Dieser fläzte sich auf dem Sofa der abgewetzten Sitzgruppe. Der Pubbesitzer lebte allein in Edinburghs ehrwürdiger Old Town, nur wenige Schritte von der letzten Ruhestätte Greyfriar Bobbys entfernt, dem treuesten Hund des Vereinigten Königreichs. Der Terrier hatte nach dem Tod seines Herrchens den Rest seines Lebens, und damit stolze vierzehn Jahre, an dessen Grab zugebracht. Als Pit diese Geschichte Bietigheim am Telefon erzählt hatte, waren diesem die Tränen gekommen, und er hatte Benno geherzt. Aber das interessierte Robert Burns nicht. Er wollte wissen, wie Pit es geschafft hatte, aus dem ›Diogenes Club‹ zu entkommen.

»Ich hab blitzschnell das Fenster aufgerissen«, antwortete Pit. »Erster Stock, aber es kam mir scheiße hoch vor. Und unten stand kein Container mit Mülltüten, die einen Sprung hätten abfedern können. Auch kein Pool, um ein Januarbad zu nehmen.«

»Was hast du getan?«

»Ich habe zwei Fliegen mit einer Klatsche erledigt.« Pit schlug seine bratpfannengroßen Hände wie zwei Schlagzeugbecken aufeinander. »Ich wusste: Ich muss da runter, denn aus dem Garten würde ich problemlos rauskommen, der hatte nämlich nur ein hüfthohes Törchen.«

»Aber wie nach unten kommen?« Robert Burns stand auf und ging unruhig im Wohnzimmer umher. Es war über und über vollgestellt. Eine Trophäensammlung der von ihm erlegten Biester. Nur dass es sich dabei nicht um ausgestopfte Köpfe von Hirsch, Wildschwein und Bär handelte, sondern um leere Whiskypullen. »Ich muss was trinken!«

Er ging zu einer edlen viktorianischen Anrichte, auf der etwas stand, das dem Chemiebaukasten aus Pits Kindheit glich: ein großer Messzylinder, mehrere Karaffen mit durchsichtiger Flüssigkeit und ein Klemmbrett mit Notizen, daneben ein Humidor, der die Zigarrenversorgung der gesamten kubanischen Regierung sicherstellen könnte. Die ganze Wohnung roch ungemein würzig, und Pit hatte sich schon beim Eintreten gefühlt, als sei er gerade in ein Tabakblatt gerollt worden.

Robert Burns goss eine bernsteinfarbene Flüssigkeit in den Messzylinder, blickte auf das Klemmbrett, blätterte mehrere Seiten vor und tropfte Wasser aus der Pipette in den Behälter. »Exakt drei, dann öffnest du Schöne dich wie eine Knospe der aufgehenden Sonne.«

Er setzte einen gläsernen Deckel auf das tulpenförmige Glas, schwenkte es gekonnt und stark, bevor er ihn wieder abnahm und den Duft einsog. »Zu Hause trinke ich Whisky nicht, Pit, ich schnuppere nur an ihm, wie an einem Parfüm. Ich will ihn nicht trinken, denn dann verliere ich den Duft. Der Duft eines Whiskys sagt mir alles, verrät mir jedes Geheimnis. Wenn ich trinke, dann nicht, um zu genießen, sondern um mich zu betrinken. Der Rausch des Whiskys ist schwer und wärmend wie eine dicke Decke, die lange neben dem Kamin hing.«

Pit bemerkte kopfschüttelnd, wie sehr der Whisky Robert Burns aus dem Gespräch gerissen hatte. »Also willst du jetzt meine Heldengeschichte hören oder nicht?«

»Wie? Ja, ja. Aber dieser Oban hier ist wie eine kleine Meerjungfrau, die gerade einen Schatz entdeckt und vor Freude tanzt.«

Pit sah in sein Glas. Er war froh, dass keine Meerjungfrau darin planschte. Das war doch sehr unhygienisch.

Er trank schnell einen Schluck, bevor eine reinspringen konnte.

Dann holte er tief Luft und erzählte weiter. »Ich stand also vor dem Problem, wie ich aus dem Fenster runterkomme. Und zwar heil und natürlich schnell, bevor die Bullerei auf die Idee kommt, auch den Hinterausgang zu bewachen. Aber das Fenster lag zu hoch, um springen zu können, ohne sich alle Knochen zu brechen.«

»Aber wie kamst du dann runter?«

»Mein Glück war der hohe Raum!«, antwortete Pit triumphierend.

»Wieso war der von Vorteil?« Burns setzte das Glas ab und den kleinen Glasdeckel wieder darauf. »Je höher die Decke, desto höher die Stockwerke.«

»Das ist absolut wahr. Aber genauso wahr ist Folgendes: Auch die alten Gardinen sind in so einem Zimmer extrem lang!« Er zwinkerte. »Also hab ich die runtergerissen, aneinandergeknotet und ...« Er hob die Augenbrauen. »Ein Ende dem guten Mr Melas in die Hände gedrückt.«

»Aber ...!«

»Bevor er sich beschweren konnte, stieg ich schon aufs Fensterbrett, und es war Druck drauf.«

»Er ließ sicher los.« Robert Burns schmiss fast das Glas vor sich um.

Doch Pit blieb ruhig. »Eben nicht! Hätte ich gewartet, dann hätte der Bursche die Gardine sicher wieder hingelegt. Aber zu dem Zeitpunkt, als ich dranhing, befand er sich in einem moralischen Dilemma.« Verdammt, dachte Pit, jetzt klinge ich fast schon wie der Professore. So ging das nicht, das war ja peinlich. Also neu. »Er war also in einer Zwickmühle: Lässt er los, riskiert er es, einen Menschen umzubringen. Und so eiskalt ist Melas nicht, da war ich mir sicher. Also hielt er fest, bis ich unten war. Normalerweise hätte er um Hilfe gerufen oder der Polizei zugeschrien, dass ich hinten runterkraxele – aber er durfte ja nicht schreien! Nirgendwo anders als im ›Diogenes Club‹ wäre mir die Flucht auf die Art gelungen.« Pit hob die Arme wie ein Zirkusartist, nachdem er den doppelten Salto sicher gestanden hatte. »Unten bin ich dann geflitzt wie der Blitz und habe mich ins Getümmel der Royal Mile geworfen, wo man selbst einen Brontosaurus in der Menge verlieren würde.«

»Und dann bist du hierhergekommen, in mein kleines Refugium.«

»Nicht direkt. Vorher habe ich noch fix mein Apartment geräumt, denn das findet dieser Mistkerl von Melas sicher schnell. Den Plunder hab ich in meinem Taxi verstaut, Alfons den Viertelvorzwölften. Sagt dir jetzt nix, aber in Deutschland weiß jeder, was das bedeutet.«

»Und was nun?«

»Punkt 1: Bart wieder wachsen lassen. Punkt 2: Nie wieder eine Perücke aufsetzen. Punkt 3: Nie wieder einen Anzug tragen. Mich juckt noch alles. Heute Nacht werde ich den ganzen Scheiß rituell verbrennen. Punkt 4: Mir diese Gruppe von Port-Ellen-Investoren vorknöpfen. Einen nach dem anderen. Das wird eine Weile dauern.«

Robert Burns nahm wieder den Deckel ab und schnupperte an seiner Meerjungfrau. »Oh nein, wird es nicht.«

»Oh nein? Ist dir der Whiskyduft zu Kopf gestiegen? In den ›Diogenes Club‹ komme ich nicht mehr rein, egal, wie ich mich verkleide. Oder soll ich etwa alle zu dir bestellen und in einer Gruppentherapie befragen?«

»Du wartest einfach bis heute Abend. Ich habe ein Gästebett, mach es dir darin bequem, sammel deine Kraft, finde zu dir. Wie ein Whisky! In der Jugend sind sie stürmisch, haben Flausen im Kopf, mit der Zeit findet alles zusammen, und dann erst entwickeln sie wirkliche Kraft und Tiefe. Nach drei Jahren dürfen sie auf den Markt, aber nach drei Jahren kannst du die meisten nicht ertragen, das ist wie viel zu laute, disharmonische Musik.«

»Kann manchmal auch geil kommen!« Pit grinste breit. »Aber ich denke nicht dran, in deinem Gästebett zu pofen, ich lege gleich los. Die Typen von Kilchoman und Bowmore muss sich der Professore vorknöpfen, Charles MacIan lebt hier in Edinburgh – genau wie der herzallerliebste Mr Melas, der mir zur Flucht verholfen hat.«

Robert Burns war zum Humidor gegangen. »Auch eine Zigarre? Eine, die perfekt auf den Whisky abgestimmt ist? Wie eine feurige Geliebte schmiegt sie sich an die Meerjungfrau, und dann beglücken sie einander.«

»Nee, danke, solchen Schweinkram will ich nicht im Mund haben.« Pit lachte. »War nur Spaß, her damit! So viel Zeit muss sein, aber dann gibt es Kasalla, wie die in Köln immer sagen!« Pit schlug mit einer Faust in die Hand.

Robert Burns öffnete den Humidor und holte zwei Zigarren hervor. Bevor er sie vorbereitete, zog er jedoch einen Lederordner aus dem Eckregal daneben, schlug ihn auf und reichte Pit ein Papier daraus. »Etwas zum Lesen, bis die Zigarren so weit sind.« Es war Büttenpapier mit einer Einladung darauf. Nicht gedruckt, sondern handgeschrieben, in einer Schrift, die jeden Kalligrafen in Erregung versetzt hätte, wie ein Tanz der sieben Schleier von Mata Hari persönlich.

Exklusiv-Tasting

Port Ellen

Im Whisky Experience

Ausschließlich geladene Gäste

Festliche Kleidung Pflicht

500 Pfund je Person

Das Datum war das heutige, zwanzig Uhr. Edinburghs bester Koch kümmerte sich um das Essen. Pit las alles noch mal, aber die Summe am Ende wurde nicht kleiner.

»Fünfhundert Pfund? Bin ich Krösus?« Eigentlich bin ich das, dachte Pit, aber weder redete er darüber, noch ließ er es heraushängen. Am liebsten wollte er, dass keiner davon wusste. Und keiner fragte, woher er die unanständig viele Kohle hatte.

»Nein, bist du nicht. Aber ich bin einer der Flaschenspender, weshalb ich mit Begleitung kommen darf. Wir müssen jetzt nur einen Smoking für dich finden.«

Pit zog eine Flappe. »Geht nicht auch ein schickes Ballkleid?«

Der Professor blieb abermals stehen und bildete mit den Händen einen Megafontrichter vor seinem Mund. »Bennooooooooooooo!«

Nichts.

Bietigheim begann zu pfeifen. Benno liebte klassische Musik, deshalb gab er nun den Gefangenenchor aus Verdis »Nabucco« zum Besten, doch der scharfe Wind riss die Töne von seinen Lippen und zerstäubte sie wie Wolkenfetzen. Er raste so über das Land, als könne er es nicht erwarten, endlich offenes Meer zu erreichen.

Die Chance, auf Islay überfahren zu werden, war gering, und allzu weit konnte er auch nicht laufen, denn so groß war das Eiland nicht. Und doch sorgte Bietigheim sich. Schließlich war Benno nur ein kleiner Foxterrier. Willensstark, natürlich, überall Fressen findend, selbstverständlich, schnell wie ein Blitz und klug wie eine Eule, all das stand außer Frage, aber eben auch ein kleiner, verletzlicher Bursche.

»Benno! Putenfilet! Benno! Pansen! Benno! Schweinefüße!«

Doch Benno kam nicht. Adalbert schob das völlig ramponierte Fahrrad ordentlich an den Straßenrand und ging zu Fuß nach Port Ellen, immer wieder seinen Begleiter rufend. Dort fragte er im Supermarkt, im indischen Restaurant, bei den Fischern im Hafen, deren Boote jetzt bei Ebbe komplett trockenlagen und wie hilflos auf den Rücken gedrehte Schildkröten im Schlick steckten, er fragte sogar alle Passanten, die ihm begegneten und Geschichten über seinen vermeintlichen Vater austauschen wollten, er fragte zum Schluss sogar bei ›Caledonian MacBrayne‹ nach, in der verzweifelten Sorge, Benno hätte sich zum Festland eingeschifft. Als er zurück ins ›Trout Fly Bed & Breakfast‹ kam, wollte er als Erstes auch seine Wirtin befragen, doch als er ihren Namen rief, kam keine Antwort.

Sie war nicht da.

Auch Rena war nicht da. Sie ließ bei Laphroaig ein Analyseprogramm laufen, um den Anruf des toten Colin Lewis zu überprüfen. Parallel versuchte sie herauszufinden, ob es Handy-Apps gab, die Anrufe zu einer bestimmten Zeit tätigten und dann vorher aufgenommene Nachrichten abspielten. Aber warum hätte Lewis das machen sollen?

Bietigheim stand im Flur und überlegte.

Dies war eindeutig die Chance, das Haus zu durchsuchen.

Natürlich war nicht zu erwarten, Spuren des von Fiona Menzies vermuteten Mordes an ihrem Vater Finlay O'Rien zu finden, der schließlich Jahrzehnte zurücklag. Und doch: Elisabeth Harrington erschien dem Professor wie eine Frau, die alles Wichtige in ihrem Leben ablegte. Die Pension war vollgestellt mit Erinnerungsstücken von allerlei Reisen, sogar ein Räuchermännchen aus dem Erzgebirge gehörte zur Sammlung, außerdem Porzellanballerinas, Schneekugeln und Wahrzeichen verschiedener Städte. An einer Wand hingen gerahmte Fotos, die thematisch sortiert waren. Eins zeigte schottische Distilleries, ein anderes Brennblasen oder Quellen, deren Wasser für Whisky verwendet wurde, es gab aber auch Wände mit schottischen Schlössern und Kirchen. Meist standen Elisabeth Harrington und ihr Mann irgendwo im Bild herum, wie bestellt und nicht abgeholt. Er hatte fast immer die Augen zu. Bietigheim begann, die Fotos abzusuchen. Vielleicht gab es ja auch eine Ecke, in der die dunklen Erinnerungen hingen? Im Keller vielleicht? In der Vorratskammer? Im Gartenschuppen? Vielleicht gab es ein Foto von Elisabeth Harrington mit Hughie Fletcher von Port Ellen Maltings? Bietigheim war ganz versunken ins Sezieren der Fotos und Andenken, wie Insekten unter einem Mikroskop betrachtete er sie, im Kopf mentale Noten eintragend. Seine Hirnwindungen boten mehr Platz dafür als jeder Notizblock.

»Das war unsere Reise nach Mallorca. Wir haben den Badelakenkrieg gegen die Deutschen damals gewonnen. Egal, wie früh sie aufstanden, um Sonnenliegen für sich zu reservieren, ich war früher da. Schlafe nämlich seit siebzehn Jahren nicht mehr.«

Bietigheim drehte sich um. Es war Mr Harrington. Der Professor hatte ihn bisher für Deko gehalten. Eine der ausgestopften Dinge, wie Mrs Harringtons erster Hund Darwin auf der Gästetoilette. Doch nun stand er vor ihm und bewegte den Mund auf natürliche Art und Weise. Auch seine Augen waren feucht – also keine Glasmurmeln.

»Ich bin aus Deutschland«, sagte der Professor erklärend.

»Dann haben Sie jetzt drei Kriege gegen uns verloren!« Harrington verzog keine Miene. »Wollen wir heute Abend zusammen die Dokumentation über den D-Day sehen? Ich hätte auch eine DVD über Rommel.«

»Ich suche meinen Hund«, sagte Bietigheim, dem der Sinn nicht nach Kriegserinnerungen stand. Im britischen Fernsehen konnte man vierundzwanzig Stunden etwas über gewonnene Kriege sehen – Harrington schien ein Mann zu sein, der dies zu schätzen wusste.

»Ihren Hund? An unserer Fotowand?«

»Er ist mir eben weggelaufen.«

»Zu unserer Fotowand?«

»Nein, Himmelherrgottnochmal, natürlich nicht zu Ihrer Fotowand! Ich fand die Fotos einfach faszinierend.« Bietigheim deutete auf ein an den Rändern leicht vergilbtes Bild, das undeutlich sechs Männer zeigte, die vor der Berliner Mauer standen. »Ist das nicht Finlay O'Rien?« Es hätte genauso gut der Prince of Wales sein können, doch Bietigheim wollte die Reaktion von Harrington beobachten.

»Finlay? Nein, der war damals nicht dabei. Wir haben sowieso nie eine Reise zusammen mit ihm gemacht. Der wollte nie weg von Islay, war mit seinen Fässern verheiratet. Und da er die nicht mitnehmen konnte, blieb er hier. Am liebsten hätte er bei den Fässern geschlafen. Er hat jedes einzelne behandelt wie ein lebendes Wesen, als hätten sie Persönlichkeit.« Harrington verdrehte die Augen. »Zu viel Angels' Share.«

»Was wohl aus ihm geworden ist?«

»Tot«, antwortete der Hausherr. »Hätte seine Fässer nämlich nie im Stich gelassen. Niemals wäre der einfach irgendwohin abgehauen. Es sei denn Indien, wo die alten Brennblasen von Port Ellen hin verkauft wurden, das kann sein. Aber dann hätte er ganz sicher davon erzählt. Nee, nee, der ist mausetot. Hat sich wahrscheinlich selbst umgebracht, ist ins Meer gegangen oder so.«

In das Fass im Keller des ›The Ben Nevis‹ hatte er sich auf jeden Fall nicht selbst befördert. »Wie bedauernswert«, erklärte der Professor.

»Ihren Hund habe ich übrigens eben gesehen.«

»Wieso sagen Sie das erst jetzt?«

»Sie wollten ja nur über die Fotowand reden.« Wieder kein Zeichen eines Lächelns auf Harringtons Gesicht. Entweder hatte er keinen Humor, oder dieser war so trocken, dass die Wüste dagegen wie ein Feuchtgebiet wirkte.

»Ja, wo ist er denn nun?«

»Ich war eben spazieren, ich gehe viel spazieren seit der Pensionierung. Deshalb nennen sie mich auch den Spaziergänger.«

»Klingt logisch«, sagte Bietigheim. »Weiter!«

»Und da habe ich Ihren Hund gesehen, beim Spazierengehen.«

Bietigheim musste sehr an sich halten, um Harrington nicht den Kopf abzureißen und nachzuschauen, ob da wirklich etwas drin war außer Maschinengewehrsalven und Bombenabwürfen. »Wo! Ist! Mein! Geliebter! Hund!«

»Ist die Lennox Street runtergerast. Da geht es zu …«

»… Laphroaig, Lagavulin und Ardbeg.«

Harrington nickte und rückte ein Bild gerade. »Gleich gehe ich wieder spazieren. Soll ich Ausschau nach ihm halten?«

»Nein, danke. Ich weiß, wo ich ihn finden werde. Er ist ein kleiner Hund mit einem großen Herzen.«

Fünf Lkws standen hintereinander im kleinen Zufahrtsweg der Laphroaig Distillery, an denen Adalbert nun auf dem Fahrrad der Pension, das ihm Harrington netterweise überlassen hatte, mit geradem Rücken und starkem Tritt vorbeiradelte. Er sparte sich die Rufe nach seinem Vierbeiner und hielt stattdessen auf das Mash House zu, in dem Richard Ferguson wirkte.

Und dessen Hündin Maria ihren Platz hatte.

Parallel zur Gebäudewand stellte er das Rad auf den Ständer, nahm die Hosenklammern ab, strich seine Kleidung glatt und betrat den Raum. Er musste nicht lange nach seinem Gefährten Ausschau halten. Maria lag in der Ecke und schlief, Benno saß gute fünf Meter entfernt mit gespitzten Ohren und hängender Zunge, den Blick aufmerksam auf sie gerichtet.

Ferguson hatte den Professor hereinkommen gesehen.

Er stand an der großen Mash Tun aus Edelstahl und hob die Hand zum Gruß. »Hallo, Herr Professor. Wenn er auch nur einen Schritt näher an mein Mädchen ranschleicht, knurrt sie ihn an. Aber macht er einen Schritt zurück, blickt sie ihn irritiert an. Wenn Sie mich fragen: sehr menschlich, unsere Hunde.«

»Ich habe mir Sorgen um Benno gemacht, er ist mir viele Kilometer von hier entfernt ausgebüxt.« Bietigheim trat zu ihm und streichelte sein Köpfchen. Der Foxterrier schien es nicht wahrzunehmen.

»Wenn mich nicht alles täuscht, wird Maria gerade heiß. Wir zwei müssen uns also unterhalten, ob wir Enkelkinder wollen.« Er zog die Augenbrauen fragend in die Höhe. »Oder ist Ihr Benno kastriert?«

»Nein! Er ist ein edler Rassehund, der einst die Auszeichnung ›Best in Show‹ bei der Bundessiegerschau in der Westfalenhalle Dortmund errang. Danach stellte ich ihn nicht mehr aus, obwohl ich gedrängt wurde. Viele wollten ihre Hündinnen von ihm decken lassen. Doch diesen Stress wollte ich ihm nicht zumuten.«

»Ich glaube, diesen Stress hätte er sich gerne angetan.« Ferguson lachte.

Bietigheim kniete sich zu Benno und kraulte ihm die Ohren. Dieser schaute ihn kurz an, doch dann konzentrierte er sich sofort wieder auf Maria. Er hob sein Hinterteil und ging wenige …

Nein, ging er nicht, denn Maria bellte. Also setzte er sich hechelnd hin.

Der Professor blickte zu Ferguson. »Gibt es etwas Neues wegen der Leiche?«

»Nein. Nichts. Ich kann die anderen ja nicht offen fragen, aber keiner will etwas aus der Ecke geholt haben. Das ist ja auch gar nicht unser offizielles Peat Lager, dafür haben wir ja ein eigenes Gebäude.«

»Vielleicht sollte Mr McFallon als Manager die diesbezüglichen hausinternen Ermittlungen leiten. Er kann schließlich ganz anderen Druck ausüben als Sie.«

Ferguson beugte sich vor, um in seine große Mash Tun zu blicken. »Könnte er sicher – wenn er hier wäre.«

»Was soll das heißen?« Bietigheim erhob sich und trat zu Ferguson.

»Eigentlich müsste er da sein, er hat nämlich etliche Termine. Aber in seinem Büro fand man nur einen Zettel. ›Bin auf Fischfang‹ steht drauf. Und das ist komisch.«

»Komisch? Warum?«

»Weil Cameron zum einen niemals im Januar fischen geht. Und wir zum anderen immer zu zweit unterwegs sind. Und mit immer meine ich immer!«

»Hat man ihn auf seinem tragbaren Telefon angerufen?«

»Hat man. Aber das ist abgeschaltet.« Ferguson schloss die Mash Tun und sprach leiser, obwohl niemand anderes anwesend war. »Hier ist was faul, Professor. Und es stinkt zum Himmel, dass mir schlecht wird.«

Benno an der Leine hinter sich herziehend, ging Bietigheim schnurstracks in McFallons Sekretariat, doch die Vorzimmerdame wusste nichts Neues – erzählte ihm jedoch, dass ihr Vater und Bietigheims vermeintlicher Vater einst gemeinsam Golf gespielt hatten, und ob sie beide nicht auch einmal eine Runde auf dem nahe gelegenen Machrie Golf Course absolvieren sollten. Bietigheim antwortete, er neige nicht dazu, sich seine Spaziergänge durch das Fortprügeln kleiner Bälle zu verderben.

In McFallons Büro traf er auf Rena. »Und?«, fragte er. »Schon etwas herausgefunden?«

Sie blickte auf, dann drehte sie ihr Notebook so, dass der Professor den Bildschirm sehen konnte. »Das kann man so sagen. Das hier ist die grafische Darstellung von Colin Lewis' Anruf. Sehen Sie die immer wieder auftauchenden kleinen Abbrüche und Anstiege? Warten Sie, ich vergrößere das mal.« Sie klickte zweimal, dann konnte auch Bietigheim es erkennen. »Bei einer normalen Aufnahme ist alles fließender. Diese harten Übergänge kommen nur zustande, wenn man mehrere Einzelstücke aneinandersetzt. Durch die schlechte Qualität eines Telefonats plus Aufnahme auf dem Anrufbeantworter kann man dies unmöglich hören, aber mein Audioprogramm ist unbestechlich.«

Bietigheim versuchte, die Information in verständliches Deutsch zu übersetzen. »Dies ist also Colin Lewis' Stimme, aber er hat das so nicht gesagt?«

»Genau. Die Stimme habe ich mit einem Interview verglichen, das Lewis mal für BBC Radio Scotland gegeben hat. Kein Zweifel, dass es dieselbe ist. Aber sein Anruf ist aus vielen einzelnen Wörtern zusammengestückelt. Eine Heidenarbeit. Und eigentlich ziemlich gut gemacht. Das ist nämlich gar nicht so einfach. Beim Reden geht manchmal die Stimme hoch und runter, das kann man nicht einfach aneinanderschneiden, ohne dass es künstlich wirkt. Die Tonhöhen wurden angepasst.«

»Also ein ziemlicher Aufwand.«

»Es gibt sicher Computernerds, die so etwas für einen warmen Händedruck erledigen.«

»Können wir den Nerd ausfindig machen, der dafür zuständig war?«

Rena klappte das Notebook zu. »Ich sag nur: Nadel im Heuhaufen.«

»Der Mörder wollte den Eindruck erwecken, dass Lewis noch lebt. Aber warum ruft er gerade hier an?«

Rena grinste breit, dann poste sie wie eine Bodybuilderin.

»Was soll das Theater?«, fragte der Professor. »Auch wenn es sich nicht so anfühlt, ist dies immer noch Teil Ihrer universitären Anstellung bei mir!«

»Bin halt stolz«, sagte Rena und drehte gleich noch eine Pirouette.

»Nun ist aber Schluss!«

Sie legte die Arme um den Hals des Professors und blickte ihm tief in die Augen. »Colin Lewis hat auch bei Bowmore, Lagavulin und Caol Ila wegen eines Termins angerufen. Vier Anrufe eines Toten.« Sie ließ Bietigheim los und sich in den Chefsessel fallen. »Ich glaube, dieses Jahr gibt es eine besonders großzügige Weihnachtsgratifikation.«

Selbstgefälligkeit schätzte der Professor gar nicht. »Viel wichtiger wäre es zu wissen, wo Cameron McFallon ist. Haben Sie das denn herausgefunden?«

»Äh, nein. Aber das haben Sie mir auch gar nicht gesagt.«

»Selbstständiges Denken!«, ermahnte Bietigheim. »Schade, dass man das heutzutage bei seinen Mitarbeitern nicht mehr erwarten kann.« Im Hinausgehen drehte er sich dann doch noch einmal um. »Aber ansonsten: Sehr gut gemacht, Renate!«

Sein nächstes Ziel war Ardbeg. Dort konnte er Edward Macallan befragen, ob dieser etwas über den Verbleib seines guten Freundes Cameron McFallon wusste. Vor allem wollte er ihn aber zur Rede zu stellen, warum er ihm die Lügengeschichte mit Fiona Menzies aufgetischt hatte.

Die Fahrt zu Ardbeg kam ihm schon bekannt vor, und Bietigheim wunderte sich, wie schnell ein Gefühl von Heimat entstand, nur weil man öfters über dieselbe Straße radelte, die Entfernungen kannte und wusste, wo der Wind ins Rad griff. Nur das Meer, welches rechter Hand lag, veränderte sich jeden Tag, seine Farbe war nie ganz dieselbe, wie eine Schlange, die sich in jeder Nacht häutet und als neues Biest erwacht. Heute schlängelte es sich schnell am Ufer entlang und rieb seine Schuppen am scharfen Stein. Es fühlte sich an, als umschließe das Ungetüm Islay wie eine Schlinge und warte nur darauf, zuzuziehen und ganz Islay danach zu verschlucken.

Linker Hand erstreckte sich Moorlandschaft, die nicht zu enden schien, obwohl Adalbert wusste, dass Islay Berge hatte, wenn auch der höchste namens Beinn Bheigeir mit vierhunderteinundneunzig Metern diesen Namen kaum verdiente.

Benno hängte seinen Kopf seitlich aus dem Fahrradkorb und blickte zurück Richtung Laphroaig. Dabei ließ er seine Zunge im Fahrtwind flattern wie ein loses Segel. Bietigheim konnte sich schon denken, woran er gerade dachte.

Leider war Edward Macallans Cottage verschlossen und drinnen niemand zu sehen. Klopfen und Rufen führten nicht dazu, dass die Tür geöffnet wurde. Der Professor setzte sich trotz der eisigen Temperaturen auf die davorstehende Gartenbank und wartete. Irgendwann musste Macallan ja auftauchen.

Es dauerte nicht lange, da tauchte tatsächlich jemand auf. Doch es war Harrington, der Spaziergänger. »Er ist nicht da, oder?«

»Nein. Wussten Sie das etwa schon?«

Harrington zuckte mit den Schultern.

»Sie sollten hier Dorfpolizist sein.«

Es war das erste Mal, dass sich in Harringtons Gesicht so etwas wie eine Reaktion abzeichnete. »Man ließ mich nicht, weil es hieß, ich sei Mitglied der S.R.A., der Schottischen Republikaner Armee. Kennen Sie wahrscheinlich nicht, die kennt heute außerhalb unserer Heimat niemand mehr.«

»Und?«, fragte Bietigheim aufblickend. »Waren Sie es?«

Harrington nickte. »Aber ich wäre trotzdem ein guter Polizist geworden. Ich habe meine Augen überall.«

»Wunderbar. Haben Sie etwas von einem Mord auf der Insel mitbekommen? Von einer verschwundenen Leiche? Von einem verschwundenen Distillery Manager?«

Harrington verabschiedete sich. »Ich wünsche noch einen schönen Tag, Herr Professor.«

»Wie unhöflich von Ihnen, nicht zu antworten!«

»Es ist besser, wenn Sie nicht alles wissen, was auf Islay vor sich geht. Es ist zu Ihrer eigenen Sicherheit. Sie sind nicht von hier und würden es ohnehin nicht verstehen. Und erzählen Sie mir nicht die Lüge von Dougie als Ihrem Vater. Ich kannte Dougie, Sie sind niemals sein Sohn. Aber sagen werde ich dies niemandem. Sollen sie sich nur alle schön zum Narren machen.«

Er verschwand um die Ecke, und es war, als wäre er niemals da gewesen.

Bietigheim schloss seinen Cashmeremantel eng um sich, behielt Benno im Blick, damit er nicht wieder zu Maria ausbüxte, und wartete weiter. Benno legte sich irgendwann unter die Bank, auf der sein Herrchen saß – im nächsten Augenblick rollte eine halb volle Whisky-Flasche hervor, die Benno mit der Pfote noch ein Stück weiterschubste.

»Hast du auch ein Glas für mich?«, fragte Bietigheim und blickte unter sich. Tatsächlich stand dort ein Whisky Tumbler, in den Benno gerade seine Nase versenkte. Macallan hatte hier wohl eine Notfallflasche deponiert. Der Professor beschloss, Flasche und Glas ihrer Bestimmung zuzuführen und mithilfe des Whiskys ein kleines, wärmendes Feuer in seinem Inneren zu entfachen. Mit kurzen Stößen pustete er das Glas sauber, desinfizierte es danach mit Whisky und schüttete sich zwei Fingerbreit ein. Einen Spritzer Wasser holte er sich aus dem Wasserhahn, der zu seiner Freude noch nicht abgestellt war. Wieder auf der Gartenbank, wanderte sein Blick aufs Meer, während er den Whisky in seinem Glas schwenkte. Wie anders war Whisky doch als Wein. Der vergorene Rebensaft sprang aus dem Glas, tanzte manchmal rassigen Flamenco, ein andermal gemächlichen Walzer, doch stets schien er hinauszuwollen in die Welt. Der Whisky dagegen lag wie ein dickes Plumeau im Glas, schwer und weich, man musste ihn einatmen, geradezu herausziehen. Als hole man Wasser aus einem tiefen Brunnen. Natürlich gab es auch junge, ungestüme Whiskys, mit bezaubernd floralen Aromen oder dem Duft frisch gepflückten Obstes. Und ein guter Islay blieb nicht im Glas, er marschierte im Raum ein, riss die Herrschaft an sich und machte alle anderen Gerüche zu seinen Untertanen. Doch für Adalbert saß der perfekte Whisky wie ein weiser Professor in seinem Ohrensessel. Derjenige in seinem Glas rauchte eine Mahagoni-Pfeife und aß Dörrpflaumen mit gerösteten Haselnüssen.

Der Whisky versank so schnell in Bietigheim wie die Sonne vor ihm im rauen Meer.

Es war schon stockdunkel, als ein Lichtschein auf ihn fiel. Er drehte sich um. Im Flur des Cottage strahlte die Tiffany-Deckenlampe, doch niemand war zu sehen, der sie eingeschaltet haben könnte. Dann wurde die offene Küche erleuchtet, metallisches Klirren erklang. Bietigheim stand auf, um ins Innere zu blicken. Tatsächlich, es war Edward Macallan, der seinen großen Messerkoffer ausgeräumt hatte und diesen nun zusammen mit seinem offensichtlich auf der Couch ausgeleerten Reisekoffer Richtung Haustür trug.

Der Professor klopfte an das Fenster, doch Macallan reagierte nicht, auch nicht, als er dessen Namen rief, stattdessen löschte er das Licht und verschwand schnell aus dem Cottage. Adalbert ging sofort strammen Schrittes um dieses herum, der Chocolatier musste endlich zur Rede gestellt werden!

Dieser hatte seinen schokoladenbraunen Land Rover direkt vor der Tür geparkt. Als Bietigheim bei ihm eintraf, fuhr er bereits rückwärts aus dem Gelände der Distillery.

Ohne Licht.

Kurz entschlossen griff sich Bietigheim sein Fahrrad und radelte hinter ihm her. Sein persönlicher Tank war schließlich voll – mit hochprozentigem Whisky! Er trat mit solcher Wucht in die Pedale, als ginge es den Mont Ventoux empor, kraftvoll waren seine Bewegungen, aerodynamisch seine Haltung, entschlossen sein Blick, ja, er flog geradezu.

Zumindest die wenigen Hundert Meter bis zur Straße.

Dann ging ihm die Puste aus.

Immerhin konnte er gerade noch sehen, dass Macallan nicht Richtung Port Ellen fuhr, sondern nach Westen. Die einspurige Straße führte zu einer weit entfernten Küstensiedlung namens Ardtalla, die nur aus einem einzigen Gehöft bestand. Der Vorteil dieser Straße war: Egal, wer sie fuhr, er konnte nur auf ihr zurückkehren. Macallan würde ihm also nicht entkommen! Bietigheim bog deshalb nun gemächlicher radelnd ab. Diese Verfolgungsjagd würde sicherlich mehr Zeit in Anspruch nehmen als mit einem Streifenwagen.

Dafür war sie deutlich besser für die Fitness.

Nach einigen Hundert Metern hielt er kurz, um den hinter ihm herlaufenden Benno ins Fahrradkörbchen zu hieven, wo der Foxterrier sich mehrmals um die eigene Achse drehte, bis die Liegeposition befriedigend war. Der Professor begann, die Fahrt regelrecht zu genießen, denn die Nacht war sternenklar. Er kam sich vor wie der einzige Mensch auf dem einzigen Fahrrad auf dem einzigen Planeten im Universum.

Mit Hund natürlich.

Nach rund vier Kilometern bog ärgerlicherweise rechts ein Weg ab. Der Professor hielt an. Es war nicht zu erkennen, welchen Weg der Chocolatier genommen hatte. Wählte er jetzt die falsche Abzweigung, würde Macallan ungesehen zurückfahren können.

Es war Benno, der die Entscheidung traf. Er sprang aus seinem Körbchen und jagte den Weg hinein. Seufzend fuhr der Professor hinter ihm her. Der Foxterrier kläffte diesmal nicht, schnell und zielstrebig rannte er, seine Nase hoch erhoben. Und er machte schwer Tempo.

Kurze Zeit später tauchte Edward Macallans Wagen vor ihnen auf.

Im kühlen Licht der Nacht glänzte er wie ein fremdartiger Diamant. Er parkte an einer kleinen Steinmauer, die ein Rasenstück umschloss, auf dem eine Ruine stand. Steinkreuze und Grabsteine standen davor, einige schief, von der Zeit gebeugt.

Der Professor stellte sein Fahrrad vorsichtig ab und versuchte, so zu atmen, dass kein Laut zu hören war.

Denn in der Ruine flackerte Licht.

Das einer Taschenlampe.

Und das einer zweiten.

Es war neunzehn Uhr zweiundvierzig in Edinburgh. Ein eisiger Wind, der aus den schattigsten Ecken der Stadt stammen musste, jagte die Royal Mile zum Castlehill hinauf. Pit und Robert Burns folgten ihm, denn das Whisky Experience befand sich nahe am oberen Ende der Prachtstraße in Edinburghs Old Town, in Sichtweite der Burganlage. Es war ein modernes Museum, wobei der Hauptteil einer Geisterbahn glich. Allerdings fuhr man in nachgemachten Whiskyfässern hindurch, und statt Gruseligem gab es Informationen über die Whiskyherstellung. Pit hatte zwar von innovativ genutzten Whiskyfässern mehr als genug, trotzdem bedauerte er, dass dieser Teil des Whisky Experience längst geschlossen hatte. Das Exklusiv-Tasting fand im Barraum statt, in welchem sich die größte Whiskyflasche der Welt sowie ein Teil der größten Whiskyflaschensammlung des Globus befanden. Pit und Robert Burns waren extra früh eingetroffen, um alle Eintreffenden in Ruhe in Augenschein nehmen zu können. Zudem wollte Pit diese ein wenig einschüchtern, indem er sie grimmig aus einer Ecke anschaute. Pit trug einen schwarzen Beerdigungsanzug, samt weißem Hemd und schwarzer Krawatte, den sie am Nachmittag noch ausgeliehen hatten. Aus Protest gegen den Kleidungszwang der Veranstaltung hatte er keine Socken an. Und kein Unterhemd. Sowie keine Unterhose. Es kratzte zwar am Skrotum, fühlte sich dafür aber umso rebellischer an. Als gewagtes Accessoire gab die Sonnenbrille im Januar seinem Outfit das gewisse Etwas. Sprich: Wahnsinn.

Wer ihn nicht kannte, musste ihn für einen der »Men in Black« halten.

Nacheinander trafen sie ein: Shaun Murray von Kilchoman, Ross Martin von Bowmore, Mr Melas vom ›Diogenes Club‹, sowie das »junge« Clubmitglied Charles MacIan, Bonnie Lewis, die Witwe des Verstorbenen – die von ihrem Unglück immer noch nichts wusste. Außerdem der zuständige Brand Manager von Diageo für Whiskys, der Japaner Shinjirō Akadama, ein hochgewachsener Mann, der dank seiner in alle Himmelsrichtungen gegelten dunklen Haare wie eine Yuccapalme aussah. Dass er Grün trug, machte es nicht besser. Ein Ehepaar namens Doyle, das wirkte, als schlafe es unter Brücken, war auch da, zwei weitere Pubbesitzer, ein Mitglied der Royal Edinburgh Whisky Society, ein Pärchen, das weder er noch Robert Burns zuordnen konnten, sowie der Moderator der Probe: Whiskykenner und Publizist Alistair Ramsay, der sein leicht gelocktes, weißes Kopfhaar in breiten Koteletten bis über die Wangen hatte wachsen lassen und nach Pits Meinung aussah, als sei er nicht echt, sondern auf einem alten Schinken in Öl verewigt worden. Ramsay trug ein Sakko mit dem grünblau-roten Karo, samt dünnen weißen Streifen seines Clans, und begrüßte jeden Gast persönlich. Wobei Robert Burns ihn darauf hinweisen musste, dass Pit wirklich und tatsächlich zu diesen gehörte. Danach bat Ramsay alle, an der Tafel Platz zu nehmen, und erhob sein Glas feierlich.

»Ladys und Gentlemen, leider habe ich ein wenig Zahnschmerzen heute Abend.« Ramsay erntete ein mitfühlendes Stöhnen der Anwesenden. »Ich erinnerte mich an unseren unvergleichlichen Robert Burns, Vorfahre eines Gastes heute Abend, der einst die ›Address To The Toothache‹ schrieb, in dem sich die folgenden Zeilen finden:

›Where'er that place be priests ca' hell / Where a' the tones o' misery yell / An' ranked plagues their numbers tell / In dreadfu' raw / Thou, *Toothache*, surely bear'st the bell.‹ Für mich gibt es kein wirksameres Heilmittel gegen Zahnschmerz als Whisky, deswegen lassen Sie uns nun unser Glas auf die mächtigste schottische Medizin erheben. Wir tun dies mit einem Schluck ›Ultima‹, dem, wie alle Anwesenden sicherlich wissen, einzigen Blend, der alle Whiskys unseres Landes vereint. Den einen oder anderen zweifellos in homöopathischen Mengen, doch fraglos nehmen wir mit einem Schluck davon ganz Schottland in uns auf, bevor uns die Reise in eine verlorene Welt, eine untergegangene führen wird, in ein Atlantis der schottischen Whiskywelt: die Distillery Port Ellen.«

Sie stießen an, Pit kippte den Whisky herunter, was vielen Blicken nicht verborgen blieb. Wobei Melas tunlichst darauf achtete, ihn nicht anzuschauen, er hatte deshalb auch den Platz am Tisch gewählt, der am weitesten von ihm entfernt lag. Doch als Pit rülpste, blickte Melas unwillkürlich zu ihm hin. Hab ich dich, dachte Pit, grinste breit und entschuldigte sich kurz. »Jetzt ist alles geölt und einsatzbereit!«

Ramsay nickte kurz und begann seinen Vortrag, den er auf kleinen Karten vorbereitet hatte. »Port Ellen existierte von 1825 bis 1983. Nicht immer einfache, zum Teil sogar durchaus turbulente Jahre der schottischen Whisky-Historie. Die Preise für die Whiskys dieser Distillery sind in den Himmel geschossen, als wären Raketentriebwerke daran befestigt. Bei Weitem nicht allen Abfüllungen von Silent Stills ergeht dies so, nein, nur wenn uns Whiskygenießern die wahre Schwere des Verlusts mit der Zeit klar wird. Wir haben heute Abend das große Vergnügen, zwölf Abfüllungen von Port Ellen verkosten zu dürfen. Die meisten stammen vor dem, wie sollen wir es nennen, dem Sonnenuntergang Port Ellens? Als die Whiskys plötzlich nicht mehr so strahlten wie früher. Wir feiern heute Abend die Momente, als Port Ellens Sonne im Zenit stand! Viele der Whiskys heute Abend stammen von unabhängigen Abfüllern – aber nur von solchen, die ein gutes Fass von Ausschussware unterscheiden können.«

Zustimmendes Gemurmel erklang. Gab es zu früheren Zeiten nur wenige unabhängige Abfüller, so tummelten sich mittlerweile unzählige auf dem Markt – mit zum Teil fragwürdigen Qualitäten.

»Es war Anfang der Neunziger, als die Erfolgsgeschichte des Single Malt Whiskys richtig begann«, fuhr Ramsay fort, wobei seine Stimme immer predigender klang. »Vorher herrschte der Blended Whisky. Das tut er immer noch, doch der Single Malt holt mächtig auf. Vierzig Prozent der produzierten Whiskymenge werden mittlerweile als Single Malt verkauft, und nur noch sechzig Prozent gehen in die Produktion von Blends. Das bedeutet auch eine gestiegene Nachfrage nach gereiften Single Malts. Früher wurden nur die besten Fässer auf diese Weise vermarktet, heute auch noch das letzte tropfende Fass. Umfragen unter Distillery Managern haben ergeben, dass es früher im Schnitt höchstens zwanzig Prozent exzeptionell gute Fässer mit Whisky gab. Viele andere waren ausgelaugt oder hatten Holzstiche.«

Pit wurde das Gefühl nicht los, Ramsay hielte diesen Vortrag nur für die anwesenden Distillery Manager. Er war jetzt so in seinem Element, dass die Adern an seinen Schläfen pulsierten wie hungrige Schlangen. »Da draußen gibt es unzählige schlechte Abfüllungen. Ich nehme hier die Big Four aus: Gordon & MacPhail, Signatory, Douglas Laing und Ian MacLeod. Sie sind es, die früher mit Lkws vorfuhren und sich ihre Fässer befüllen ließen. Auch Cadenhead's arbeitet sehr gewissenhaft. Doch es ist niemandem damit geholfen, wenn schlechte Fässer ihren Weg in den Markt finden.«

Pit merkte, wie er müde wurde. Er wollte Whisky trinken und nichts über Whisky hören. Das war so, als würde man Musik lesen, statt sie zu hören. Er fläzte sich in seinem Stuhl und wippte nach hinten, dann gähnte er laut. Es sah aus, als brülle ein Löwe. Alistair Ramsay stockte kurz, blickte auf eine seiner vorbereiteten Moderationskarten und fuhr dann unsicher fort. »Die Abfüllungen, die wir heute vor uns haben, stammen aus dem Bestand ehemaliger Brennmeister und Mitarbeiter von Port Ellen, die Fässer als Teil ihrer Bezahlung erhielten. Sie sind selbstverständlich äußerst rar. Dazu kommen Flaschen aus geschätzten Sammlungen sowie Abfüllungen von Diageo selbst, die peinlichst genau darauf achten, dass nur Whisky, der den Namen Port Ellen auch verdient, auf den Markt gelangt. Unser erster Whisky ist ein junger Bursche, gerade einmal sieben Jahre verbrachte er im Fass.« Der Tropfen wurde eingegossen und jedem Anwesenden das Etikett dabei präsentiert. Alistair Ramsay erzählte Historisches zum Jahr der Erzeugung und der Füllung, während Pit auf sein bereits leeres Glas starrte. Das Zeug verdunstete viel zu schnell.

Whisky um Whisky wurde eingeschenkt, besprochen, durchaus kritisch, man pflegte ein offenes Wort. Nach sechs Gläsern war Halbzeit, und es gab eine Pause. Das Essen würde erst nach der Probe im Restaurant des Hauses auf einer anderen Ebene eingenommen werden. Pit drückte sich auf dem Weg zur Toilette an Melas vorbei, obwohl hinter diesem noch gute zwei Meter Platz waren. Es erinnerte an eine Wildsau, die sich genüsslich an einer alten Eiche rieb.

Eichen störte das nicht.

Melas fiel eher unter Pappel.

Doch er sagte nichts.

Am Pissoir postierte er sich neben Charles MacIan, der sich als schüchterner Typ herausstellte. Beim Händewaschen stand er sehr nah bei Shaun Murray von Kilchoman und tuschelte mit diesem. Die beiden wirkten sehr vertraut. Wegen des blöden, lauten Händetrockners bekam Pit keinen Fetzen des Gesprächs mit.

Als es weiterging, hatte Alistair Ramsay eine kleine Leinwand aufgebaut, auf der die ehemaligen Brennblasen Port Ellens zu sehen waren, die nun tatsächlich in Indien ihren Dienst verrichteten. Mithilfe von historischen Fotos bewies er, dass sie echt waren. Einige große Dellen waren so charakteristisch, dass es keine Fragen gab. Ramsay hatte sogar eine Flasche Whisky aus Indien besorgt, die nun gegen eine der letzten Füllungen von Port Ellen verkostet wurde. Eine gewisse Ähnlichkeit bestand, wie bei einem Musikstück, das einmal von den Berliner Philharmonikern und dann von einer volltrunkenen Punkband aus Kaschmir gespielt wurde. »Danken möchte ich an dieser Stelle Richard Ferguson. Aktuell ist er Mashman bei Laphroaig, doch seine Leidenschaft gilt auch dem Storytelling, und für dieses ist er tief in die Geschichte Islays eingestiegen. Ihm verdanken wir die Fotos meiner kleinen Diashow sowie den indischen Whisky. Ich hoffe, es ist in Ihrem Sinne, dass ich ihm kleine Probeflaschen unseres gesamten Tastings zukommen lasse, denn leider ist Richard heute verhindert.«

Die Anwesenden bekundeten durch Nicken ihre Zustimmung.

Pit war es leid. Der Alkohol in ihm verlangte nach klaren Antworten und – falls möglich – nach noch mehr Alkohol, damit er sich in Pits Bauch nicht so allein fühlte.

»Karten auf den Tisch, ihr Nasen! Ihr alle steckt hinter der Wiederauferstehung von Port Ellen. Und Colin Lewis war einer von euch. Jau, ich sage ›war‹, denn er ist ermordet worden. Auf Islay. Und ich fress einen Besen quer, wenn es keiner von euch war.«

Pit blickte in die Gesichter, auf der Suche nach dem entscheidenden Hinweis, dem zufriedenen Zucken im Mundwinkel oder einfach: der fehlenden Überraschung. Doch dies waren Briten und Contenance etwas, das in ihren Adern neben den roten und weißen Blutkörperchen schwamm. Sie blickten ihn entgeistert an. Alistair Ramsay erhob sich und zeigte mit zitterndem Finger auf Pit. »Sie ... Sie ... Sie ...«

»... furchtloser Aussprecher der Wahrheit«, ergänzte Pit. »Er ist tot aufgefunden worden, im Moor. Da hat ihn wahrscheinlich einer eingebuddelt, als er vor einigen Wochen nach Islay kam. Ein Scheißtod! Wer immer das getan hat, ist eine verdammte, dreckige Ratte. Und nun quetsch ich euch aus, bis klar ist, wer dahintersteckt. Ja, ich weiß, ihr steht hier auf Hercule Poirot und Miss Marple, aber Weicheier-Ermittlung ist heute nicht!«

Bonnie Lewis starrte nur vor sich hin. Dann blickte sie Pit an, in ihren Augen die flehende Bitte, es möge nicht wahr sein, dass ihr Mann tot ist.

Doch dann stand der Japaner Shinjirō Akadama auf. »Es stimmt«, sagte er. »Colin ist tot. Es tut mir so leid, Mrs Lewis.«

Bevor Pit fragen konnte, woher er das wusste, öffnete sich die Tür, zwei Polizisten traten ein, Melas zeigte auf Pit. Sie nahmen ihn wortlos fest.

Bietigheims Gehirn war wie eine alte Bibliothek, an die mit den Jahren Erker und Zimmer angebaut worden waren, ja ganze Etagen und Seitentrakte, Türme und sogar Geheimgänge. Auf einige Bücher hatte sich Staub gelegt, doch alle standen an ihrem Platz, perfekt geordnet, und als der Professor nun die Ruine samt Friedhof in der silbrigen Winternacht Islays vor sich liegen sah, zog er das Werk über die Sehenswürdigkeiten der Insel hervor, das griffbereit am Eingang seiner inneren Bibliothek stand, und schlug es auf.

Die Ruine vor ihm war die mittelalterliche Old Parish

Church und vermutlich Ende des 12. Jahrhunderts erbaut worden. Sie stellte jedoch nicht das Bedeutendste dar, was vor Bietigheim lag. Denn das über zweieinhalb Meter große Kildalton High Cross galt als eines der schönsten und besterhaltenen frühen christlichen Kreuze in Schottland – was vor allem an dem graugrünen und überaus harten Stein lag, aus dem es bestand.

Er stellte das Buch zurück und ging langsam einige Schritte näher heran. Der Professor konnte zwar den Schein zweier Taschenlampen erkennen, die wie riesenhafte Glühwürmchen umhertanzten, doch hörte er nichts. Dafür pfiff der Wind zu geräuschvoll über die Hebrideninsel. Er stieg vorsichtig über die kniehohe Mauer und blieb an der Ruine stehen, Benno die ganze Zeit bei ihm. Wenn der Foxterrier jetzt bellte, würde das Rauschen des Windes nicht helfen, dann wäre ihre Entdeckung nicht mehr abzuwenden. Er blickte ihn deshalb streng an und legte den Zeigefinger auf die Lippen.

Benno wedelte erfreut.

Plötzlich erklangen zwei Stimmen.

Sie beteten.

Vater unser, der du bist im Himmel.

Bietigheim traute sich, durch eines der glaslosen Fenster ins Innere der dachlosen Ruine zu blicken. Niemand war dort. Die zwei Gestalten knieten stattdessen vor dem Kildalton High Cross, ihre Köpfe gesenkt, die Taschenlampen neben sich auf dem Boden liegend. Ihr Atem kondensierte bei jedem Wort des Gebets. Edward Macallan war gerade so auszumachen, denn seine breiten Schultern wirkten selbst wie ein steinernes Kreuz, doch die Person neben ihm lag völlig im Schatten.

Der Professor atmete ganz flach.

Nach dem gemeinsamen Gebet standen die Betenden auf und umarmten sich. Dann ging Macallan in Bietigheims Richtung, die andere Person fort in die Dunkelheit.

Es waren nur drei Schritte, und schon verschluckte die Nacht die Gestalt mit Haut und Haaren.

Macallan ging durch die Ruine und zurück zu seinem Land Rover. Er trug die beiden Koffer bei sich, welche er vorhin im Cottage ausgeräumt hatte. Der Chocolatier hatte Mühe, sie zu tragen. Bietigheim ging leise hinter ihm her, Benno wenige Schritte voraus. Adalbert wollte den Moment abwarten, in dem Macallan sich entspannte, dann wäre der Schreck am größten, wenn er ihn ansprach. Und dann würde er eine Frage nach der anderen auf ihn abfeuern.

Doch Benno lief zu dem Chocolatier und schmiegte sich freundlich bellend an dessen Beine.

So viel zum Überraschungsmoment.

»Keine Ausreden mehr!«, rief der Professor.

Macallan drehte sich um, die Taschenlampe anschaltend. Er richtete den Strahl mitten in Bietigheims Gesicht, der daraufhin seine Augen abschirmte. »Was soll das? Sind Sie mir etwa gefolgt?«

»Natürlich. Und Sie sind wieder ohne Licht gefahren!«

»Geht Sie nichts an. Lassen Sie mich fahren.«

Doch der Professor lief weiter auf ihn zu. »Fiona Menzies ist nicht Ihre Geliebte. Sie weiß nicht einmal, wer Sie sind.«

»Hauen Sie ab, Sie haben hier nichts zu suchen.«

Nun stand er vor ihm. »Was könnte ich hier denn finden?«

»Ach, leck mich. Warum habe ich Cameron nur von Ihnen erzählt? Den Tag verfluche ich echt.«

»Was haben Sie in den Koffern?« Er versuchte, sich diese zu greifen, doch Macallan drehte sich schnell zur Seite und wollte loslaufen.

»Noch so ein Versuch, und ich breche Ihnen die Hand!«

»Warum haben Sie an dem Kreuz gebetet?«

»Wo ist denn jetzt der verdammte Schlüssel?« Er tastete seine Jackentaschen ab.

»Wer war die andere Person? Ein Mann? Eine Frau?«

»Ach, da ist er ja.« Macallan blickte auf. »Das hier ist nie passiert.« Er stieg ein.

»Wieso lügen Sie mich an? Wieso lügen Sie alle an? Was haben Sie zu verbergen?« Bietigheim klopfte gegen das Fahrerfenster. »Damit kommen Sie nicht durch!« Er stellte sich vor den Land Rover und breitete die Arme aus.

Macallan setzte den Wagen zurück. Doch bevor er losfuhr, glitt das Fahrerfenster herunter. »Damit komme ich durch, und das seit Jahrzehnten.«

Er ließ den Motor aufheulen, dann verschluckte die Nacht den Wagen, wieder fuhr er ohne Licht. Benno rannte noch ein Stück hinterher, kam aber kurze Zeit später so zufrieden zurück, als habe er einen Angreifer in die Flucht geschlagen.

Der Professor beugte sich zu seinem treuen Begleiter und streichelte ihn. Denn er war nicht unzufrieden. Macallan hatte ihm etwas verraten, ohne es zu wissen. Durch seinen Duft. Er hatte nach Meer gerochen, nach Salz und Gischt, sogar nach Tang, und es war frisch gewesen.

Also auf zur Küste!

Er dachte, sie könnte nicht weit sein, doch sie war weiter entfernt als vermutet. Als er endlich an der steilen Küste stand und die Welt nur noch aus dem Rauschen des Meeres zu bestehen schien, sah er keinen Weg, den Edward Macallan hätte gehen können. Nur zerklüftete Küste, zerfressen von der Zeit wie eine kariöse Zahnreihe, aber immer noch spitz genug, um Fleisch zu zerreißen.

Mit einem Mal glitt Benno durch einen Felsspalt, und sein schneeweißes Schwänzchen war das Letzte, was der Professor sah, bevor er in der Tiefe verschwand. Schnell rannte er hinterher und sah, dass ein kleiner Trampelpfad hinunterführte. Das Meer schlug hier mit aller Wut gegen die Felsen, welche ihm so lange standgehalten hatten. Die in der Luft wie angriffslustige Insekten schwirrenden Wassertröpfchen waren kalt wie Eis, und sie verdichteten sich mit jedem Schritt hinab. Benno war weder zu hören noch zu sehen, hoffentlich hatten ihn die gierigen Zungen der Wellen nicht erwischt. Der Professor verspürte mehr Angst um seinen Vierbeiner als um sich. Warum nur war sein Hund hier heruntergelaufen?

Der Pfad machte eine Wendung nach links, lief nun parallel zum rund vier Meter tiefer liegenden Ufer. Durch die Gischt war er nass und glitschig, weswegen Bietigheims linke Hand in der kargen Vegetation nach Halt suchte, jeder Schritt war ein Suchen und Finden, eine Hoffnung auf sicheren Halt. Nach rund zweihundert Metern fand er Benno endlich – und den Grund für dessen wagemutigen Lauf. Auf dem Boden lag eine aufgerissene Tüte mit Shortbread, das dem köstlichen Geruch nach aus Edward Macallans Produktion stammen musste. Er musste es hier wohl verloren haben. Es war nur noch ein Stück übrig, die anderen hatte Benno bereits wie Hundekuchen zerkaut.

Das schottische Gebäck lag vor dem Eingang zu einer Öffnung im Fels, so breit, dass zwei Mann nebeneinander hindurchpassten. Der kahle Boden davor verriet, dass Menschen hineingingen, und einige Zigarettenstummel bewiesen, dass sie davor rauchten, obwohl dies wohl meist ein ungemütlicher Platz war. Bietigheim blickte in den Spalt und erkannte rund zwei Meter tief darin den dunkel schimmernden Stahl einer offen stehenden Tür, die perfekt in das Gestein eingelassen war.

Der Professor trug stets ein Gasfeuerzeug bei sich, um Damen Feuer anbieten zu können, falls es sie nach etwas Rauchbarem gelüstete. Hildegard zu Trömmsen zum Beispiel.

Eigentlich hatte er es nur für sie erworben. In ihrer Lieblingsfarbe. Roségold.

Er drückte die Zündtaste herunter und hielt sie mit dem Fingernagel seines Daumens fest, um nicht zu viel Hitze der Flamme abzubekommen. Dann ging er hinein. Der

Weg im Spalt führte leicht hinauf, und Bietigheim ahnte, dass das Meer nicht hierhin dringen würde. Als er durch die Tür trat, nahm das Hallen seiner Schritte zu, der Spalt weitete sich zu einer stattlichen Höhle. Bietigheims Daumen näherte sich nun doch leichten Verbrennungen, und er nahm ihn von der Taste.

Es wurde dunkel, so dunkel, wie es unter freiem Himmel nie werden konnte. So dunkel, als fehle selbst die Dunkelheit, als sei da einfach nichts. Doch es gab Geräusche.

Bietigheim fühlte sich mit einem Mal nicht mehr wie der einzige Mensch an diesem Ort.

Vor ihm wurde eine Zigarette entzündet, das Flackern des Streichholzes schien die ganze Höhle zu erleuchten. Bietigheim erkannte hölzerne Kisten mit den Brandzeichen schottischer Distilleries. Es waren nicht die aktuellen Schriftzüge, sondern alte, die er selbst nur auf Fotos gesehen hatte. Die Kisten stapelten sich bis an die felsige Decke. Es waren unzählige. Und sie stellten ein Vermögen dar.

»Ich hatte gleich das Gefühl, dass da noch jemand war.« Die Spitze der Zigarette glühte auf. »Willkommen in der Höhle der Löwen.«

KAPITEL 7

First Fill

Mit einem metallischen Klacken drehte der Beamte den Schlüssel um und sicherte die Stahltür der Zelle. Pit hämmerte wie ein Wilder dagegen und brüllte: »Holt mich raus! Hier ist eine Giftschlange!«

Nichts geschah. Er schob ein »Adriaaaaaan!« hinterher.

Keine Reaktion.

Dabei war es so ein schöner »Rocky«-Gag gewesen!

Immerhin war er nicht allein.

»Hallo, Geoffrey.«

»Ich schlaf hier meinen Rausch aus«, erklärte Geoffrey, der genau dasselbe trug wie damals im ›The Ben Nevis‹. Er blieb liegen und machte sich nicht die Mühe, den Kopf oder die Hand zu heben.

»Du hättest dir keinen schöneren Platz dafür aussuchen können. Nein, warte. Schön ist das falsche Wort. Hygienisch ist das richtige.«

Der stechende Geruch eines billigen Reinigers schlug Pit jetzt schon auf das Gemüt. Warum roch es in Gefängnissen nicht nach gegrillten Schweinekoteletts? Wäre sicher prima für die Stimmung.

»Hast du schon jemanden angerufen, um dich hier rauszuholen?«

Pit legte sich auf seine Pritsche. »Eine Frau in Hamburg. Hildegard zu Trömmsen heißt sie. Die weiß, was zu tun ist – und wer es für sie tut. Klasse Weib.«

Geoffrey setzte sich auf, seine Stirn mit beiden Händen reibend. »Ja, ja, die Frauen.«

»Hast du dich wegen einer von denen zugelötet?«

»Wegen einer heißblütigen Geliebten! Eine von denen, die dich zerstören können, wenn du nicht stark genug bist.«

»Kenn ich. St. Pauli quillt über von denen.«

»Meine trägt den wundervollen Namen Whisky.«

Pit grinste. »Ach, die! Jau, das ist schon ein geiles Biest.«

Geoffrey spitzte die Lippen. »Es gibt einige in der Whiskyindustrie, die Abstinenzler sind, weil sie zu oft mit ihr die Nächte durchgemacht haben – und irgendwann auch die Tage.«

»Ach? Wer denn?«

»Ich kenne mich nur auf Islay aus. Da hab ich mal gelebt, musst du wissen. Aber das ist schon lange her. Die Geschichten von dort kommen aber immer noch bei mir an.«

»Ich kenne da keinen.« Pit drehte sich auf die Seite. Meine Fresse, war die Pritsche unbequem.

»Der Manager von Bowmore, Ross Martin. Keinen Tropfen trinkt der mehr, nachdem er sich früher mal fast die Rübe in einer einzigen Woche weggebrannt hat. Da war er aber noch sehr jung. Auch in den Highlands und in einer Lowlands Distillery soll es welche geben, die nichts mehr anrühren.«

»Wurst-Willy isst auch nie eine von seinen Würsten. Das lässt einige sehr skeptisch werden, kann ich dir sagen.«

Sie schwiegen eine Weile, bevor Geoffrey wieder sprach. »Colin ist wirklich tot, oder?«

Seine Islay-Kontakte schienen wirklich gut zu funktionieren. »Ermordet.«

Geoffrey deutete ein Nicken an – selbst das schien ihn wegen seines Katers zu schmerzen. »Und du hast Finlay im Keller meines Pubs gefunden?«

»Ganz schöne Sauerei war das. Ich frag mich, wie er gestorben ist.«

»Erschlagen, dann bewusstlos ins Fass und darin ertrunken. Es war Mordinstrument und Sarg in einem.«

Erstaunlich, wie schnell die Polizei das herausgefunden hat, dachte Pit. »Kanntest du Finlay? Von deiner Zeit auf Islay?«

Geoffrey zog einen Flachmann aus seiner Unterhose, drehte routiniert den Verschluss ab und setzte an. Er nahm einen schnellen, harten Schluck, es wirkte, als jage er sich eine Kugel in den Kopf. »Alle dachten, Elisabeth Harrington und Hughie Fletcher hätten etwas mit seinem Verschwinden zu tun. Weil Finlays Tochter Fiona behauptete, sie hätte gesehen, wie die zwei mit ihrem Vater auf die Fähre gegangen wären. Elisabeth hatte damals ein wasserdichtes Alibi, sie war nämlich mit dem Derek Dolan unterwegs, der später Dorfpolizist wurde. Er war damals noch Leuchtturmwärter im Rhinns of Islay Lighthouse und zeigte ihr alles – die ganze Nacht über.«

»Danach wusste sie wahrscheinlich, wie hoch hinauf es in einem Leuchtturm geht…« Pit grinste anzüglich. »Und Hughie?«

»Der hatte kein Alibi. Er behauptet, zu Hause gewesen zu sein. Aber Hughie war damals Junggeselle, deshalb konnte keiner es bezeugen. Er hat auch danach nie eine Braut gefunden. Vielleicht auch wegen dieser Sache, die Frauen hatten Angst vor ihm, weißt du. Dabei ist Hughie ein netter Kerl, nicht der Hellste, aber mit gutem Herz.«

»Klingt, als glaubst du nicht, dass er was mit der Sache zu tun hatte.«

Geoffrey schlug ein Kreuz und blickte aus dem vergitterten Fenster. Es war so hoch in der Zelle des HM Prison Edinburgh angebracht, dass man nur den Himmel sehen konnte, der heute das undefinierbare Grauweißgelb eines alten Porridges aufwies. »Ich glaube schon, dass Hughie einen Menschen töten könnte. Viele herzensgute Menschen haben schon getötet. Weil sie wütend wurden, rasend aus Enttäuschung. Ein starkes Herz kann sehr hassen.« Er blickte Pit an. »Du hast auch ein starkes Herz.«

Pit sagte nichts. Es gab Dinge aus seiner Vergangenheit, über die er nicht sprechen wollte. Sein Herz schlug hart in der Brust.

Ein Schlüssel drehte sich im Schloss. »Pit Kossitzke, raustreten. Und wenn Sie mir nicht verraten, wie Sie es geschafft haben, hier schneller rauszukommen als jeder verdammte Inhaftierte vor Ihnen, hole ich den Handschuh und untersuche Sie rektal, bis mein Arm oben wieder rauskommt.«

Pit trat vor die Zellentür. »Das würde Ihnen Spaß machen, was?«

Der Wärter schubste Pit.

»Ist ja schon gut. Ich gebe Ihnen die Telefonnummer meines Engels. Reden Sie ruhig mal mit ihr, das werden Sie sicher nie vergessen.« Schließlich schaffte es Hildegard zu Trömmsen, selbst eine Puffmutter auf St. Pauli rot werden zu lassen.

Pit drehte sich zurück zur Zelle, um Geoffrey einen Abschiedsgruß zuzurufen.

Doch dieser musste sich in die Ecke mit dem Edelstahlklo zurückgezogen haben, denn er war nicht mehr zu sehen.

Das Rauschen des Meeres hallte in der Höhle gespenstisch wider. Der Zigarettenraucher schaltete eine Taschenlampe an und strahlte dem Professor so ins Gesicht, dass dieser nicht erkennen konnte, wer sie hielt. Immer wenn er mit dem Kopf nach links oder rechts auswich, folgte sie ihm, und es kam ihm vor, als wäre der Schein auf seinem Gesicht festgeklebt.

Sein Gegenüber sprach nun wieder.

»Du warst eben bei der Old Parish Church, oder? Man spürt einfach, wenn man beobachtet wird. Kein Wissenschaftler kann so was erklären. Ich glaub ja, irgendwo muss ein Sinnesorgan sein, das andere Lebewesen wahrnimmt. Wie bei Hunden, die spüren sogar auf Entfernung, wenn ihr Herrchen weg ist und dem was passiert. Kann dein Hund das auch?«

»Das kann ich Ihnen nicht sagen.«

»Wieso?«

»Weil ich nicht da bin, wenn ich weg bin.«

Ein trockenes Lachen erklang. Es stammte von einem Mann. Durch den verzerrenden Hall in der Höhle konnte Bietigheim es aber niemandem zuordnen.

»Wollen Sie mich jetzt erschießen? Oder erschlagen? Oder ...«

»... ins Meer werfen? Erdrosseln wäre zweckmäßig. Abstechen ist auch drin.«

Der Professor wollte sich seine Angst auf keinen Fall anmerken lassen. »Bei solch einer Auswahl fällt die Entscheidung schwer.« Plötzlich rannte Benno herein. »Fass!«, sagte Adalbert, und es war eigentlich als Scherz unter Freunden gemeint. Doch Benno lief tatsächlich zu dem anderen Mann, sprang empor, schnappte sich die Taschenlampe und rannte damit wieder hinaus.

»Er ist an der Universität der Hansestadt Hamburg ausgebildet worden«, sagte Bietigheim stolz. Und er sagte es, um seine Angst zu vertreiben. Denn so bedrückend die Situation eben gewesen war, nun hatte sie sich gesteigert. Vorher wusste er wenigstens, wo der Aggressor stand, nun würde er nicht einmal merken, wenn sich dieser nur Zentimeter von ihm entfernt aufhielt.

Bis er dessen warmen Atem im Gesicht spürte.

Im Dunkeln wäre jeder Schritt ein Wagnis gewesen, deshalb verharrte der Professor, suchte schnell nach dem Feuerzeug in der Seitentasche seiner Öljacke und hielt es angeschaltet vor sich.

Der andere Mann stand nur einen halben Meter vor ihm.

Und riss ihm nun das Feuerzeug mit festem Griff aus der Hand.

Es war Hughie von der Port-Ellen-Mälzerei.

»Geh du vor«, sagte Hughie, und die Flamme des Feuerzeugs erschien wieder. »Aber langsam, sonst brichst du dir noch was.«

»Und dann müssten Sie meine Leiche hier rausschaffen, was sehr viel Mühe macht.«

»Du hast echt viel von deinem Vater, dieser trockene Humor, das ist so Dougie.«

»Mein Vater würde bestimmt keinen trockenen Witz machen, wenn er wüsste, dass Sie davorstehen, seinen Sohn zu töten.«

»Das hängt von dir ab.«

»Inwiefern?«

»Frag nicht, geh einfach. Bis zur Old Parish Church. Da klären wir zwei, wie es weitergeht. Es gibt eine schnelle Variante und eine, die länger dauert – und mit deinem Tod enden könnte.«

Als der Spalt zum Trampelpfad an der Küste vor ihnen erschien, kam er dem Professor fast blendend hell vor. »Schnell und ohne Tod klingt am attraktivsten.«

Hinter ihm kam keine Antwort. Stattdessen kniete sich Hughie neben Benno, der vor dem Höhleneingang an der Taschenlampe knabberte, und nahm sie ihm ab. Den Vierbeiner drückte er dem Professor in die Arme. Danach versteckte er den Schlüssel unter einem Stein. So unauffällig, dass es auffälliger nicht ging.

»Nun sagen Sie schon, wem all die Flaschen gehören«, forderte Bietigheim. »Ich bin ohnehin bald tot. Gehören sie etwa alle Edward Macallan und Ihnen? Und warum lagern Sie die Kisten hier?« Der Professor hielt inne. Denn ihm war etwas eingefallen, das er vor seiner Reise nach Schottland zum Thema Whisky gelesen hatte.

Wenn es stimmte, dann war es eine Sensation!

»Stammen die Flaschen etwa aus der ›S.S. Prime Minister‹? – Sind also doch Bewohner Islays zu dem gekenterten

Schiff gerudert, bevor es auseinanderbrach? Waren es wirklich vierundzwanzigtausend Kisten, die vor den Zollbehörden versteckt wurden?«

Hughie schubste ihn leicht. »Geh weiter, hier ist es mir zu ungemütlich zum Quatschen!«

Den restlichen Weg zur Old Parish Church legten sie wortlos zurück. Dort angekommen, befahl Hughie dem Professor, vor dem alten Kreuz zu knien.

Doch dieser weigerte sich. »Davon wird meine Hose schmutzig. Und solche Flecken gehen schwer raus. Das können Sie dem Gewebe doch nicht antun. Warten Sie, ich ziehe meine Öljacke aus.«

»Aber dann frierst du.«

»Das verursacht zumindest keine Flecken.« Er kniete sich auf seine ordentlich ausgebreitete Jacke. »Wenn Sie mich schon töten, dann wenigstens in sauberer Kleidung.«

Hughie stellte sich mit gekreuzten Armen vor den Professor und holte tief Luft. »Wir sind die Löwen Islays. Jeder von uns hat auf dieses Kreuz geschworen.« Er beleuchtete es. Am hellsten erstrahlte die Stelle unter zwei Engeln, wo David zu sehen war, der gegen einen Löwen kämpfte. »Wir – also in einigen Fällen unsere Väter – haben die Kisten geborgen und es seitdem geheim gehalten. Vierundzwanzigtausend waren es nicht, da sollte wohl die Versicherung geschröpft werden.« Er holte tief Luft, seine Stimme wurde feierlich. »Eine Hand aufs Kreuz, die andere aufs Herz.«

Bietigheim blickte zu Hughie auf. »Ich bin Agnostiker. Welchen Wert hätte es, wenn ich schwöre?«

»Ist Tradition. Dein Wort reicht mir, du bist schließlich Dougies Sohn. Komm, sprich mir nach: Ich schwöre …«

»Und was, wenn nicht?«

Hughie blies die Wangen auf. »Keine Ahnung. Dann würde ich dich irgendwo festbinden und das Rudel zusammenrufen. So nennen wir uns, weil wir ja Löwen sind. Gut, oder?«

Bietigheim seufzte. »Wie sind Sie da bloß draufgekommen …«

»Ach, es war ein langer Abend mit viel Whisky. Es gab schon verdammt viele von solchen Abenden.«

»Sie sind der Hüter, nicht wahr? Also Sie stellen sicher, dass niemand mehr nimmt, als ihm zusteht.«

»Jawohl.« Es schien Hughie mit Stolz zu erfüllen. »Wir nennen das aber nicht Hüter, sondern Höhlenlöwe.« Er klatschte in die Hände. »So, weiter jetzt.«

»Ich weigere mich aber!« Der Professor sah es nicht ein, solch ein Theater mitzumachen. Er war ein Mann der Wissenschaft und kein Verschwörer. Niemals würde er sich sagen lassen, auf was oder wen er zu schwören hatte.

»Och, Mensch. Dann muss ich alle zusammenrufen.« Er beugte sich zu Bietigheim. »Es könnte aber sein, dass das Rudel meint, du solltest sterben.«

»Ist so etwas denn schon einmal vorgekommen?«

»Nö, bisher wollten alle, die zufällig unser Lager gefunden hatten, auch Löwen werden. Aber ich glaube, in den Statuten steht irgendwo, dass ansonsten ein Todesurteil zu vollstrecken ist. Da haben wir uns aber nie viele Gedanken drüber gemacht. Wer sollte schon nicht zu den Löwen wollen?«

»Nun ja: ich.«

Hughie blies erneut die Wangen auf. »Hm.«

»Macallan war zuletzt häufiger in der Höhle, nicht wahr?«

»Eddie kann so oft kommen, wie er will. Aber den Schlüssel für die Tür hab nur ich. Mancher kommt, weil er was trinken will, ein anderer, weil er eine Flasche verhökern will oder ein Geschenk braucht. Aber es dürfen halt nie zu viele Buddeln auf dem Markt auftauchen, sonst fliegen wir zu guter Letzt doch noch auf.«

»Wer ist denn wir?«

»Das werde ich dir ja jetzt wohl gerade verraten, was?«

Hughie steckte sich eine weitere Zigarette an. Sie war selbst gedreht, hatte einige Zeit in seiner Jackentasche verbracht und sah aus wie ein klitzekleines Monster von Loch Ness.

Bietigheim stand auf. »Es gibt nur zwei Möglichkeiten, wie diese Situation sich auflöst. Entweder: Ich werde ein Löwe, dann erfahre ich sowieso alles. Oder: Ich sterbe, dann ist es völlig egal, was ich erfahren habe.«

»Na ja.«

»Kein na ja!«

»Du könntest fliehen und allen davon erzählen.«

»Fliehen? Ich? Vor dir?« Er stieß ein verächtliches Lachen aus.

»Hast recht. Ich vertrau dir jetzt, Adalbert. Weil ich deinem Vater auch vertraut habe. Neben mir und Macallan, als Erbe seines Vaters, sind es noch Harrington, Cameron von Laphroaig, Ross Martin, Fiona und Kevin Menzies, Shaun Murray von Kilchoman und der Pfarrer aus Bowmore Löwen. Und bald du.«

»Ich?«

»Ja, du. Das ist eine Riesenehre!«

»Das sehe ich anders«, sagte Bietigheim und floh.

***

Nachdem er am nächsten Morgen lange mit Pit telefoniert hatte, machte sich der Professor daran, das geliehene Pensionsfahrrad zu putzen, denn diesem hatte er die erfolgreiche Flucht zu verdanken. Er tat es unter den Augen des Löwen Harrington, dem er schon vor dem Frühstück gesteckt hatte, dass ihr sorgsam über Jahrzehnte gehütetes Geheimnis an die Medien gehen würde, sollte ihm etwas widerfahren.

Dann wünschte er einen wunderschönen Tag.

Der Professor hatte nicht vor, die Löwen zu verraten, aber es konnte sich noch als nützlich erweisen, sie in der Hand zu haben.

Als Kuscheltiere sozusagen.

Harrington verfolgte ihn beim Fahrradputzen mit seinen Blicken, wobei diese den Professor durchbohren sollten wie Pfeile den heiligen Sebastian. Doch der Professor war Blicke gewohnt, seine Studenten beäugten ihn manchmal wie ein exotisches Tier im Zirkus. Erst als Rena, die aufgrund der Meeresluft zur Langschläferin mutiert war, eine dampfende Kaffeetasse wie einen Taschenofen in Händen haltend, den Garten betrat, verschwand Harrington ohne ein Wort.

»Haben Sie einen neuen Freund gefunden?«

Bietigheim gab dem Rückblech den letzten Schliff. »Manche Menschen mögen es nicht, auf einen überlegenen Geist zu treffen.«

»Ach, ist ein neuer Gast eingetroffen?«

Der Professor würdigte die Frechheit keines Kommentars. »Haben Sie etwas herausgefunden oder sich nur in der Küche vergnügt und überflüssigen Small Talk mit dem Personal gehalten?«

»Alles zugleich!« Sie nahm einen langen Schluck Kaffee.

»Nicht schlürfen, das habe ich tausendmal gesagt.«

»Aber bei Wein ...«

»... das ist aber kein Wein! Es ist miserabel aufgebrühter Kaffee. Dem Geschmack nach vermute ich, dass er nicht mit Kaffeebohnen, sondern mit Torf zubereitet wurde. Und nun reden Sie.« Er blickte zu Benno. »Und du komm her, bürsten.«

Benno sah ihn kurz an, dann wetzte er ans Ende des Gartens, sprang über die kleine Steinmauer und ward nicht mehr gesehen.

»Kluger Hund«, sagte Rena grinsend. »Von wem er das nur hat?«

Der Professor stand auf und trat mit strenger Miene zu ihr. »Sie wissen schon, dass ich Ihnen kündigen kann?«

Rena schlürfte nochmals genüsslich aus ihrer Tasse.

»Aber das werden Sie nicht, weil ich nämlich was rausgefunden habe. Oh, und es ist gut, sogar sehr gut. Sie werden sagen: Danke, allerliebste Rena, Sie sind die beste wissenschaftliche Assistentin, die ich je hatte, betrachten Sie Ihre Promotion als reine Formsache, und wenn ich Ihnen all mein Hab und Gut überschreiben darf, sterbe ich als glücklicher Mann.«

»Also wirklich!« Der Professor konnte nur noch den Kopf schütteln. Rena hob den Zeigefinger. »Ich war nicht fertig! Enden werden Sie mit: Meine hochgeschätzte Rena, darf ich Sie vielleicht an Kindes statt annehmen und Ihnen die Adoption antragen?«

»Eher adoptiere ich Benno!« Der Professor ging zur Glastür des Wintergartens. »Kommen Sie, wir reden drinnen. Es ist heute doch außerordentlich kalt.«

»Nein, es geht nur hier draußen. Drinnen haben die Wände Ohren.« Sie schlürfte nochmals. Als sie Bietigheims zorniges Gesicht sah, vermied sie das unpassende Geräusch, das ihn augenscheinlich so quälte. »Will Sie doch nur ein bisschen foppen!«

Der Professor setzte sich auf einen der Gartenstühle, die mit Plastikplanen umwickelt winterfest gemacht worden waren und nun aussahen wie eine Fingerübung Christos. Kaum dass er saß, sprang Benno auf seinen Schoß, rollte sich ein und schloss die Augen. Aller Zorn Bietigheims verflog, als er das Auf und Ab des warmen Hundebauchs spürte. Er traute sich nicht, den kleinen Racker zu streicheln, obwohl er ungemein streichelig aussah, es hätte den selig Schlummernden wecken können.

»Soll ich jetzt erzählen, oder wollen Sie jedes Haar an Benno einzeln bewundern?«

Wie aus einem Traum aufschreckend, blickte Bietigheim seine Assistentin an. »Erzählen Sie doch endlich, ich warte nur auf Sie!«

»Ja, ist klar. Aber gut, los geht es: Ich hab mit den Mädels bei Ardbeg gekocht, und die machen einen guten Job da. Außerdem ist das eine echt fröhliche Truppe. Kommen alle von der Insel und kennen mehr dreckige Witze als alle Leute, die ich kenne – Hildegard zu Trömmsen selbstverständlich ausgenommen.« Sie schlürfte wieder.

»Der Kaffee muss bei diesen winterlichen Temperaturen doch längst kalt sein!«, herrschte der Professor sie an.

»Wollen Sie mal probieren?« Sie streckte ihm die Tasse lachend entgegen. »Na gut, ich will Sie nicht länger quälen.«

»Wie zuvorkommend von Ihnen.«

»Es geht um unsere Wirtin. Die ist auf der Insel bekannt dafür, dass sie sehr für sich bleibt. Ihr Mann dagegen wandert gern herum, grüßt immer freundlich und redet über Gott und die Welt. Sie geht zwar einkaufen und so, klar, aber quatscht nie mehr als nötig. Ein Lächeln bekommt von ihr keiner. Einziges Hobby: Singen. Und zwar im Còisir Ghàidhlig Ìle, dem Islay Gaelic Choir. Aber auch da bleibt sie für sich, als tiefster Alt der Insel.«

Bietigheim trieb die Nervosität aus seiner sitzenden Position in die Senkrechte. »Warum bombardieren Sie mich mit diesen unnötigen Informationen über unsere Wirtin? Es geht um einen Mordfall, ja, sogar um zwei. Und ich muss sie dringend lösen. Also bleiben Sie mir fort mit dem Inselchor!«

»Der unter anderem Lieder über historische Schlachten singt. Zum Beispiel ›Verschone meinen Onkel‹ oder ›Klagelied für MacLean‹.«

Der Professor hob das Kinn wie bei seinen Vorlesungen. »Eine der Hauptaufgaben des Wissenschaftlers ist es, das Wichtige vom Unwichtigen, also die Spreu vom Weizen zu trennen!«

»Kommt sofort. Also das Wichtige. Sie werden schon sehen.«

»Hören, ich werde hören!« Es war zum Haare raufen.

»Von mir aus auch hören. Also: Colin Lewis hatte immer dieselbe Unterkunft, wenn er auf Islay weilte. Eine, die nicht offiziell vermerkt ist, da er stets umsonst nächtigte – bei Freunden.«

Die Unterkunft! Warum hatte er daran nicht selbst gedacht? Warum war er davon ausgegangen, Colin wäre nur zu einem Tagesausflug nach Islay gekommen? Nach Renas langer Vorrede ahnte der Professor bereits, wo Colin Lewis Quartier bezog. »Er nächtigte also…«

»…hier!« Rena grinste. »Ich lass mir doch die Pointe von Ihnen nicht stibitzen. Bevor ich weitererzähle, hol ich mir aber noch einen Kaffee. Wollen Sie auch einen? Wissen Sie was, ich bring Ihnen einfach einen. Wie immer: viel Milch, kein Zucker.«

Sie verschwand, ehe der Professor die ihm wie Fassstärke-Whisky auf der Zunge brennenden Fragen stellen konnte. Unruhig sah er sich um. Aufgrund der gerade erhaltenen Information erscheinen ihm das kleine Inselhaus nun wie eine feindliche Festung und seine Wirtin wie die böse Königin, die hier herrschte. Das war natürlich Unsinn, sie hatte Colin schließlich nur Unterschlupf gewährt, einem Freund. Ein altruistischer Wesenszug war das. Doch wie kam es, dass ein dermaßen unsozialer Knochen wie Elisabeth Harrington mit einem Pubbesitzer aus Edinburgh befreundet war?

Rena kehrte zurück und stellte eine große, dampfende Tasse vor Bietigheim. »Wie kam es, dass…«, begann dieser, doch seine Assistentin wartete das Ende der Frage nicht ab.

»…Colin war schon als Kind häufig auf der Insel, also mit seinen Eltern im Urlaub. Er und Mrs Harrington waren so was wie Sandkastenfreunde. Vielleicht war da später auch mehr, aber offiziell und ernst wurde es nie. Wie auch immer: Sie könnte wirklich was über Colin und seinen letzten Tag auf Islay wissen.«

Der Professor schnaufte. »Ja, aber wie um alle Welt soll

ich dieses Weibsstück zum Sprechen bringen? Wir begannen auf dem falschen Fuß und sind seitdem völlig aus dem Gleichgewicht geraten.«

»Weil ich die beste aller Hilfskräfte bin, habe ich auch dafür eine Lösung. Ich bin doch die beste, oder? Aller Zeiten? Mindestens!«

Der Professor begann, zur Beruhigung nun doch Benno zu kraulen. Das war ja sonst nicht auszuhalten. »Sie sind vor allem – zum jetzigen Zeitpunkt noch – angestellt. Bei einer, wenn ich das ausnahmsweise einmal ganz unbescheiden sagen darf, Koryphäe seiner Fachrichtung, international höchst angesehen noch dazu.«

Rena gähnte mit weit aufgerissenem Mund. Dann sah sie ihn überrascht an. »Oh, sind Sie etwa schon fertig?« Ihre Augen blitzten. »Ich höre Ihnen so gern zu. Aber jetzt machen wir zwei Süßen das mal andersherum: Ich rede, und Sie lauschen. Okay? Okay! Also: Mrs Harrington hat eine kulinarische Leidenschaft. Und die müssen Sie nur erfüllen. Mit Rezepten, besser noch: Indem Sie für sie kochen. Denn das haben Sie eben, weil Sie so unglaublich bescheiden sind, vergessen zu erwähnen: Sie sind ein ganz fantastischer Koch.«

Bietigheim nickte, das war natürlich wahr, sonst würden ihn Drei-Sterne-Köche nicht um seine Meinung bitten, bevor ein Gericht auf die Karte kam, oder um Ideen für neue Kreationen ersuchen, die sie gemeinsam mit ihm erarbeiteten. Egal, welche kulinarische Leidenschaft Elisabeth Harrington pflegte, er war genau der richtige Mann dafür!

»Womit kann ich unsere Gastgeberin denn nun gefügig machen?« Bietigheim machte sich bereit, aus seinem Rezeptregister die perfekten Gaumenschmeichler hervorzuziehen.

»Mit Minze.«

Bietigheims Kinnlade lockerte sich selbstständig und fiel, soweit die Anatomie es zuließ, Richtung Boden.

»Ja, ich weiß«, sagte Rena. »Minze ist der Fluch Gottes oder wahlweise des Teufels bösartigste Erfindung sowie die biologische Waffe unter den Lippenblütlergewächsen. An der Hamburger Uni wird man niemals vergessen, wie Sie einen Studenten hochkant rausgeschmissen haben, der einen Spearmint-Kaugummi im Mund hatte. Und danach nicht nur alle Fenster öffnen ließen, sondern auch die Putzkolonne herbeizitierten und den Rest der Vorlesung mit einem Taschentuch vor dem Mund sprachen.«

»Und trotzdem war es noch eine Zumutung! Ich kann unmöglich etwas mit Minze kochen, denn das würde bedeuten, jedes Essen zu verderben.«

»Der Weg in Mrs Harringtons Herz führt nur über die Minze.«

Plötzlich näherte sich die Frau, über die sie die ganze Zeit geredet hatten. Wie immer hatte sie das Lächeln im Keller gelassen. In einem Tresor, dessen Zahlenkombination sie längst vergessen hatte. »Da ist ein Anruf für Sie, Herr Professor. Eine Dame aus Hamburg, wie Sie mir erzählte. Sie sagte, ich solle meine fettigen Finger von Ihnen lassen, sonst würden mir diese abgehackt, und ich müsste sie frittiert zum Frühstück essen. Ich möchte nicht, dass diese Person jemals wieder hier anruft, sagen Sie ihr das!«

Bietigheim rückte seine Fliege zurecht und strich sein Haar nach hinten, obwohl bereits alle Haare ordentlich in Reih und Glied lagen. Die Göttliche wollte mit ihm sprechen!

»Ich verzieh mich dann mal«, sagte Rena. »Und lass Sie zwei Turteltäubchen telefonisch die Schnäbel aneinanderreiben.«

Als Bietigheim zum Telefon im Flur ging, pochte sein Herz so laut, dass er nicht hörte, wie Elisabeth Harrington in der Küche wütend Töpfe und Pfannen in den Schrank pfefferte.

Der Telefonhörer lag lieblos und unordentlich neben dem Telefon. Zärtlich hob Adalbert ihn auf und streckte die Brust heraus, als er ihn ans Ohr hielt.

»Professor Bietigheim am Apparat. Spreche ich mit …«

»Ja, das tun Sie. Aber auch nur, weil ich mich bei Ihnen melde, Adalbert. Und nicht, weil Sie meine Nummer wählten. Sind Ihre Finger zu schwach dafür, oder vermissen Sie unsere Treffen in meinem Blauen Salon etwa kein bisschen?«

Bietigheim nahm all seinen Mut zusammen. »Ich sehne mich sehr nach diesen! Und nach Ihrer Gegenwa…«

»Papperlapapp, dann wären Sie bei mir! Ich hoffe, Sie klären diese Mordserie schnell auf. In zwei Wochen werden Sie im Übersee-Club einen Vortrag über die aktuelle Situation sowie wirtschaftliche Bedeutung von Whisky halten und am nächsten Abend eine Probe für die »Ladies of the Highlands« leiten, ein Whiskyclub nur für Damen, den ich gestern ins Leben gerufen habe. Wir werden in wenigen Tagen nach Schottland reisen, um die Whiskys für diese Proben zu kaufen und uns in Edinburgh einzukleiden. Wir wollen selbstverständlich passend angezogen sein, wenn wir an unseren Gläsern nippen. Sie werden uns dabei begleiten, ein genauer Zeitplan geht Ihnen in den nächsten Tagen zu. Tragen Sie einen Kilt und nichts darunter, die Damen erwarten das.«

»Aber wieso nichts darunter, das sieht doch ohnehin niemand.«

»Es geht um das Wissen, Adalbert! Sie verstehen aber auch gar nichts von Erotik. Was würden Sie denken, wenn ich sage, dass ich gerade rote Seidenunterwäsche sowie Netzstrümpfe trage?«

Bietigheims Blut verließ vollständig den Kopf, und er war nur noch fähig, ein einziges Wort zu röcheln. »Hildegard …«

»Das ist jetzt nur ein Beispiel, das trage ich natürlich nicht!«

Adalberts Blut murrte und kehrte missmutig zurück, dabei hatte der Ausflug so vielversprechend begonnen. »Ich werde versuchen, den Terminen nachzukommen.«

»Nichts versuchen, machen! Es geht immer ums Machen. Da fällt mir etwas Humoristisches ein. Fliegen ein Engländer, ein Deutscher und ein Russe zum Mars. Dort angekommen, sagt der Anführer der Marsmenschen zu ihnen: ›Wenn ihr zurück auf die Erde wollt, müsst ihr drei Aufgaben erfüllen. 1. Ein Glas Whisky trinken. 2. Den Drachen töten. Und 3. Mit der hässlichsten Marsfrau schlafen.‹« Hildegard machte eine Pause, das Knistern ihrer Zigarette verriet, dass sie einen langen Zug nahm. »Der Engländer trinkt ein Glas Whisky und kippt um. Der Deutsche trinkt auch ein Glas und betritt danach die Höhle des Drachen. Nach einigen Sekunden hört man Schreie, dann herrscht Ruhe. Der Russe denkt sich: Wenn ich schon sterbe, dann durch Alkohol. Er trinkt zwei Flaschen Whisky und torkelt in die Höhle. Nach wenigen Augenblicken ertönt ein leises ›Uhhh, ahhhh‹. Dann kommt der Russe wieder aus der Höhle und fragt: ›Und wo ist jetzt die Marsfrau, die ich töten soll?‹« Hildegards Lachen war markerschütternd und hatte in Hamburg bereits zu Erdbebenwarnungen geführt.

Mrs Harrington erschien mit dem Staubsauger in der Hand und blickte Bietigheim mit wutrotem Kopf an. »Sagen Sie Ihrer Bekannten, Sie soll nicht so laut lachen, ich kann meinen Sauger nämlich nicht mehr hören! Und Sie sollten das Telefon nicht so lange besetzen, andere Gäste wollen auch telefonieren.«

»Außer Rena und mir ist zurzeit doch niemand hier.«

»Es geht ums Prinzip!«, antwortete Mrs Harrington und schlug die Tür hinter sich zu.

Es würde viel Minze notwendig sein.

Bietigheim sprach wieder in den Hörer. »Ich bin wieder ganz Ohr, leider gab es Probleme mit dem Personal. Was sagten Sie, Gnädigste?«

»Ich habe Sie gebeten, mich endlich auf den Stand der Ermittlungen zu bringen. Sie wissen doch um meine Neugierde, Adalbert. Befriedigen Sie diese! Kein Vorspiel, kommen Sie direkt zur Sache. Ich kann was vertragen!«

Wieder setzte das Blut zur Reise gen Süden an. Bietigheim musste sich setzen und erst einmal durchatmen. Als er sich wieder gefasst hatte, fing er an zu erzählen. »Unser Toter, Colin Lewis, hat eine kleine Odyssee hinter sich. Vor zwei Wochen besuchte er die Insel, zuerst ging es in die Mälzerei Port Ellen, wo er vermutlich einen Zettel fand, der ihn zu Kilchoman führte, und von dort, mitten in der Nacht, zu Laphroaig. Wo er nie ankam, aber in dessen Torffeld er gefunden wurde. Zur Todesursache kann ich nichts sagen, entsprechende letale Wunden waren nicht zu sehen, vielleicht wurde er lebendig begraben. Ein Hund buddelte ihn aus und knabberte an seinem Hals.«

»Wie unappetitlich. Sie sollten wirklich schauen, dass Ihre Toten kulinarisch ansprechender sind – wie diese junge Frau in Brügge.«

»Aber ich kann doch nicht beeinflussen, wie …«

»Papperlapapp. Man kann immer, wenn man will. Die zweite Leiche, von der ich hörte, das geht doch schon in die richtige Richtung. Mariniert in Whisky, über Jahrzehnte. Apart!«

»Apart würde ich das nicht nennen, der Mann ist wohl ohnmächtig ertrunken.«

»Besser als bei klarem Verstand! So, und nun mal zu den Motiven!«

Wie herrlich zackig diese Frau war! »Nun ja, einerseits hat er bei Geschäften mit Fässern von Port Ellen seine Geschäftspartner übers Ohr gehauen, andererseits ist er an der Neueröffnung der Distillery beteiligt. Es ist unklar, ob seine Frau die Anteile nun verkauft. Das wäre dann ein Motiv.«

»Wobei der Verkauf, so ist es vertraglich fixiert, zuerst an

Mitglieder der Gruppe erfolgen muss. Zudem war Colin Lewis' Frau Bonnie stets gegen seine Beteiligung an der neuen Distillery – was unter den Investoren auch bekannt war. Ja, staunen Sie nur, auch ich habe meine Quellen. Was halten Sie denn von Bonnie Lewis? Könnte sie es nicht gewesen sein?«

»Der Täter muss auf Islay zu suchen sein, und dort war sie meines Wissens nicht. Aber das müsste ich, um ganz sicher zu sein, noch nachprüfen lassen.«

»Nicht nötig, ihr Alibi ist wasserdicht. Sie war im ›The Ben Nevis‹ und dafür gibt es viele Zeugen. Sie könnte jedoch jemanden beauftragt haben, ihren Mann zu töten. Das dürfen Sie nicht außer Acht lassen, Adalbert!«

»Sie haben mein Wort, Verehrteste.«

»Kann ich darauf noch vertrauen, oder ist es bereits vom Whisky getrübt?«

»Ich darf doch sehr bitten!«, sagte der Professor, obwohl er wusste, dass sie ihn neckte.

»Lassen Sie uns einen kleinen Test machen. Verraten Sie mir Folgendes: Was ist der Unterschied zwischen einem Mann, der eine Flasche Whisky trinkt, und einem, der eine Packung Viagra schluckt?«

»Nun, das eine ist Medizin, und das andere …«

»Ich sage es Ihnen: Der eine hat dann einen sitzen, dass er nicht mehr stehen kann. Der andere hat einen stehen, dass er nicht mehr sitzen kann.« Sie lachte, und es klang, als würde ein ganzes Neubauviertel einstürzen.

Der Professor lachte mit, wobei er den Witz nicht wirklich verstand. Aber wenn Hildegard zu Trömmsen darüber lachte, musste er köstlich sein.

Mrs Harrington knallte irgendwo im Haus eine Tür. Dreimal hintereinander.

»So, genug gescherzt. Dann mal fix zu Ihren Verdächtigen! Ich habe nämlich gleich einen Termin in Paris, wo ich mir neue Handschuhe kaufen möchte. Oder können

Sie sich vorstellen, dass ich ohne neue Handschuhe nach Edinburgh reisen würde? Was sollen die Menschen dort denn von mir denken?«

»Selbst wenn Sie in Lumpen kämen, würde man Ihre Eleganz, Ihren Stil und Ihre Schönheit loben, Hildegard.«

»Ach, Sie Schmeichler!« Wieder zog sie an ihrer knisternden Zigarette. »Gefällt mir sehr, wenn Sie das machen. Deshalb ab jetzt bitte häufiger. So, Verdächtige, zack, zack!«

»Nun ja, wir stochern etwas im Nebel. Da ist der nun verschwundene Distillery Manager Cameron McFallon, dann haben wir Edward Macallan, der sich ausgesprochen verdächtig benimmt und lügt, was aber an einem geheimen Whiskylager liegen könnte. Außerdem natürlich meine Herbergsmutter, die zum einen mit Colin Lewis befreundet war, zum anderen gemeinsam mit dem Mälzerei-Mitarbeiter Hughie Fletcher vor Jahrzehnten Finlay O'Rien im Whiskyfass umgebracht haben soll. Weiterhin soll sie eine Affäre mit dem örtlichen Polizisten gehabt haben, der dieses Amt damals noch nicht bekleidete. Übrigens ein merkwürdiger Mann.« Bietigheim machte eine kurze Pause, um Luft zu holen.

»Weiter, weiter!«, drängte Hildegard.

»Selbstverständlich. Finlay O'Riens Fundort deutet natürlich auf Colin Lewis als Täter hin. Es sei denn, der Tote wäre schon in dem Fass gewesen, als Colin es kaufte. Es ist durchaus zu vermuten, dass die beiden Morde zusammenhängen. Im einen Fall haben wir eine jahrzehntealte Leiche, die aussieht wie frisch ermordet. Und im anderen Fall eine frisch ermordete, die aussieht, als wäre sie jahrzehntealt. Diese Morde passen zum Whisky, bei dem auch mancher junge älter schmeckt als ein perfekt herangereifter. Wissen Sie, Hildegard, ein großer Whisky transzendiert die Zeit, er bewahrt sich im Kern seine Jugendlichkeit, und darum bildet sich Ring um Ring wie bei einem Baum und lässt ihn immer faszinierender werden.«

»Sie werden philosophisch, Adalbert.«

»Pardon. Wo war ich stehen geblieben? Ach ja, Verdächtige. Auch der ›Diogenes Club‹ in Edinburgh könnte seine Finger in dieser Sache haben, denn es heißt, er würde Schottland regieren.«

»Diesen Club werde ich aufsuchen.«

»Dort herrscht aber das Schweigegebot.«

»Das werden wir dann ja sehen. Mich hat noch nie ein Mann zum Schweigen gebracht.«

Daran zweifelte Bietigheim nicht. Was für ein Rasseweib!

Mrs Harrington riss die Tür auf, hustete lautstark und hielt Bietigheim ihre Armbanduhr vor die Augen. Er schenkte ihr ein Lächeln, das hoffentlich wie eines von einem Mann aussah, der Minze schätzte.

»Paris ruft«, sagte die verehrungswürdige Hildegard zu Trömmsen. »Hoffentlich gibt es auch ein paar Pariser.« Sie gluckste. »Ich freue mich ausgesprochen darauf, Sie bald zu sehen! Und nicht vergessen: nichts drunter. Adieu, mon Professeur.«

»Adieu, meine…« Ja, was nur? Meine Hildegard? Meine Herzdame? »…Aphrodite«, schloss Bietigheim, doch das Tuten im Hörer verriet ihm, dass die Hamburger Göttin der Liebe diese Liebesbezeugung leider nicht mehr gehört hatte.

Das prächtige, einem Schloss gleichende ›Balmoral‹-Hotel an der Princes Street war Edinburghs erste Adresse. Pit stand davor und legte den Kopf in den Nacken, um die Uhr am Ende des rund sechzig Meter hohen Turms sehen zu können. Es war zehn Uhr dreiundzwanzig.

Doch das war eine Lüge.

Wie seit Ewigkeiten.

Die Uhr ging zwei Minuten vor, damit man seinen Zug an der nahen Waverley Station rechtzeitig erreichte. Nur an Silvester, hier Hogmanay genannt, ging sie richtig.

Es war zehn Uhr einundzwanzig, als Pit das Hotel betrat.

Das edle, helle Interieur der von Säulen gehaltenen Lobby kündete von alter Pracht, doch die Gäste trugen längst nicht mehr alle Nerz, sondern größtenteils Jeans und Goretexjacken. Der Concierge hob nicht einmal die Augenbrauen, als Pit auf ihn zusteuerte.

»Taxi für Mr Shinjirō Akadama«, sagte Pit. »Ich soll ihn zum ›Diogenes Club‹ bringen. Es geht um die Port Ellen Distillery. Ein Mister Melas hat mich geschickt. Ist wohl dringend.«

»Sekunde.« Der Concierge hob den Hörer vom Telefon und wählte die Zimmernummer.

»Ich warte draußen, dann kann ich noch eine rauchen.« Pit salutierte, das fühlte sich einfach richtig an. Rauchen wollte er draußen allerdings nicht. Akadama wäre sicher überrascht, ihn zu sehen und unwillig mitzukommen. Auf eine Szene im »Balmoral« konnte Pit allerdings gut verzichten. Noch einmal in U-Haft musste echt nicht sein. Dabei war es dank Geoffrey gar nicht so übel gewesen. Der hatte solch eine Fahne gehabt, dass Pit durchs Passivtrinken angenehm beduselt war.

Vor dem Hotel holte Pit schnell den Fried-Bounty-Riegel aus dem Auto. Der glühte jetzt hoffentlich nicht mehr wie ein Stück frisch geschmiedetes Eisen. Herzhaft biss er hinein, und die heiße Kokospampe floss wie eine Feuerwalze über seine Zunge.

Geil!

Shinjirō Akadama trat aus dem ›Balmoral‹ und blickte sich um. Pit besah sich den Mann, der überraschenderweise von Colin Lewis' Tod gewusst hatte, was ihm nun diese Spezialbehandlung einbrachte. Der hochgewachsene asiatische Manager des Luxuskonzerns Diageo mit der Yuccapalmenfrisur trug einen perfekt sitzenden Anzug, die silbernen Manschettenknöpfe strahlten in der Wintersonne. Pit kam von rechts.

»Schön, Sie zu sehen, Meister. Ich hab da hinten geparkt.«

»Aber Sie sind ja…«

»…der Pit, genau. Kossitzke ist der Nachname. Taxifahrer der Beruf.«

»Was wollen Sie von mir?«

Pit hakte ihn unter. »Ich bringe Sie jetzt zum ›Diogenes Club‹. Es gibt neue Entwickelungen in der Port-Ellen-Sache.«

Akadama riss sich los. »Und was haben Sie damit zu tun?«

»Ich bekomme Colins Anteil, hab alles schon mit Bonnie geregelt. Und da ich mit Ihnen vor dem Treffen ein paar Worte quatschen wollte, hole ich Sie ab.«

»Aber ich will nicht mit Ihnen reden.«

»Sollten Sie aber! Im eigenen Interesse. Aber Sie können natürlich auch gerne zu Fuß gehen oder sich ein Taxi rufen. Es war ein Freundschaftsangebot, schließlich müssen wir miteinander auskommen. Das hatte ich zumindest vor. Aber Krieg ist immer eine Möglichkeit. Und nein, das sage ich nicht, weil ich Deutscher bin.«

Akadama musterte ihn. »Sie riechen nach Kokosnuss.«

»Und heißer Schokolade! Wollen Sie auch?« Pit streckte ihm den angenagten Bounty-Riegel entgegen.

Zu Pits Überraschung nahm der Diageo-Manager einen großen Bissen. »Oh, wie ich das Zeug liebe!«

Pit legte den Arm um den Burschen. »Ich glaube, das ist der Beginn einer wunderbaren Freundschaft.«

Die Fahrt durch Edinburgh war eher ein Stehen. Pit ließ den Motor ein paar Mal aufheulen, aber das ließ die Wagen vor ihm nicht, wie erhofft, verdampfen.

»In welcher Verbindung standen Sie zu Colin, Mr Kossitzke?«

»Pit, sonst sag ich kein Wort mehr.«

Akadama reichte ihm von hinten die Hand. »Shinjirō.«

Pit hatte noch nicht darüber nachgedacht, in welcher Verbindung er zu dem Toten gestanden haben könnte. Eigentlich sollte der Bluff nur so lange funktionieren, bis Shinjirō Akadama im Taxi saß. Aber jetzt fand er Gefallen an der Scharade. Welche Antwort wäre wohl am spaßigsten?

»Ich war sein Yogalehrer.«

»Ah, Intensive oder Ying?«

Ups. »Intensive Ying – habe ich erfunden. In Hamburg. Binnenalster.«

»Oh, das würde mich sehr interessieren, wie du diese beiden vollkommen widersprüchlichen Ansätze vereint hast.«

Ja, mich auch, dachte Pit, der weder Ahnung hatte, was Intensive noch was Ying Yoga bedeutete. »Das muss ich zeigen, dann versteht man das sofort. Ein paar der Übungen kann man auch im Taxi machen. Also wenn die Rückbank umgeklappt ist und der Innenspiegel abmontiert.«

Es war Pits Glück, dass Akadama sich nicht in Edinburgh auskannte, denn er fuhr ihn nicht zum ›Diogenes Club‹, sondern zum ›The Ben Nevis‹.

Pit lehnte sich nach dem Einparken zu Akadama. »Hier nehmen wir vorher einen zur Stärkung, das wird nämlich gleich ein langer Tag im Club.«

»Aber …«

»Nur ein kleiner Whisky, Shinjirō. Wenn wir in den Club kommen und nicht nach Whisky riechen, nimmt uns keine Sau ernst.« Pit sah, dass Akadama widersprechen wollte. »Vielleicht hast du hier deine Geschäfte bisher nicht so gemacht, aber damit fährt man immer besser. Vertrau mir. Oder willst du etwa sagen, dass ich lüge?«

Nein, das wollte Shinjirō Akadama nicht.

Bonnie Lewis war nicht da, nur Köchin Cathleen. Ihre Augen waren fast zugequollen vom Weinen, doch sie versuchte, sich nichts anmerken zu lassen. Pit hätte sie am liebsten tröstend in den Arm genommen.

Ach, warum eigentlich nicht?

Er trat hinter den Tresen zu ihr. Sie schaute verwundert auf, doch schon flüsterte Pit ihr ins Ohr »Ich habe das mit Colin gehört«. Bevor sie irgendetwas erwidern konnte, nahm er sie in den Arm. Pit hörte Cathleens Schluchzen nicht, er spürte es aber durch ihren zitternden Körper. Sie gestattete sich nur wenige Sekunden, dann drückte sie sich sanft von Pit los, schenkte ihm ein gepresstes Lächeln und verschwand in der Küche. Sie schloss die Tür hinter sich.

Pit wischte sich kurz die Augen und sah sich dann nach Geoffrey um, doch dieser hatte seine Stellung am Tresen noch nicht bezogen. Keiner der Gäste hatte sich auf dessen Barhocker niedergelassen – so etwas zeichnete einen echten Stammgast aus.

Pit wartete, bis Cathleen wieder aus der Küche trat, mit einem Lächeln, das aussah wie vom Grabbeltisch, und bestellte zwei Gläser Port Ellen – den günstigsten. Ihm war klar, warum Shinjirō Akadama so vorsichtig das Glas hob. Er vertrug nix. Das sah Pit den Menschen daran an, wie sie das Glas an die Lippen setzten. Vorsichtig, furchtlos oder bedächtig? Die Bedächtigen waren die besten Trinker. Sie waren wie erfahrene Bergsteiger, die stürmten auch nicht auf den Gipfel, sondern gingen langsam Schritt für Schritt voran – und kamen schließlich an, während den anderen längst die Puste ausgegangen war. Akadama zögerte lange und kippte den Whisky dann hinunter wie einen Feind, den es schnell zu erlegen galt.

Sofort bestellte Pit die zweite Runde. »Auf einem Bein steht es sich schlecht!«

Es dauerte viereinhalb Gläser, dann war Akadama so weit. Seine Körperspannung wirkte, als läge er in einer Hängematte.

»Ach, weißt du, Pit…«

»Ich weiß alles, aber sprich nur, mein Freund. Sprich

dich aus. Der Onkel Pit hört dir zu.« Er legte seinen Arm um Akadama.

»Es ist wegen Cameron, ich mach mir Sorgen.«

»Würde mir auch so gehen, Shinji.«

»Cameron hat mich angerufen, weißt du.«

»Klar weiß ich das.«

Akadama nickte. »Ja, und er hat mir alles erzählt, das weißt du ja. Von Colins Leichnam, dass Eddie ihm diesen komischen Professor aus Deutschland empfohlen hat, um das Alter der Moorleiche zu bestimmen, und dass er jetzt halt … ach, scheiße … also, das alles scheiße war. Und er eine Leiche in seiner Distillery liegen hatte. Und da habe ich gesagt«, er blickte Pit an, »du weißt ja, was ich gesagt habe.«

»Wort für Wort.«

Akadama nickte. »Aber was hätte ich auch anderes sagen sollen?«

»Nichts, das war genau richtig.«

»Das war es auch.« Er stieß mit Pit an. »Leiche ins Meer, Sorgen ins Meer. Und noch mal gucken, ob im Moor, da, wo sie ihn gefunden haben, noch irgendwelche Spuren sind, und weg damit.«

»Aus den Augen, aus dem Sinn.«

»Hab ich das auch gesagt?«

»Nein, aber gedacht hast du das.«

Akadama blickte Pit fragend an, dann nickte er. »Stimmt, genau das habe ich gedacht! Mann, bist du gut.«

»Kommt vom Yoga«, sagte Pit. »Mache ich immer mit Bier. Das entspannt die Muskeln.«

»Der Wahnsinn.« Akadama blickte in sein Glas. »Der absolute Wahnsinn. Pit, du bist der … also, der … der Wahnsinn, weißt du das?«

»Ich wusste genau, dass du das jetzt sagst.«

»Un-fass-bar. Du musst für uns arbeiten, Pit.«

»Mach ich doch gern. Soll ich dir auch wegen Cameron helfen?«

Akadama blickte ihn mit weit aufgerissenen Augen an. »Könntest du das? Könntest du das wirklich? Du machst mich so glücklich.« Er umarmte Pit. Dieser war sich nicht sicher, ob der Japaner dabei schluchzte. »Seit dem Telefonat habe ich Cameron nicht mehr gesprochen, er ist wie vom Erdboden verschwunden.«

»Die Leiche von Colin auch«, sagte Pit. »Vielleicht hat Cameron sich bei der Entsorgung im Meer aus Versehen gleich mitentsorgt? Fährt mit dem Boot raus, verliert den Halt, Klamotten saugen sich voll Wasser, Strömung packt ihn, keiner hört seine Schreie, denn die ganze Aktion läuft natürlich irgendwo ab, wo keine Sau in der Nähe ist. Und zack, gibt es zwei Leichen, die keiner findet.«

Akadama steckte seine Finger in das Whiskyglas und leckte sie danach ab. »Genau das habe ich gerade gedacht, Pit, genau das!« Er starrte auf sein Glas.

»Komm«, sagte Pit. »Lass uns in den ›Diogenes Club‹ fahren. Du bist jetzt so weit, verhandeln zu können.«

»Genau!«, sagte Akadama. Dann fielen ihm die Augen zu.

Pit stand schon an der richtigen Stelle, um ihn aufzufangen.

Der kleine Coop Supermarkt am Hafenbecken sah sich mit etwas Unbekanntem konfrontiert: Adalbert Bietigheim.

»Sie haben keine frische Minze?«

Der Verkäufer, ein Mann mit der stoischen Gelassenheit eines Felsbrockens, bewegte seinen Kopf leicht von links nach rechts. »Nie gehabt. Hat auch nie einer nach gefragt.«

Der Professor ergriff dessen Hand und schüttelte sie entschieden. »Meinen herzlichen Glückwunsch. Gute Kunden haben Sie! Das Kraut ist die schlimmste kulinarische Geißel der Menschheit. Es richtet jedes Gericht hin.« Er kam verschwörerisch näher. »Aber Ihr Portfolio bringt mich in eine Bredouille. Ich muss nämlich mit Minze kochen.«

»Meine Frau mag es an der Soße. Deswegen haben wir eine zum Anrühren. Oder Minzschokolade. Dahinten gibt es auch Minzdrops.«

»Nehme ich alles. Hören Sie: Ich kaufe alles, in dem Minze drin ist.«

»Alles? Auch die Klosteine?«

Bietigheim überlegte kurz. »Nein. Zurzeit will ich sie noch nicht vergiften.«

»Der Vater von meiner Margaret hat auch immer gern Minze gegessen. Kaugummis besonders. Hier, die schenk ich Ihnen.« Er drückte dem Professor eine Packung in die Hand, die dieser sofort fallen ließ.

»Ich fasse dieses Gift nicht ungeschützt an! Deshalb benötige ich auch Handschuhe. Mehrere Paar.« Er blickte sich suchend um. »Haben Sie meinen Hund irgendwo gesehen?«

Der Verkäufer und Inhaber des Supermarkts stand auf und schaute aus dem Fenster. »Er läuft im Hafen herum. Buddelt nach was. Ist sehr dreckig. Voller Schlamm.«

Bietigheim blickte ebenfalls hinaus. Das Hafenbecken war wieder leergelaufen, und Benno flitzte im Schlamm umher, seine Schnauze immer wieder tief hineinsteckend.

»Packen Sie bitte alles Minzige ein, ich zitiere derweil meinen Hund herbei. Und ich erwarte einen gehörigen Rabatt, da ich Sie von diesem Sondermüll befreie.«

Bietigheim rief Benno ein paar Mal, doch wie zu erwarten war, reagierte dieser nicht darauf. Der Professor versuchte es mit Leckerli, die er sich einfach aus einem Regal des Supermarkts griff. Doch wie sollte gepresstes Fleisch gegen frischen Schlamm mit Krebsen konkurrieren können? Essen war doch nur richtig gut, wenn es noch zuckte. Schließlich griff Adalbert zur letzten verbliebenen Möglichkeit und summte ein klassisches Musikstück, den dritten Satz von Mendelssohns »Schottische Sinfonie«. Es klang ungefähr so: Pöm-Pöm-Pöm-Pöm-Tadaaaaaa. Der junge

Mendelssohn war zwar nicht ganz Bennos Geschmack, aber der kleine Racker kam dennoch neugierig angelaufen.

Plötzlich schreckte er zurück.

Von einer Sekunde zur anderen verwandelte sich der verschnarchte Frederick Crescent in ein Großstadtgetümmel. Autos rauschten vorbei, aber auch Menschen auf Fahrrädern und viele zu Fuß laufend, als gäbe es in Richtung der drei Distilleries am Südufer etwas umsonst. Bietigheim drehte sich auf dem Absatz zum Geschäftsinhaber um. »Bringen Sie meine Einkäufe zum ›Trout Fly Bed & Breakfast‹. Ich zahle später. Sie wissen ja, dass meine Familie verlässlich ist.«

Dann ging er hinaus, griff sich sein Fahrrad und folgte der Meute, Benno hinter ihm herjagend. Er konnte einige Wortfetzen aufgreifen, und es wurde klar, dass das Ziel die Laphroaig Distillery war. Cameron McFallon war wieder aufgetaucht!

Der Professor trat noch entschlossener in die Pedale. Der hinter ihm herhetzende Benno verlor durch den Lauf immer mehr des Schlamms und sah irgendwann wieder mehr nach Hund als nach einem Ding aus dem Sumpf aus. Vor der Distillery hatte sich bereits eine große Gruppe Neugieriger eingefunden.

Das Meer lag heute ganz ruhig, flach wie ein See, das Licht der Wintersonne spiegelte sich darin. Es wirkte unnatürlich friedlich, wie eine Lüge, die einem Kind erzählt wurde, damit es nicht begreift, was Grausames geschehen war. Der Wetterdienst hatte von starken Stürmen, Hurrikans, an den Küsten der nördlichen Hebriden berichtet, doch hier regte sich kein Lüftchen, und das Meer tat so, als wäre es ein Nichtschwimmerbecken.

Constable Derek Dolan hatte seinen Streifenwagen vor der Mälzerei geparkt und ein Flatterband gespannt, um Neugierige fernzuhalten.

Es lag zertrampelt am Boden.

»Lassen Sie mich durch!«, rief Bietigheim. »Ich bin von der Universität Hamburg.« Das hatte hier zwar keinerlei Bedeutung, doch der Professor sagte es mit solcher Autorität, dass die Menschen ihm Platz machten und ihn ins Gebäudeinnere ließen – in welches sich die Menge selbst nicht traute.

Im Ofen glühte der Torf, und sein Rauch stieg rasant empor, als könne er es nicht abwarten, die Gerste zu mälzen. Da hier niemand zu finden war, machte Bietigheim sich auf den Weg nach oben, Benno im Schlepptau. Am Ende der Treppe traf er auf Richard Ferguson, der dort saß und seine Hände wie zum Gebet gefaltet hatte, sie jedoch so fest umklammerte, dass die Adern an den Handrücken hervortraten.

»Was ist geschehen?«, fragte der Professor. »Was wollen all die Leute hier?«

»Ich habe gedacht, etwas stimmt nicht«, sagte Ferguson und blickte dabei auf seine Hände. »Die Werte waren in Ordnung. PPM und so stimmte, auch der Trocknungsgrad, alles.«

»Wovon reden Sie?« Bietigheim überlegte kurz, sich neben den Mann zu setzen, doch das Treppenhaus war einfach zu eng dafür.

»Fünfundsiebzig Prozent unserer gemälzten Gerste bekommen wir von Port Ellen, die machen das nach unseren Vorgaben«, fuhr Ferguson fort. »Das wird dann mit unserer gemischt, und dann kommt unser Wasser vom Kilbride Dam dazu. Sehr torfig. Wissen Sie, Professor, jede Distillery hat ihre eigene Quelle, das ist sehr wichtig. Die Leute reden immer von den Lagerhäusern, von Fässern und der Form der Brennblasen. Über das Wasser wird kaum geredet. Dabei ist es die Grundlage, Islay-Wasser.«

Benno drückte sich an den Mash Master. Bietigheim war unklar, ob die Gründe empathischer oder hygienischer Natur waren. Zumindest wurde er dadurch wieder trocken.

»Ich probierte an der Mash Tun. Und da stimmte was nicht.«

Bietigheim ahnte Schlimmes. »Cameron McFallon? In der Mash Tun?«

Ferguson schüttelte energisch den Kopf. »Nicht in meiner Mash Tun! Aber da stimmte was nicht. Vom Geruch her. Also habe ich das Wasser geprüft. Das schmeckte wie immer. Es gibt Schwankungen, mit den Jahreszeiten, aber die kenne ich. Es war so, wie es sein sollte. Ich war beruhigt. Dann habe ich die Gerste geprüft.«

Er atmete tief durch die Nase ein, den Mund fest geschlossen.

»Mit der Gerste stimmte etwas nicht?«, fragte Bietigheim, eine Brücke bauend.

Ferguson betrat sie. »Da war ein komischer Geschmack, etwas Süßliches, das passte nicht. Hätte tausend Gründe haben können.«

»Bei welcher Gerste?«, fragte Bietigheim, dem schwante, worauf es hinauslief.

»Unserer«, antwortete Ferguson. »Nur unserer.«

»Also sind Sie schauen gegangen, um mit dem Mälzer zu sprechen?«

Der alte Mann vergrub sein Gesicht in den Händen, und Bietigheim fragte nicht weiter, stattdessen ging er empor zum Mälzboden.

Die metallische zweiflügelige Tür, die sich zur Seite klappen ließ, stand offen. Feuchter Dampf, wie aus einer riesigen Sauna, strömte vom Mälzboden in das enge Treppenhaus. Constable Dolan stand im Türrahmen und blickte kurz auf, als Bietigheim zu ihm trat.

»Dachte mir schon, Sie hier zu sehen, Professor. Auch einen Schluck? Sie werden ihn brauchen.« Er reichte ihm seinen Flachmann. Bietigheim lehnte diesen unhygienischen Verbrüderungstrunk selbstverständlich ab.

»Ich hatte einen starken Tee.«

»Zwölf bis fünfzehn Stunden bleibt die Gerste hier, im heißen Torfrauch von fünfundfünfzig bis siebzig Grad«, sagte Dolan. »Die merkwürdig riechende Fuhre Gerste stammte aus dem Mälzungsprozess zuvor.« Er trat zur Seite. »Na los, nur rein mit Ihnen.«

An einer Stelle war die Gerste fortgefegt und die darunterliegende perforierte Metallplatte freigelegt und zur Seite geschoben worden. Der Professor trat näher heran, durch die Hitze beschlug seine Brille. Er nahm sie ab, nichts als Rauch war zu sehen.

»Sie müssen näher heran«, hörte er Dolans Stimme.

Der Schweiß drang Bietigheim aus allen Poren, als quetsche ihn eine unsichtbare Hand aus.

»Es sind momentan nur noch 45 Grad, wir lassen es kontrolliert ausgehen. Jetzt ist sowieso alles zu spät.«

Bietigheim kniete sich hin und wedelte den Rauch vor sich fort. Er brauchte beide Hände dafür. Für einen kurzen Augenblick erhielt er freie Sicht.

Und blickte in das Gesicht von Cameron McFallon, der unter dem Boden des Peat Kiln lag. Er hatte sich verfangen, sonst wäre er ins heiße Torffeuer gefallen. Der Manager sah grotesk aus, aufgequollen und gerötet, feucht glänzend. Seine Kleidung klitschnass von der Feuchtigkeit.

Und eines war Cameron auf jeden Fall: gar.

KAPITEL 8

Dram

Der Rauch roch anders, seitdem Adalbert wusste, dass er zum Teil von Cameron stammte. Er löste seinen Blick vom Leichnam und stand auf. Dolan schlug ihm auf die Schulter. »Er war ein großer Torffreund.«

Der Professor vermutete ein zynisches Lächeln, doch der Police Constable schaute ernst. Er schien diesen Tod passend zu finden – aber nichtsdestotrotz verfrüht.

Auf dem Weg nach unten sammelte Adalbert den immer noch vor sich hin starrenden Richard Ferguson ein. »Kommen Sie, ich bringe Sie nach Hause.«

Der Mash Master sagte nichts, ließ sich mitziehen wie eine willenlose Puppe. Als sie aus dem Kiln traten, bombardierten die Schaulustigen sie mit Fragen, doch Bietigheim senkte nur den Kopf, einer Ramme gleich, und durchbrach die Menschenmenge. Er war schon fast an der Straße, als ihm auffiel, dass etwas fehlte: Benno! Der war doch eben noch hinter ihm? Er würde doch nicht oben in dem Kiln sein?

»Wo ist Maria?«, fragte Ferguson plötzlich. »Maria!« Er rief, doch es klang so panisch, als würde er Cameron zurückrufen wollen.

Bietigheim machte kehrt. »Ich hole sie. Und Benno gleich mit.«

Wie erwartet, fand er seinen Foxterrier im Mash Room, aneinandergekuschelt mit Maria. Doch kaum waren die zwei durch seine Schritte aufgewacht, knurrte die Hündin ihren Kuschelpartner an.

Als Maria kurze Zeit später auf Richard Ferguson zustürmte, weinte dieser vor Freude.

»Sie ist doch heiß, oder?«, fragte Bietigheim, um den Mash Master auf andere Gedanken zu bringen.

»Ja, du bist eine Gute! Du bist mein Mädchen!« Ferguson vergrub sein Gesicht in ihrem Fell. Erst beim Aufstehen antwortete er. »Ja.«

Benno stieß hohe, flehende Kläffer aus.

Fergusons Haus war eines der ersten in Port Ellen. Es war weiß und geduckt, seine Wände wirkten wehrhaft wie die Mauern einer Burg. Bietigheim zog den Schlüssel aus der Jackentasche des lethargisch wirkenden Hausherrn und schloss auf, die Hunde wuselten zwischen seinen Beinen hinein. Es ging durch eine enge schlauchförmige Diele. Über dem Türrahmen zum Wohnzimmer hing ein Banner mit der Aufschrift: »Ferguson's Real Museum of Islay«.

»Stoßen Sie sich nicht den Kopf«, warnte Ferguson. Und stieß ihn sich im nächsten Augenblick selbst.

Das Haus schien bewohnt von Büchern, Fotos und Artefakten, die alle die Aura der Historie umgab. Bei allen ging es um Islay, und es ging um Whisky. Es war kaum Platz für den runden Holztisch, der aus einem halbierten Whiskyfass bestand, und die zwei Ohrensessel links und rechts davon. Bietigheim suchte die Küche und holte dort zwei Gläser und eine Flasche Whisky. Es war ein Talisker, ein Single Malt von der Insel Skye. Zwei gefüllte Gläser standen kurz danach auf dem Tisch, doch Ferguson wollte keinen Schluck, und auch Bietigheim wollte sein Gehirn nicht vernebeln, er brauchte es jetzt scharf und schnell.

Der Professor sah sich Fergusons Sammlung an: diverse Türklinken, Rechen, um durch die Gerste zu gehen, drei Fässer, einen Spirit Safe.

Nichts davon stammte von Laphroaig.

»Das ist alles von der Port Ellen Distillery, nicht wahr?«

»Ja.«

»Aber Sie haben dort nicht gearbeitet, nur Ihre Schwester Annie.«

»Sie hat Port Ellen geliebt, war dort im Büro tätig. Immer pünktlich, immer fleißig, sehr beliebt. Sie war ein wundervoller Mensch. Das da ist sie.« Er deutete auf ein Bild, das am einzigen freien Platz an der Wand hing. Es war ein Ölgemälde, der Künstler jedoch kein van Gogh, sie sah aus wie eine Puppe. In die untere rechte Ecke war ein Foto gesteckt worden. Es zeigte ein fröhlich, wenn auch etwas schüchtern lächelndes Mädchen mit langem, braunem Haar.

»Die Investoren vom Port-Ellen-Projekt kamen zu mir, weil sie wussten, dass ich ein Storyteller bin und alles über die Insel weiß. Früher wurde ja alles in Geschichten weitergegeben, einer erzählte, und einer hörte zu, der es dann später selber weitererzählte. Ausschmückungen kommen dazu, Übertreibungen, natürlich, aber auch bei der schriftlichen Geschichtsschreibung ändern sich Dinge. Aus Helden werden Schurken und aus Schurken plötzlich Opfer. Ich bin ein lebendes Geschichtsbuch, wer mich fragt, der schlägt mich auf.«

»Aber ein bisschen was schreiben Sie auch auf, oder?«

Ferguson stand auf und holte ein Notebook. »Ich bin nicht von gestern. Und weiß, dass mein Kopf nicht jünger wird.« Er klopfte an diesen. »Ich wünschte, dieses System könnte man auch einfach updaten lassen.«

»Wer sprach Sie an?«, hakte der Professor nach.

»Giorgios Melas. Ich sollte eine Chronik erstellen über Port Ellen, sie wollen ein Buch herausbringen, mit Fotos. Ich habe sofort zugesagt – unter einer Bedingung: Sie mussten eine Reise nach Indien finanzieren, damit ich die Brennblasen suchen kann. Sie haben sofort zugesagt.« Er holte sie auf den Bildschirm. »Die Brennblasen werden jetzt für einen indischen Whisky genutzt. Eventuell schluckt die neue Brennerei hier auf Islay den Betrieb.«

Die Brennblasen wiesen die typische Zwiebelform auf, wirkten elegant, wenn auch stark gedellt. Die Überfahrt musste hart gewesen sein. »Ich habe sie ausgemessen, im Detail, denn die neuen sollen genauso aussehen. Mit allen Dellen. Colin wollte sie in Auftrag geben und alles überwachen. Das war ihm sehr wichtig. Er wusste um die Bedeutung.«

»Cameron wusste davon?«

»Nein.« Maria sprang auf seinen Schoß, Benno setzte sich zu Fergusons Füßen.

»Das hätten Sie niemals geheim halten können.«

»Nein. Ich hätte Cameron alles gesagt, er war mein Freund, nein mehr, fast wie ein Bruder. Ich habe nur auf den richtigen Moment gewartet.«

»Doch der kam nie. Wie auch?«

Richard Ferguson bekreuzigte sich mehrmals, dann zog er ein DIN-A2-großes Foto aus dem Regal, das auf Pappe aufgezogen worden war und die neue Distillery zeigte. Sie strahlte im Sonnenlicht, viele Menschen bewunderten sie, im Meer dahinter waren sogar die Schwanzflossen von Walen zu sehen. »Hier, sehen Sie, die Investoren haben schon alles geplant. Zuerst sollte es Abfüllungen des New Make geben, das sich noch nicht Whisky nennen darf. Dann, ab drei Jahren Reifung, jedes Jahr eine Abfüllung unter der Überschrift »Stairway to Heaven«, außerdem Sonderabfüllungen zum Feis Ile Festival, wie es auch die anderen Distilleries machen, Nachreifungen in Fässern berühmter Weingüter, vor allem aus Bordeaux und Burgund. Kulinarisch wollen sie ein Ausrufezeichen setzen, ein Sternekoch aus Glasgow soll kommen. Einen kostenlosen Club soll es natürlich auch geben, Merchandising, Käse und Schokolade mit dem Whisky, alles. Für den Travel Market, also Duty Free, wird es jedes Jahr zwei Sonderabfüllungen geben, alles Fassstärke. Außerdem sollen die Whiskys weder kühlgefiltert noch mit Zuckercouleur eingefärbt werden. Das Wasser, um den neuen Port Ellen auf die entsprechende Stärke zu verdünnen, soll von Islay kommen und die Gerste bei Sonderabfüllungen auch.«

»Sie lassen nichts aus«, sagte Bietigheim und hielt Benno einen von den Shortbread Fingers hin, die auf einem Teller im Regal lagen.

Der Foxterrier nahm es nicht einmal wahr.

Fergusons Stimme wurde leise. »Diese Gruppe hat Geld, viel Geld, Colin Lewis war ein kleiner Fisch. Einer, den die Großen zum Frühstück verspeisen. Aber er hatte das Projekt initiiert und hielt eine starke Position. Er sollte der Geschäftsführer sein. Man konnte ihn nicht so einfach loswerden.«

Bietigheim schüttelte den Kopf. »Nein, Mr Ferguson, das ist falsch. Mit genug Geld kann man jeden einfach loswerden. Und diese Leute haben genug Geld, um ganz Islay zu entvölkern.«

***

Es war dreizehn Stunden und damit einen Tag später, als Rena sich zweimal am Ohrläppchen zog.

Das Zeichen!

Der Spaziergänger hatte das Haus verlassen, genau wie von Rena vorhergesagt. Er behandelte den Professor immer noch, als sei dieser der Leibhaftige. Die Löwen mochten es überhaupt nicht, wenn sich jemand weigerte, Teil ihres Rudels zu werden. Es kränkte sie in ihrer Ehre. Ärgerliche Löwen waren zweifellos gefährlich, aber sie taten auch Unüberlegtes, begingen Fehler.

Darauf zählte der Professor.

Obwohl er wirklich unheimlich gerne einige der alten Whiskys aus der Höhle sein Eigen nennen würde.

Bietigheim bedeutete Rena mit einem leichten Nicken, dass er verstanden hatte.

Es war so weit.

Er würde mit Minze kochen.

Rena hatte er den Auftrag gegeben, die Manager von Bowmore und Kilchoman zu durchleuchten. Per Computer, aber auch persönlich. Schließlich lebten sie als einzige Investoren der Port-Ellen-Gruppe auf Islay. Rena hatte ihn während des Briefings mehrfach daran erinnert, dass er heute unbedingt bei der Universität Hamburg anrufen musste, wegen des Kanzlerpostens. Und dass er eine verdammt gute Ausrede präsentieren müsste, warum er nicht an dem Vorstellungstermin teilnehmen konnte.

»Sie schaffen das!«, sagte Rena und hob die gedrückten Daumen empor, als sie angezogen in der Tür stand.

»Sind Sie immer noch da?«, moserte Bietigheim und scheuchte sie hinaus.

Elisabeth Harrington werkelte in der Küche. Vermutlich war sie damit beschäftigt, die Reste des Fischfrühstücks zu entsorgen. Zumindest wirkte Benno extrem nervös.

Der Professor klopfte an die Küchentür und öffnete sie einen Spaltbreit.

»Keine Zeit, arbeite gerade.«

Er hatte sich fest vorgenommen, ausgesprochen charmant zu sein. »Und das tun Sie wie keine andere, Sie sind eine Göttin der Arbeit!«

Zu dick aufgetragen?

»Machen Sie sich gerade über mich lustig?«

Zu dick aufgetragen.

Adalbert schob die Tür auf und trat freundlich lächelnd in die Küche. Elisabeth Harrington spülte gerade Geschirr.

»Ich will mich bei Ihnen bedanken.«

»Das wüsste ich aber!«

»Für Ihre herzliche Art. Sie schaffen es, dass ich mich hier richtig zu Hause fühle.«

»Das war nicht meine Absicht.«

»Und trotzdem schaffen Sie es. Umso bemerkenswerter!«

»Ich muss arbeiten.«

»Und ich muss für Sie kochen. Keine Widerrede.«

»Oh doch. Ob es in meinem Haus eine Widerrede gibt oder nicht, entscheide immer noch ich!«

Und sicher niemals ihr Mann, dachte Bietigheim. Deshalb brachte der sich auch jeden Tag stundenlang in Sicherheit.

Bietigheim musste wohl schwerere Geschütze auffahren. Er öffnete die Plastiktüte in seiner Hand, und der ekelerregende Duft von Minze breitete sich im Raum aus. »Ein Vöglein hat mir gezwitschert, dass Sie Minze lieben. Und ich als Kulinaristik-Professor, im Übrigen der einzige Deutschlands, möchte deshalb für Sie kochen und Ihre Geschmackspapillen aufs Feinste mit dieser …« Bietigheim stockte, holte tief Luft und sprach die nächsten Worte ganz schnell »… wundervollen Zutat verwöhnen.«

Elisabeth Harrington blickte ihn kritisch an, während der Duft von Minze die kleine Küche immer mehr in Beschlag nahm. Die Härte verschwand ein wenig aus ihrem Gesicht. »Aber hinterher auch alles wieder schön sauber machen!«

»Selbstverständlich.« Du alter Drachen.

»Auch den Müll raustragen!«

»Das gehört dazu.« Du unverschämte Pomeranze.

»Und nicht meinen Kühlschrank in Beschlag nehmen.«

»Käme mir niemals in den Sinn.« Du Ausgeburt der Hölle.

»Na dann, von mir aus, was kann ich da schon sagen? Dann muss das wohl sein.«

Ach, wie schön war es, solch ausgelassene Vorfreude erleben zu dürfen …

Sie zog die Gardinen am Küchenfenster zu. »Nicht dass die Nachbarn denken, bei mir müssten die Gäste selber kochen.«

»Nein, das wollen wir nicht. Ich werde auch nie über das

reden, was jetzt in diesen Wänden passieren wird. Was in Port Ellen passiert, bleibt in Port Ellen.« Er lächelte.

Elisabeth Harrington lächelte nicht.

Bietigheim begann, die Zutaten auszupacken. Es war, als müsste er dicke, haarige Spinnen berühren, die drohten, über seine Hände unter seine Wäsche zu krabbeln, von da in sämtliche Körperöffnungen, um ihn zu beißen oder unter seiner Haut Eier abzulegen. Nichts in seinem Leben hatte ihn je vergleichbare Überwindung gekostet. Selbst das Essen noch zuckenden Schlangenfleischs auf seiner Asien-Expedition war dagegen wie Kindergarten gewesen.

»Als ersten Gang gibt es köstliche Erbsensuppe mit Minze, gefolgt von, und das wird Sie sicher im ersten Moment überraschen, sich dann aber in glücklichstes Wohlgefallen auflösen, Zimtgeschnetzeltem mit Minze. Und zum krönenden Abschluss etwas ganz Klassisches, die ... himmlische Kombination von Schokolade und Minze in Form von Tartelettes.«

Er strahlte Elisabeth Harrington an wie ein Akrobat nach dem gestandenen Dreifachsalto rückwärts.

»Na, da bin ich aber mal gespannt.« Die Hausherrin verschränkte skeptisch die Arme.

Bietigheim hatte dies als Teambuilding-Maßnahme geplant, durch die mittels gemeinsamen Kochens Vertrauen zueinander aufgebaut wurde.

Doch Elisabeth Harrington stand die ganze Zeit nur dabei.

Ab und an steckte sie ihre ungewaschenen Finger ins Essen, um zu probieren, aber ansonsten: ein Gesicht wie bei einer Beerdigung

Etwas lief hier ganz furchtbar falsch.

Und dann begriff er es.

Dies war ihre Küche, ihr Reich. Er war einfach eingedrungen und tat so, als könne er alles besser. Er hatte angenommen, sie helfe von selbst mit, doch sie wollte gebeten, wollte geschätzt werden.

Er blickte auf, wobei er versuchte, eine leichte Verzweiflung in seine Augen zu legen, wie er sie sonst nur aufgrund lernunfähiger Studenten bekam.

»Nun kommt ein etwas diffiziler Part. Dürfte ich wohl um die Hilfe von Ihnen als erfahrene Köchin bitten?«

Ihre Arme blieben über der Brust verschränkt. »Ich dachte, Sie wären so ein weltberühmter Koch.«

»Einige Dinge kann niemand besser als eine erfahrene Köchin. Weltberühmt oder nicht. Manche Köchin sollte weltberühmt sein im Gegensatz zu den Hallodris, die ihre Antlitze im Fernsehen präsentieren.«

Sie grunzte zustimmend und begab sich an die Arbeit. Mit jedem Schwung der Hand schien ihre Wut ebenso zu schmelzen wie die Kuvertüre. Doch als sie fertig war, stieg das Wutbarometer, trotz ausgiebigem Lobs des Professors, sofort wieder an.

»Nun muss es ganz schnell gehen«, sagte er, dies bemerkend. »Ich habe die Minzschokolade eine Stunde im Gefrierfach gelassen, damit sie nun grob gehackt werden kann. Könnten Sie …?«

»Geben Sie schon her!« Sie riss ihm das Messer aus der Hand.

Das war eine Aufgabe, die selbst Orang-Utans durchführen konnten, doch er musste die Frau beschäftigt halten.

»Und die Amarenakirschen müssten richtig abgetropft werden.«

»Ja, können Sie denn gar nichts, Sie Oberkoch?«

»Doch, aber ich habe ja nur zwei Hände, und Ihre beiden kundigen an der Seite zu wissen, ist ein maßloses Vergnügen.«

Hoffentlich erstickte sie an einer Kirsche!

Aber natürlich erst, nachdem sie ihm gesagt hatte, was er wissen wollte.

Er ließ sie die Rosinen einweichen, den Porree putzen, ja sogar das Fleisch anbraten. Und er sagte kein Wort, wenn sie etwas falsch machte, sondern lenkte sie mit irgendeiner anderen belanglosen Aufgabe ab und reparierte das Unglück, ohne dass sie es bemerkte. Benno bewachte derweil den Fußboden und passte auf, dass nichts ihn unnötig lange beschmutzte.

Am Ende des Kochens hatte er ihn mehrmals komplett abgeleckt.

»Wollen wir uns setzen?«, fragte Bietigheim, seine immer noch perfekt weiße Schürze ausziehend.

Elisabeth Harrington zog die Augenbrauen fragend empor. »Haben wir denn schon gedeckt?«

Sie sagte es mit einem leichten, neckischen Lächeln im Mundwinkel. Manch einer hätte es nicht bemerkt. Doch in diesem Gesicht, das sonst nur Grimm für Bietigheim übrighatte, stach es hervor wie neongelber Lippenstift.

Kurze Zeit später setzten sie sich an den von Bietigheim mit selbst gemalten Minzblättern geschmückten Tisch. Der Professor war mittlerweile jenseits von Ekel und Übelkeit, er hatte das Gefühl, Nase und Gaumen seien völlig taub. Dabei hatte er nicht mal abgeschmeckt, sondern alles nach Gefühl – und vorherigen Berechnungen – zubereitet. Er würde auch jetzt nur vortäuschen zu essen.

»Schmeckt gar nicht mal so schlecht«, sagte Elisabeth Harrington beim ersten Löffel der Suppe. »Nein, wirklich nicht«, beim zweiten. »Eigentlich schmeckt es sogar ganz gut.« Der dritte. »Sogar richtig gut.« Vier. »Ich muss schon sagen.« Fünf. »Das ist geradezu.« Sechs. »Köstlich!« Vor sieben blickte sie ihn an. »Habe ich das nicht gut gekocht?«

Adalbert war kurz davor zu heulen.

Doch dann lachte Elisabeth Harrington los. Laut und befreiend. Ihr kamen nach einiger Zeit sogar die Tränen. Sie zeigte mit dem Finger auf Bietigheim. »Jetzt habe ich Sie dranbekommen, was? Aber wie!«

Es wurde tatsächlich ein richtig schönes Essen für Elisabeth Harrington – und sie kam immer mehr ins Erzählen.

»Colin? Ja, den kenne ich. Ein ganz netter Kerl. Er war mit seinen Eltern in den Ferien immer hier, und da haben wir uns angefreundet. Er war meine Sandkastenliebe.« Sie errötete leicht. »Und ich hab auch danach noch für ihn geschwärmt. Ian, also mein Mann, hat das nie gern gesehen. Der kann ja eifersüchtig werden, das denkt man gar nicht, wenn man ihn so spazieren gehen sieht.«

»Hatte er denn jemals Grund zur Eifersucht?«

»Na, was ist das denn für eine Frage? Ich bin doch eine anständige Dame!« Sie guckte leicht erbost, Bietigheim schob ihr das letzte Schoko-Minz-Tartelette zu. »Ach, meinen Sie, ich dürfte noch eins?«

»Aber sicher, Verehrteste.«

»Die sind aber auch köstlich!«

Bietigheim tupfte sich völlig unnötigerweise den Mund ab. »Diesen Colin würde ich ja gerne einmal kennenlernen.«

»Er kommt bestimmt bald wieder her. Colin muss sich nämlich noch bei mir entschuldigen. Beim letzten Mal ist er abgereist, ohne etwas zu sagen, das ist so gar nicht seine Art.« Entweder Elisabeth Harrington sagte die Wahrheit – oder sie war eine sehr gute Lügnerin. »Colin wohnt immer bei mir! Natürlich gibt es Gerede.« Sie zog die Tischdecke gerade. »Aber das schert mich nicht. Da ist nichts. Colin ist verheiratet und treu. Obwohl es Avancen gab, seit ich denken kann. Nun ja, er ist ein sehr gepflegter Mann und äußerst charmant. Und er flirtet gern.« Ihr Blick wurde leicht trüb.

Bietigheim zündete die letzte Stufe: Minzlikör. Er hatte ihn extra nachgesüßt, um die einnebelnde Wirkung der Minze mit einem Zuckerschock zu verbinden. Es war Zeit, dem Mord an Finlay O'Rien auf den Grund zu gehen. Wenn er sich nicht täuschte, hingen zwei Dinge zusammen. O'Riens Tochter Fiona hatte ihren Verdacht über den Mord an ihrem Vater sicher jedem auf der Insel erzählt, und eine Insel vergaß nicht. Sie war wie ein Elefant, während sich eine Stadt wie ein plappernder Papagei mit Gedächtnisschwäche verhielt. Diese Anschuldigung hing seitdem über Elisabeth Harrington, und sie sah sie in den Augen der anderen. Mörderin! Hughie musste es ähnlich ergangen sein, doch er hatte den Alkohol, der nicht nur ihn, sondern auch seine Kumpel vergessen ließ. Männer vergaßen ohnehin schneller als Frauen. Bei ihnen wuchs Gras drüber, wo beim anderen Geschlecht eine kahle Stelle blieb. Mörderin! Sie würden es sie niemals vergessen lassen. Sie war die Aussätzige in ihrer Heimat.

An diesem wunden Punkt konnte der Professor einhaken.

»Warum sieht man Sie eigentlich so selten im Dorf? Eine so nette, gesellige Frau wie Sie? Nur zum Chor gehen Sie, das habe ich bemerkt. Ihr Mann geht überallhin, Sie dagegen sind fast nur zu Hause.«

Elisabeth Harrington fuhr sich nach dem Schluck Minzlikör mit der Zungenspitze über die Lippen. Dann sah sie Bietigheim lange an, trank noch einen Schluck und begann zu reden. »Irgendwann werden Sie es sowieso erfahren. Es ist schon lange Jahre her, da verschwand Finlay O'Rien spurlos, er war damals Brennmeister in der Port Ellen Distillery. Alle vermuten, dass er ermordet worden ist. Zuletzt ist Finlay gesehen worden, wie er mit der Fähre fortfuhr.« Sie machte eine Pause, trank noch einen Schluck des Likörs. »Er soll nicht allein, sondern zusammen mit einer Frau und einem Mann an Bord gewesen sein.« Sie schaute Bietigheim an. »Soll!« Benno sprang auf ihren Schoß. »Ja, wer ist denn da? Willst du auch einen Minzlikör?« Sie lachte, doch es brachte nur kurze Erleichterung, dann sanken ihre Gesichtszüge wieder herab wie ein abstürzendes Flugzeug. »Ich soll dabei gewesen sein, ich und Hughie Fletcher. Dabei habe ich ein Alibi. Ich war mit meinem damaligen Freund zusammen. Aber das Alibi durch einen Freund, das glaubt einem natürlich keiner.«

»Und dieser Hughie?«

Benno hob seinen Kopf und ließ sich am Hals kraulen. »Ich hab nie was zu der Sache gesagt. Mich nicht verteidigt. Das war mir zu blöd. Ich dachte, wenn ich nichts sage, hört es irgendwann auf. Das Gerede. Auch zu Hughie habe ich nichts gesagt. Einfach nichts. Sie dachten, da wäre was zwischen ihm und mir. Und ich ein Flittchen. Ich hätte was mit Hughie, mit Colin und natürlich mit meinem damaligen Freund Derek, unserem Constable. Und ich habe einfach geschwiegen, wollte damit alles zudecken. Nichts sagen und lächeln. Aber das Lächeln habe ich irgendwann aufgehört. Habe es einfach nicht mehr geschafft. Vielleicht hätte ich reden sollen, als sie mich gefragt haben, als sie mir aufgelauert und mich beschimpft haben. Aber jetzt ist es schon lange zu spät. Jetzt fragt keiner mehr, das Urteil haben sie alle längst gefällt.« Sie schwenkte den letzten Tropfen Minzlikör in ihrem Glas, träge bewegte sich die viskose Flüssigkeit, einen giftgrünen Schleier hinterlassend. »Ich habe Hughie am Morgen gesehen, als Finlay verschwand. Er verhielt sich merkwürdig, war gar nicht er selbst, ganz unsicher. Er sagte mir, dass er auf die Fähre müsste, dringend, seine Augen zuckten dabei.« Sie trank den letzten Tropfen, er glitt nur langsam in ihren Mund. »Das habe ich bisher niemandem erzählt, aber Ihnen kann ich das sagen. Wer so kocht, dem kann man vertrauen.« Sie lächelte. »Man muss nur mit Minze kochen!«

Dem Professor war nicht nach Scherzen zumute. »Und wer könnte die Frau gewesen sein, mit der Hughie an Bord ging? Darüber werden Sie sicher viel nachgedacht haben.«

»Ja, das habe ich. Und ich habe Hughie das auch gefragt,

ihn angefleht, mir die Wahrheit zu sagen. Ach, ich war so dumm. Hätte er mir und allen anderen die Wahrheit gesagt, hätte er dadurch ja zugegeben, dass er damit zu tun hatte. Er wollte auch nichts mehr davon wissen. Lange haben wir nicht miteinander geredet. Und dann doch wieder. Heute sind wir Freunde. Dieses schreckliche Geheimnis, all dieses Gerede über uns, es hat uns verbunden. Etwas Schreckliches, das uns verbunden hat.«

»Was glauben Sie denn nun, wer die Frau…?«

Doch der Professor kam nicht dazu, seine Frage zu beenden. Denn die Tür öffnete sich, und Bonnie Lewis trat ein. Sie musste mit der Fähre gekommen sein, die vor rund zehn Minuten angelegt hatte. Ihr rotes Gesicht und ihr zerzaustes Haar verrieten, dass sie gerannt war.

Sie ging zu Elisabeth Harrington und prügelte schreiend auf diese ein.

Pit stand in Robert Burns Wohnung und hielt den Telefonhörer seit einer Viertelstunde in der Hand. So lange überlegte er schon, Diana ein zweites Mal anzurufen. Doch er wusste, dass sie jetzt zu tun hatte. Pit wollte nicht von ihr hören, was so alles in ›Aunties Tea House‹ passiert war. Mittlerweile gab es ja nicht nur eines in Cambridge, sondern auch Dependancen in Oxford, Brighton und Stratford-upon-Avon. Die Frau würde irgendwann auf dem Weltmarkt ›MacDonald‹ blass wie ein Burgerbrötchen aussehen lassen!

Nein, er wollte noch mal das andere hören, was sie eben erzählt hatte. Und was es für sie bedeuten könnte.

Ihre Periode war ausgeblieben.

Das passiere manchmal, hatte sie gesagt.

Aber natürlich könne es auch sein, dass mehr dahinterstecke.

Wenn in zwei Tagen immer noch nichts passiert wäre, würde sie einen Test machen.

Das bedeutete: Pit würde nun zwei Tage nicht mehr schlafen können.

Drei Mädchen, das war der Plan. Nicht dass sie ihn generalstabsmäßig verfolgt hätten. Sie waren einfach dann gemeinsam in die Kiste gesprungen, wenn ihnen danach gewesen war.

Also täglich.

Vielleicht machte sie den Test doch heute schon? Und rief gleich an? Pit wollte sie nicht hetzen, wollte cool erscheinen, völlig Herr der Lage. Wenn der Test in zwei Tagen allerdings positiv ausfiel, dann würde er die nächsten Jahrzehnte alles andere als Herr der Lage sein. Dann hätten seine drei Töchter die Hosen an. Oder die Röcke.

Das Telefon klingelte nicht.

Robert Burns legte derweil in der Küche ungeschälte Kartoffeln auf die Herdplatte. Während er wartete, dass sie dunkelbraun oder, besser noch, schwarz rösteten, begab er sich an die Zubereitung der Cock a Leekie, einer kalten Hühner-Lauchsuppe mit Dörrpflaumen. Nichts Besonderes, aber es würde helfen, um wieder auf die Beine zu kommen. Robert hatte Pit erklärt, dass er die beiden Gerichte so liebe, weil die Engländer sie nicht liebten, ja nicht einmal verstanden. Was bedeutete, dass sie gut sein mussten und ihr Verzehr einen Akt des nationalen Widerstands darstellte!

Es klingelte an der Tür.

»Ich mache schon auf«, rief Robert, zog die Schürze aus und öffnete.

Den Bruchteil einer Sekunde später landete er rücklings und schmerzhaft auf dem Boden.

Sie trugen farbenfrohe Trainingsanzüge, es waren drei, und sie waren größer und breiter als Pit. Hinter ihnen kam Melas herein, kein Staubkorn befleckte seinen Nadelstreifenanzug. Er setzte sich nicht.

»Meine Herren.«

Robert erhob sich mühsam vom Boden und stellte sich neben Pit, der betont lässig sitzen blieb. »Melas.« Er wollte sich nicht die Blöße geben, überrascht zu sein, wollte nicht fragen, woher dieser wusste, bei wem er untergebracht war. »Wollen Sie was trinken? Einen Schluck Port Ellen?«

»Sie wissen, warum ich hier bin?«

»Um einen Whisky mit anderen Port-Ellen-Afficionados zu trinken?«

Was konnte er ihm schon antun? Ihn zusammenschlagen? Das hatte Pit schon oft erlebt, für seinen Körper war das nichts Neues. Wer austeilte, der musste auch einstecken können. Sie sahen nach Profis aus, würden sein Gesicht nicht anrühren, nur Körpertreffer. Dies sollte eine Warnung werden, keine Bestrafung. Sonst hätten sie ihn nämlich direkt zusammengeschlagen. Er nahm einen langen Schluck Whisky. Prophylaktisches Schmerzmittel.

Melas sah zum neongelb bestofften der drei Gorillas. »Loony, mach mit unserem Dichter hier einen kleinen Ausflug. Eine halbe Stunde reicht. Ich will mit Herrn Kossitzke aus Hamburg alleine reden.«

»Schöne Stadt, nicht?«, fragte Pit. »Sollten Sie aber lieber nicht besuchen. Da braucht Sie nämlich echt keiner.«

»Macht es euch bequem«, sagte Melas zu seinen Begleitern. Sie setzten sich links und rechts neben Pit. Die zwei rochen nach teurem Aftershave und Schuppenshampoo. Pit hasste den Geruch von Schuppenshampoo.

»Wir machen es ganz schnell. Ich will Sie nie wieder im ›Diogenes Club‹ sehen, ich will Sie nie wieder bei einem Port-Ellen-Tasting sehen. Ich will Sie niemals in der neuen Distillery sehen. Ich will Sie überhaupt niemals wiedersehen. Es gibt eine einfache Lösung, dies sicherzustellen. Indem ich Sie verschwinden lasse.«

»Sie könnten mir auch ein Luxusressort auf einer Karibikinsel spendieren. Da würde ich sicher nie wegwollen.«

Pit sah das Nicken von Melas nicht, das den Befehl gab,

doch er spürte die Schläge in seine Magengrube. Sie pressten die Luft aus ihm und schienen sich bis zum Rückgrat in seinen Leib zu bohren.

Erst als Pit wieder zu Luft gekommen war, sprach Melas weiter. »Ich weiß von Ihrem Treffen mit Shinjirō Akadama, Ihrer Lügengeschichte von einer Zusammenkunft. Sie mögen uns für einen verschrobenen, aus der Zeit gefallenen Club alter Männer halten, doch ich versichere Ihnen, der Eindruck täuscht. Bei einem Mann mit Ihrer Vergangenheit hätte ich erwartet, dass er Erkundigungen einzieht, bevor er solche Auftritte hinlegt. Sie haben Ihre Hausaufgaben nicht gemacht.«

»Wenn Sie meine Vergangenheit wirklich kennen würden, dann wüssten Sie, dass Sie sich mit mir nicht anlegen sollten. Also auch für Sie: Hausaufgaben: 6. Und Eintrag ins Klassenbuch!«

Melas nickte wieder. Diesmal packte der linke Schläger Pits Gurgel, während der rechte die Hand in dessen Geschlechtsteilen vergrub. Der Schmerz war gleißend blau.

»Sie haben Geld, Herr Kossitzke. Mehr, als man bei einem Mann wie Ihnen vermuten würde. Ich könnte drohen, Ihnen dieses wegzunehmen. Aber vielleicht wollen Sie dann trotzdem noch den Helden spielen. Helden langweilen mich. In Filmen wie in der Wirklichkeit. Ich werde Ihnen also nicht androhen, Ihr Geld wegzunehmen. Ich werde Ihnen androhen, Ihre Freundin Diana zu vernichten, all ihre niedlichen ›Aunties Tea House‹-Filialen überall. Sie wird keine Ware mehr bekommen, die Banken werden die Kredite kündigen, Brände werden ausbrechen, die Gesundheitsämter irgendetwas finden, ach, da fällt mir schon was ein.«

Pit grinste. Geld, das war alles, woran solche Typen dachten. Er hatte Freunde, die sie finanziell unterstützen würden, selbst wenn Dianas und seine Rücklagen verschwinden sollten.

»Oh, das amüsiert Sie?«, fragte Melas. »Ihnen scheint wirklich die Sonne aus dem Arschloch, Herr Kossitzke.« Langsam breitete sich ein Lächeln auf Melas' Gesicht aus. Es war ein Lächeln, das Pit nicht gefiel. »Ich habe vergessen, Ihnen noch ein Detail mitzuteilen. Es kostet mich viel weniger Aufwand und Zeit als die Zerstörung dieses kleinen mittelständischen Unternehmens. Es ist eigentlich nur eine Fußnote, aber Sie sollen ja vollends informiert sein. Ich werde Ihre Freundin krankenhausreif schlagen lassen. Ein paar Knochen brechen, ihr schönes Gesicht zu Brei werden lassen.« Er richtete seinen Kragen. »Ich sehe die Angst in Ihren Augen, Herr Kossitzke. Ich weiß, wo sie wohnt, wo sie arbeitet, ich weiß, wann sie dies tut und wann das. Ich habe sämtliche Adressen von Familienmitgliedern und Freunden. Und falls Sie sie warnen wollen, jemand ist bereits bei ihr. In ihrer Nähe.« Er kam näher an ihn heran. »Ein kurzer Anruf von mir reicht.« Seine Hände legten sich sanft auf Pits Wangen. »Es wird viele Schläge in die Magengrube geben. Schließlich ist Ihre Freundin schwanger.«

Pit fuhr mit dem Kopf empor, um durch Melas' Gesicht zu stoßen, bis er aus dessen brechender Schädeldecke wieder hervortrat, doch die Männer neben ihm hatten ihren Griff steinern werden lassen.

»Sie merken, Ihre Telefonate werden abgehört. Andererseits kann ich mir das Geld dafür jetzt auch sparen. Sobald etwas passiert, das mir nicht gefällt, ist Ihre kleine Freundin dran. Und wenn mir etwas passiert, dann ist sie auch dran. Es ist alles schrecklich einfach. Ich bin ihre Lebensversicherung. Geht es mir gut, ist ihr Leben sicher. Ich könnte Ihnen ein Post-it geben, damit Sie diese einfache Regel nicht vergessen, aber die verliert man ja so leicht. Ihren Körper sehen Sie jeden Morgen im Spiegel. Auch wenn sein Anblick zukünftig weniger schön sein wird.«

Pit versuchte, sich loszureißen, doch einer hielt ihn fest,

und der andere holte einen Schlagstock hervor, setzte gezielte Schläge gegen Brustkorb, Arme, Bauch, Unterkörper, Beine, Knie. Danach krümmte Pit sich am Boden. Sie traten zu. Pit tat so, als verlöre er das Bewusstsein. Nicht zu stöhnen, nicht zu versuchen, sich so zu drehen, dass es weniger schmerzte, fiel ihm schwer. Doch die Reglosigkeit war sein Notausgang.

»Der hat genug«, war nun erstmals die Stimme von einem der Männer im Trainingsanzug zu hören.

Dann wieder Melas. »Es hat alles viel zu lange gedauert, ich muss schnell zum Flughafen, die anderen sind schon da.«

Bei Pit gingen die Lichter aus.

Der Professor hatte sich im Garten in Sicherheit gebracht, Benno fest im Arm haltend. Zwischen den Fronten von Elisabeth Harrington und Bonnie Lewis war kein Platz für ihn. Sie mussten sich austoben, erst dann wäre ein gesittetes Gespräch möglich. Es war wie bei Sitzungen des Universitätsrates. Wichtig war nicht, wer zuerst schrie, sondern wer zuletzt.

Es fiel Bietigheim schwer, über dem Lärm die Beleidigungen und Flüche auszumachen, die sich gegenseitig an den Kopf geschleudert wurden. Bonnie warf Elisabeth offensichtlich vor, ihren Colin getötet zu haben, weil dieser seine Frau, also sie selbst, nicht verlassen wollte. Das hätte Elisabeth nicht ertragen können und Colin unter der Devise ›Wenn ich ihn nicht allein haben kann, dann soll ihn niemand haben‹ umgebracht. Elisabeth dagegen schrie, das sei völliger Blödsinn, Colin sei gar nicht tot auf Islay gefunden worden, und falls doch, hätte Bonnie ihn ja wohl umbringen lassen, um die Erbschaft einzustreichen und sich dann einen jungen Stecher zu nehmen. An die würde sie sich ja auch im ›The Ben Nevis‹ immer ranmachen, wenn die Grünschnäbel besoffen und willenlos seien, das hätte Colin jedenfalls immer erzählt. Woraufhin Bonnie konterte, diese Pension sei ja nichts anderes als ein verkapptes Stundenhotel und sie die hässliche Puffmutter, mit der keiner mehr in die Kiste wolle.

Plötzlich legte sich ein Arm um die Schulter des Professors. Er zuckte erschreckt zusammen.

»Lassen Sie die Weiber das mal schön alleine ausmachen. Und das wird dauern, glauben Sie mir.«

Bietigheim drehte sich um. Constable Dolan stand hinter ihm. Er trug Anglermontur.

»Es ist Winter«, sagte der Professor. »Welcher Lachs soll jetzt beißen? Einer, der verschlafen hat?«

»Beim Angeln geht es nicht um das Fangen von Fischen. Es geht um das Angeln. Der Weg ist das Ziel und so.«

»Ich kann gerade gar nicht.« Der Professor drehte sich weg.

»Sie sind Dougies Sohn und damit zurzeit der höchste Repräsentant des Clans auf Islay. Ich habe Jahrzehnte darauf gewartet, am Devil's Punch zu angeln. Wollen Sie mir das verwehren? Nein, das wollen Sie ganz bestimmt nicht. Also müssen Sie mit, falls einer auftaucht und dumme Fragen stellt.«

Drinnen wurden die ersten Haarbüschel ausgerissen.

»Ich muss ...«

»Lassen Sie uns über Colin reden.«

Bietigheim überlegte keine Sekunde. »... mit Ihnen gehen.«

Der Professor fand, ein Foto von Devil's Punch sollte im Duden zusätzlich unter den Eintrag »Unspektakulär« abgedruckt werden. Offiziell gab es diesen Flecken gar nicht, er war auf keiner Landkarte Islays verzeichnet, und wer danach googelte, landete im Nichts. Devil's Punch, das war Derek Dolans Name für diese Flussbiegung.

Die aussah wie jede andere auch.

Das sagte Bietigheim dem seine Angel neben ihm aufstellenden Constable auch.

»Ein Angelplatz ist keine Frau, der man ihre Schönheit schon von Weitem ansieht. So funktioniert das nicht«, antwortete Dolan. »Sie haben doch mal was über Weinberge geschrieben, wie hieß die Abhandlung noch? ›Schiefer oder Kalk – Ein kulturhistorischer Vergleich großer Weinlagen, unter Einbeziehung des Terroirkonzepts und mit einem Exkurs zum Thema Sandwein‹.«

Der Professor hatte große Mühe, seine Verwunderung zu verbergen. »Ähm, ja. Als Teil meiner ›Wein, Weib und Gesang‹-Trilogie, welche die Wechselwirkungen von Wein, Lust und Musik als Fragestellung hatte, holistisch und interdisziplinär natürlich.«

»Ich habe in meinem Leben auch ein paar Weinberge gesehen. Im Burgund und in Bordeaux. Ich hab mir in meinem Urlaub was dazuverdient und Fässer da gekauft, für einige Distilleries hier. Je bekannter die Domaine oder das Château, umso besser. Also habe ich gebrauchte Fässer von Lafite, Latour, Margaux, d'Yquem, Romanée-Conti und Pétrus besorgt. Da kam der Whisky dann nach seiner normalen Reifezeit in Bourbon- oder Sherryfässern noch mal rein. Aber nicht so lange, nur ein paar Monate, Finish heißt das dann.«

»Sie müssen mich nicht beleh…« Weiter kam er nicht.

»Die Sammler sind ja irre scharf auf limitierte Originalabfüllungen. Da stecken die Wertsteigerungen drin, bei den großen Namen natürlich nur. Unsere berühmten Islays oder so was wie Macallan, Highland Park, Glenfiddich. Unabhängige Abfüllungen steigen im Wert eigentlich nur bei den Silent Stills. Aber das wissen Sie natürlich alles.«

»Das habe ich versucht, Ihnen zu sagen.«

»Auf jeden Fall hab ich da die berühmten Weinberge gesehen.«

»Sie wiederholen sich. Es ist nicht so, als ob ich das Kurzzeitgedächtnis eines dementen Greises besäße.«

»Die berühmten Weinberge sahen nach nix aus. Ob das nun das Feld von einem normalen Winzer war oder eins von den berühmten. Man sah es ihnen nicht an. Aber natürlich haben die was, da steht die Sonne irgendwie richtig drauf, oder der Boden hat die richtige Mischung, oder der Wind kommt perfekt, das Grundwasser liegt ideal, was weiß ich. So ist das hier auch. Devil's Punch ist die Hölle für die Lachse. Hier beißen sie, ohne zu wissen warum, als läge ein Fluch auf der Biegung oder als wäre da etwas, das sie verrückt macht. Setzen Sie sich. Auf den Anglersitz. Und wir müssen leiser reden.«

»Es wird kein Lachs beißen!«, sagte Bietigheim extra laut.

»Das ist die völlig falsche Einstellung.«

»Es ist die einzig angemessene.«

Bietigheim spürte, wie ihn jemand von hinten anblickte. Nein, es war mehr als eine Person. Und die Blicke waren starr. Er hasste es, von hinten angestarrt zu werden, hasste es, wenn jemand ihm über die Schulter in ein Buch oder auf seine Schreibmaschine blickte. Selbst seine Mutter hatte er einst dafür ausgeschimpft. Es sollte anderen verboten werden, ihre Augen für solcherlei Aktionen zu benutzen. Er drehte sich schnell um. Bereit aufzuspringen, sich dem visuellen Aggressor entgegenzustellen und ihn mit klug gewählten, rasiermesserscharfen Worten niederzustrecken.

Doch er brachte kein Wort heraus.

Drei mampfende Highland Cows blickten ihn interessiert an.

»Die tun nix«, sagte Dolan.

»Die wollen sicher nur spielen«, ergänzte Bietigheim.

»Nein, nur gucken.«

»Vermutlich, ob Sie einen Lachs fangen. Das können sie sich nämlich überhaupt nicht vorstellen.«

Dolan reichte ihm einen silbernen Flachmann. Bekamen

den auf Islay alle schon zur Geburt geschenkt? Erleichterte das Durchschlafen sicher ungemein.

Bietigheim schraubte ihn auf und roch daran. »Achselhöhlen von Möwen, brennendes Krankenhaus, Schweiß des Meeres. Das ist Laphroaig. Zehn Jahre.«

Dolan sah ihn an, sah ihn erstmals richtig an. »So hätte das ihr Vater auch beschrieben. Sie haben seine Nase. Dabei sind Sie gar nicht sein Sohn. Sagen Sie nichts, das würde mich nur beleidigen. Sie müssen nicht denken, nur weil man auf einer Insel lebt, sei man so beschränkt wie das Land. Der Geist kennt keine Grenzen. Und meiner wird ständig betankt.« Er warf den Köder ins eiskalte Wasser.

»Woher wissen Sie es?«

»Offiziell glaube ich es weiter, gerade jetzt, denn es hilft mir. Vorher habe ich Sie nicht auffliegen lassen, weil ich Ihre Arbeit mag. Ich koche sehr gerne und habe von Ihnen gelesen. Ihre Schrift über ›Über Spiegeleier – Das Einfachste ist meist das Schwerste. Ein essayistischer Blick auf Eierspeisen‹ hat mich sehr inspiriert.« Er nahm Bietigheim den Flachmann ab und prostete dem Professor zu. »›Freiheit und Whisky gehören zusammen‹, Robert Burns.« Dann nahm er einen großen Schluck.

Es war Zeit, offen zu reden. Cameron war tot, der Grund, Dolan herauszuhalten, existierte nicht mehr. »Colin Lewis' Leiche lag tatsächlich bei Laphroaig. Und jetzt erzähle ich Ihnen alles.«

»Na endlich«, antwortete Dolan. »Aber bevor Sie loslegen, eine Sache noch. Falls Sie denken, dass ich Cameron wegen Devil's Punch umgebracht habe: Ich mochte ihn, wirklich. Er konnte nicht anders, als es mir zu verbieten. Es war die Geschichte seines Clans, die ihn im Griff hatte. Wir sind so stolz auf unsere Historie, doch manchmal ist sie nur ein verdammter Klotz am Bein. Und ein andermal bringt sie Touristen zu uns.« Er nahm wieder einen Schluck. »Jetzt Sie.«

Adalbert erzählte alles, und Dolan hörte zu, während er konzentriert auf das kalte, fließende Wasser blickte. Alles erklärte der Professor, seine Vermutungen, seine Ermittlungen. Der Constable nahm immer wieder einen Schluck aus seinem Flachmann. Nichts biss an. Die Highland Cows standen mittlerweile in einer Art Kreis um sie und starrten auf das Wasser.

Nur die Sache mit der Whiskyhöhle ließ der Professor aus. Er wollte die Löwen nicht ans Messer liefern. Stattdessen kam er nun zu der Spur, von der er annahm, dass sie wirklich heiß war:

»... Colin Lewis' Ermordung hat fraglos mit Port Ellen zu tun.«

»Port Ellen, hm?« Dolan packte seinen Flachmann fester. »Hören Sie auf zu ermitteln, die Sache ist für Sie vorbei. Ich übernehme. Fahren Sie nach Hause.« Plötzlich wurde seine Stimme laut. »Hauen Sie ab! Und zwar sofort!« Er stand auf. »Gehen Sie weg von meiner Insel! Morgen will ich Sie nicht mehr hier sehen!«

»Ich darf doch sehr bitten. Niemand verbietet mir ...«

»Weg! Sofort!«

Er warf seinen Flachmann nach Bietigheim.

Dessen Inhalt sich in den torfigen Boden ergoss.

Und der Professor ging.

Von diesem Mann war keine Hilfe zu erwarten.

Ganz im Gegenteil.

Vielleicht hatte er Dolan gegenüber gerade viel zu viel preisgegeben.

Wahrscheinlich, weil er glaubte, endlich einen Verbündeten gefunden zu haben. Nachdem Macallan ihn so enttäuscht hatte. Und Pit fehlte. Dieser hätte sich eigentlich längst mal wieder melden müssen. Bietigheim wünschte sich sehr, dass der alte Freund bei ihm wäre. Rena war kein Ersatz. Sie sah in schwarzem Leder bei Weitem nicht so gefährlich aus.

Der Professor hatte sich den Weg gemerkt, das tat er immer, denn er hasste es, sich zu verlaufen. Es verschwendete wertvolle Lebenszeit. Diese war schließlich begrenzt, und die Welt würde ohnehin nicht genug von ihm bekommen.

Es war ein eisiger Tag auf Islay. Die Insel hatte sich daran erinnert, dass tiefster Winter herrschte, und die Luft klirrte vor Kälte. Der Professor klappte den Kragen seines Mantels hoch, zog die Krempe seines Borsalino-Hutes tief ins Gesicht und zündete sich eine Pfeife an, damit sie ihn wie ein kleiner tragbarer Kamin wärmte. Der Tabak war Whisky-Flavoured, natürlich mit Scotch, keinem Bourbon, sonst würden sie ihn vermutlich direkt von der Insel verweisen.

Obwohl das nun auch trotz des korrekten Tabaks geschehen war.

Während der Professor über den gefrorenen Boden zurück Richtung Straße ging, jagte Benno kläffend über die weite Ebene. Wenn nach ihrer Abreise die einheimische Kleinfauna ausgerottet war, würde es ihn nicht wundern. Hier galt nun das Gesetz des Stärkeren. Zumindest solange dieser ungemein knuffige Foxterrier aus Hamburg der Stärkere war.

Benno war ungezogen, ungehorsam, er war laut, seine Tischmanieren waren unter aller Sau, denn ständig landete die Hälfte neben dem Napf, und oftmals stank er nach all dem Unaussprechlichen, in dem er sich wälzte. Wäre Benno ein Mensch, dachte Bietigheim, dann müsste er ein ernstes Wörtchen mit ihm reden. Aber da er ein kleiner Racker war, konnte er ihm dies alles einfach durchgehen lassen und ihn lieb haben. Der Professor paffte lächelnd ein paar Kringel in die eisige Luft. Einige schnell ziehende dunkle Wolken verdüsterten den Himmel, und mit einem Mal sah es nach Abenddämmerung aus.

Irgendwann kam sein Vierbeiner hechelnd zurück und

rieb sich an seinem Hosenbein, das der Professor sofort danach mit einem feuchten Tuch reinigte, welches er für solche Fälle stets bei sich trug. Benno blickte ihn erwartungsvoll an. Er wollte offensichtlich Hundekuchen, die ein guter Freund Bietigheims aus dem Ahrtal backte. Doch bevor die Köstlichkeit in Bennos Schlund geraten konnte, hörten sie das Motorengeräusch eines in hohem Tempo und niedrigem Gang fahrenden Wagens.

Als der Fahrer Bietigheim erkannte, fing er an zu hupen, schließlich kam er vor Herr und Hund zu stehen. Es war ein schokoladenbrauner Land Rover mit dem Logo der Highland-Chocolaterie. Das Fenster wurde heruntergekurbelt.

Noch ehe Edward Macallan auch nur einen Ton herausbringen konnte, sprach Bietigheim, dem danach war, endlich Dampf abzulassen. »Sie unverschämter Mensch! Sie sind ein gewohnheitsmäßiger Lügner! Ein gewissenloses Individuum!«

»Steigen Sie ein.«

»Bei Ihnen? Wie käme ich dazu?«

»Sofort!« Macallan beugte sich zur Beifahrertür und öffnete diese, Benno sprang sofort auf den Sitz.

»Nur weil Sie meinen treuen Hund als Geisel halten!«, sagte der Professor und stieg murrend ein. Als er saß, trat Macallan sofort das Gaspedal durch.

»Ich weiß von den Löwen und dass Sie dort in letzter Zeit ständig Flaschen holen, weil Sie vermutlich Geldprobleme haben. Ich weiß, dass Sie in der Nacht von Colins Tod auf Islay waren und am Tatort vorbeifuhren. Und vielleicht selbst der Täter sind.«

»Haben Sie sich festgeschnallt? Es wird rumpelig!«

In diesem Moment begann der Land Rover, bedrohlich hin und her zu schaukeln. Bietigheim hatte Mühe, den Gurt zu schließen. »Was haben Sie mit mir vor, um Himmels willen! Der Hund ist nicht angeschnallt!«

»Nehmen Sie ihn auf den Schoß!«

Der Professor griff sich Benno. »Ich verlange zu erfahren, was das alles soll!«

»Festhalten!«

Sie fuhren über einen Buckel und hingen einen Augenblick in der Luft, bevor der Wagen wieder auf den Boden krachte. »Ich kam gerade aus der Höhle, hatte neue Whiskys geholt. Da hörte ich einen Wagen, und kurze Zeit später sah ich ihn auch. Er fuhr ganz langsam an meinem vorbei. Dann beschleunigte er.«

Bietigheim fühlte sich durchgeschleudert wie in einer Waschmaschine. »Und deshalb rasen wir jetzt so?«

»Sie sehen doch, wie dunkel es ist.«

»Ja, und?«

»Er fuhr ohne Licht. Und wenn einer weiß, dass man nur ohne Licht fährt, wenn man etwas zu verbergen hat, dann ja wohl ich. Dem Wagen bin ich sofort nach. Er hat leider gehörig Vorsprung.«

Bietigheim drückte Benno noch fester an sich. »Nun geben Sie doch schon Vollgas, Sie dummer Mensch!«

Die Strecke führte in Richtung Ostufer Islays, linker Hand zogen die höchsten Erhebungen der Insel an ihnen vorbei. Die dunkle Wolkendecke über ihnen schloss sich zu, so, als zöge jemand den Reißverschluss über einem Leichensack bis zum Ende.

»Er hat nirgendwo angehalten«, sagte Macallan. »Und vor uns liegt nur noch Ardtalla.«

Wenige Minuten später kamen sie am Gehöft an, das den Endpunkt der einspurigen Straße markierte und so weit von anderen Siedlungen auf der Insel entfernt lag, dass es sich nicht gelohnt hatte, eine Stromleitung hierher zu legen. Auf der anderen Seite des Islay-Sunds war die Insel Jura zu sehen, die eine Distillery, ein Hotel und wenig mehr beherbergte. Am bekanntesten war sie für zwei Berge, die gemeinsam »Paps of Jura« genannt wurden – und wie riesige Brüste aussahen. Bietigheim musste bei ihrem Anblick allerdings an zwei Kuchen in der Theke seiner Lieblingskonditorei denken.

»Da steht der Wagen!«, stieß Macallan aus.

Es war der einzige Pkw vor dem Gehöft. Zwar gab es Unterkünfte für Touristen, doch im Winter kam niemand her.

»Was will er oder sie hier?«, fragte der Professor.

Macallan antwortete nicht, sondern hielt direkt neben dem Wagen und sprang heraus. Als Bietigheim zu ihm trat, kniete er vor dem Kofferraum des Fahrzeugs. »Schleifspuren.«

»Aber wohin hat er was geschleift? Hier ist nichts und niemand.« Er blickte auf die Spuren. »Sie führen in Richtung Ufer.«

Macallan stand auf. »Es sind nur wenige Schritte bis zum Strand. George hat ein Schlauchboot, das dort liegt.«

Er lief vor, Benno hinterher, der Professor zuletzt.

Es war ein Sandstrand. Im Sommer sicher ein lauschiges Plätzchen, nun nur ein weiterer Küstenteil, an dem das Meer mit kalten Zähnen nagte.

»Das Boot ist weg«, sagte Macallan. »Und über die ganze Strecke auf dem Weg zu seinem Liegeplatz sind Schleifspuren.«

Sie blickten hinaus aufs Meer, und in der Ferne meinten sie, einen Punkt erkennen zu können, der sich auf den Wellen bewegte. Bietigheim ging näher ans Ufer, dorthin, wo das Schlauchboot gelegen haben musste. Er ging in die Knie, suchte den Boden ab.

Und schließlich wurde er fündig.

Er zog sein mit einem Monogramm besticktes Seidentaschentuch aus der Jacke und fasste den Gegenstand vorsichtig an. Dann brachte er ihn zu Macallan.

»Das habe ich dort drüben gefunden. Ich nehme an, es stammt von dem, was geschleift wurde.«

»Aber das ist … ist das wirklich?« Macallan sah es sich näher an.

»Das ist es. Schwarz, aber dennoch unverkennbar.«

Macallan besah es sich von allen Seiten, wohl in der Hoffnung, es könnte etwas anderes sein.

»Sie haben recht. Es ist …«

»… ein menschliches Ohr.«

KAPITEL 9

Uisge Beatha

Der Atem des Professors musste auf dem Rückweg zur Ardtalla-Farm verloren gegangen sein, denn oben angekommen, hatte er kein Quäntchen Luft mehr. Er stützte sich auf seine Oberschenkel, während Benno ihn bellend aufforderte, endlich weiterzugehen. Edward Macallan war bereits am Gehöft und zertrat ein Fenster des Haupthauses. »Da drin haben die ein Satellitentelefon!«, rief er Bietigheim zu.

»Und wen wollen Sie anrufen?«, brachte Adalbert mühsam hervor. »Etwa Constable Dolan?«

Macallan zögerte, doch dann griff er mit der Hand durch die geborstene Scheibe. »Ganz genau, Constable Dolan.«

Der Professor schleppte sich die letzten Schritte empor, immer wieder mit der Hand über die heiße Stirn fahrend, da ihm die Schweißtropfen in die Augen rannen. Er hatte den Eindruck, in der kalten Winterluft zu dampfen.

Bevor er Macallan ins Haus folgte, ordnete der Professor seine Kleidung und brachte den Atemfluss wieder unter Kontrolle. Hecheln gehörte sich einfach nicht. Außer für Hunde.

Macallan sprach mit Vehemenz ins Telefon. »Ich schwöre es, Dolan. Und wir haben ein menschliches Ohr, um es zu beweisen.« Er blickte den Professor an. »Wir haben doch ein menschliches Ohr, oder?«

Bietigheim nickte. Er hatte es in die abtrennbare Kapuze seiner Allwetterjacke gewickelt – die er selbstverständlich danach wegwerfen würde.

»Straßensperren, Dolan!«, rief Macallan in den Hörer. »Ist mir egal, ob Sie keine Leute für so was haben, dann fragen Sie halt die Feuerwehr! Nur so kriegen wir den Kerl, der Lewis' Leiche entwendet hat.«

Macallan schaute den Professor an und schüttelte verständnislos den Kopf.

»Geben Sie mir mal den Hörer«, sagte Adalbert und schnappte ihn sich. »Constable Dolan?«

»Professor Bietigheim.« Er klang genervt. »Ich habe wirklich anderes zu tun, als Phantome zu jagen.«

»Hören Sie ...«

»Nein, ich höre nicht mehr. Jetzt ist Schluss. Ich angel weiter.«

Bietigheim merkte, dass Dolan auflegen und bei einem erneuten Anruf nicht an sein mobiles Telefon gehen würde. Er hatte nicht mehr viel Zeit. Der Professor wusste jedoch, dass sein Gehirn geologisch arbeitete: Je größer der Druck, desto eher brachte es Diamanten zustande.

Er würde nur zwei Worte sprechen können, ehe Dolan das Telefonat beendete.

Der Professor wählte sie weise.

»Devil's Punch.«

Stille. Dann erklang die Stimme des Constable. »Was haben Sie gesagt?«

»Das haben Sie ganz genau gehört.«

»Warum haben Sie das gesagt?«

»Weil ich alles tun werde, was in meiner Macht steht, damit Sie dort lebenslang angeln dürfen.«

Wieder Stille. »Aber Sie sind gar kein McFallon.«

»Das weiß aber keiner. Cameron hat allen gesagt, ich wäre es. Solange keiner das Gegenteil behauptet, bin ich es.«

»Kriege ich das schriftlich?«

»Helfen Sie mir nun oder nicht? Wird es Straßensperren geben?«

Dolan grummelte. »Das sind doch alles Hirngespinste.«

»Wenn Sie mir jetzt nicht helfen, werde ich alles dafür tun, dass Sie nie wieder am Devil's Punch angeln dürfen. Ich zähle bis zehn. Denn es muss schnell gehen, oder wir können uns das alles sparen. Eins, zwei, drei, vier…«

»Ich kümmere mich drum.«

Dolan legte auf.

Bietigheim auch, und er tat es mit stillem Vergnügen.

Macallan schürzte die Lippen. »Respekt, Professor, Sie sind ein verdammt gerissener Hund.« Er öffnete die Haustür. »Schauen wir uns den Wagen mal genauer an.«

Sie traten wieder hinaus und näherten sich dem alten Vauxhall. Macallan öffnete die Fahrertür. »Nicht abgeschlossen.« Er setzte sich hinein und schaltete die Innenbeleuchtung an. »Schlüssel steckt.«

»Irgendwelche Anhänger am Schlüsselbund?«

Macallan zog diesen ab und hielt ihn Bietigheim hin. »Ein grünes Laphroaig-Gummistiefelchen.«

»Irgendwelche Papiere im Handschuhfach? Beeilen Sie sich! Wenn uns der Bursche nicht gesehen hat, dann wird er nach Versenkung vom Colin Lewis' Leiche im Meer sorglos zurückkehren, und wir haben ihn. Für diesen Fall sollten wir aber im Vorhinein wissen, wen wir zu erwarten haben.«

Der Chocolatier schüttelte den Kopf. »Wer immer am Steuer saß, hat mitbekommen, dass ich hinter ihm herheize.«

»Dann weiß er auch, dass wir nun seinen Wagen haben – und damit in kürzester Zeit wissen, wer er ist. Er wird deshalb versuchen, die Insel zu verlassen, mit der nächsten Fähre oder dem nächsten Flug. Wir müssen Dolan nochmals anrufen, damit er den Besitzer des Wagens ausfindig macht.«

Macallan nickte und machte sich auf den Weg zurück zum Telefon, während Bietigheim den Wagen nach weiteren Hinweisen durchsuchte, in den Seitenfächern, hinter den Sonnenblenden und unter den Sitzen. Doch der Wagen war erstaunlich unpersönlich, nicht einmal Musikkassetten gab es. Dabei war der Vauxhall so alt, dass er noch eine Kassetten-Radio-Kombination statt eines CD-Players besaß. Die Polster des Wagens waren kaum abgewetzt, selbst die Fußmatten kein bisschen durchgescheuert. Der Professor steckte den Zündschlüssel ins Schloss, drehte ihn halb um und blickte auf die Anzeigen. Vollgetankt.

Bietigheim schaltete die Zündung wieder ab, stieg aus und besah sich die Reifen. Das Profil war in nahezu perfektem Zustand.

Macallan erschien in der Tür. »Hab ihn leider nicht erreicht.«

»Er errichtet wohl schon die Straßensperren.«

»Aber ich habe ein bisschen rumtelefoniert und etwas anderes herausgefunden. George und Eileen, die zwei, denen die Farm hier gehört, haben einen Essensgutschein für heute Abend im ›Islay Hotel‹ bekommen, der wird hier oft verschenkt. Die beiden sind jetzt da und essen. Sie dachten, der Gutschein stamme von Greg, dem Installateur in Port Ellen, denn dessen Stempel war drauf. Greg übergibt die Dinger wohl gern – als Werbegeschenk.«

»Sie dachten?« Der Professor ging zu ihm. »Wieso dachten sie dies nur? War es denn nicht so?«

»Eben kam Greg ins Hotel. Er hat ihnen den Gutschein nicht geschickt.«

Bietigheim verstand. »Der Täter wollte freie Bahn für die Entsorgung haben und hat ihnen den Gutschein zukommen lassen. Aber wie konnte er sichergehen, dass sie den Gutschein gerade heute Abend einlösen würden?«

Macallan schloss die Tür hinter sich, obwohl das wegen des geborstenen Fensters wenig Unterschied machte. »Auf dem Gutschein standen Datum und Uhrzeit. Das fanden sie zwar komisch, aber wie sagt man bei euch in Deutschland: Einem geschenkten Gaul klopft man nicht auf den Hintern!«

»So ungefähr.«

Plötzlich erschien jemand auf dem Weg, der vom Strand hinaufführte. Eine imposante Gestalt, mit festem Schritt.

Sie kam direkt auf Macallan und den Professor zu. Der Schein ihrer Stirnlampe schwenkte bei jedem Schritt durch die Nacht. »George? Eileen?« Der Schein wurde heller. »Sie sind nicht George und Eileen.« Die Stimme war tief und kraftvoll. »Was machen Sie hier?«

»Wer sind Sie denn?«, fragte der Professor zurück. »Und was machen Sie hier?«

»Professor?« Die Gestalt schaltete die Stirnlampe aus.

Jetzt erst konnte Bietigheim sein Gegenüber erkennen. »Fiona Menzies?«

Die Köchin des Ardbeg-Restaurants mit der Vorliebe für Baumstämme gab ihm kraftvoll die Hand.

»Wo kommen Sie her?«, fragte Bietigheim.

»Ausdauertraining.«

»Um die Uhrzeit?«

»Uhrzeit ist zweitrangig, wenn man die Highland Games gewinnen will.«

»Ihre Schuhe sind ganz nass«, setzte der Professor nach.

»Ich laufe gerne am Strand. Was soll die ganze Fragerei? Ist das ein Verhör?«

»Nein.« Edward Macallan reichte ihr die Hand. »Ich bin Edward Macallan, zurzeit wohne ich bei euch im Seaview Cottage.«

Fiona Menzies lachte kehlig. »Du bist also meine Affäre! Der Professor meinte, wir hätten eine. Normalerweise merke ich es als Erste, wenn ich eine habe. Wieso seid ihr mit Ians altem Vauxhall hier?« Sie deutete auf den Wagen. »Hätte nie gedacht, dass er den mal verleiht. Der darf doch sonst nur einmal die Woche bei Sonnenschein raus.«

Der Professor packte sie an den breiten Schultern. »Wem gehört dieser Wagen?«

»Na, Ian. Ian Harrington.«

Auch am nächsten Morgen war Ian Harrington noch nicht im ›Trout Fly Bed & Breakfast‹ aufgetaucht. Seine Frau Elisabeth fing an, sich Sorgen zu machen. Bietigheim bereitete ihr einen perfekten Minztee zu, doch selbst dieser konnte ihre Nerven nicht beruhigen.

Um Viertel nach neun trat Constable Dolan ein und setzte sich zu ihm an den Tisch. Das Thema Port Ellen, das diesen so aufgebracht hatte, ließ der Professor seit ihrem Angelausflug unerwähnt. Dolan verhielt sich im Gegenzug wieder wie ein normaler Mensch. Doch irgendwann würde er ihn dazu befragen müssen. Ob er dann ausrastete oder nicht.

Als Elisabeth Harrington aus der Küche mit einem gekochten Ei für den Professor eintrat und Dolan fragend anblickte, schüttelte dieser nur den Kopf. Also nichts Neues von Ian. Die Hausherrin war nicht imstande, sich hinzusetzen, sie blieb stattdessen neben dem Tisch stehen, die rechte Hand unentwegt ihren Mund bedeckend, als müsse sie sich daran hindern loszuweinen.

»In den Passagierlisten der Fähren und Flieger habe ich ihn auch nicht gefunden«, berichtete Dolan. »Wahrscheinlich hat er sich nur den Fuß bei einem seiner Spaziergänge verstaucht und ist auf dem Weg zurück. Ihm passiert schon nichts. Ihm ist doch noch nie was passiert.«

»Und warum hast du dann Feuerwehrleute von den Community Fire Stations aus Port Ellen und Bowmore Straßensperren an der Ostküste errichten lassen?«

»Eine andere Sache, hat nichts mit Ian zu tun. Aber natürlich habe ich ihnen gesagt, dass sie auch nach ihm Ausschau halten sollen.«

Elisabeth Harrington trat vor das Fenster zum Garten. »Zurzeit passiert viel auf Islay, was vorher noch nie passiert ist, Derek. Alle reden über Cameron McFallon. War es ein Unfall oder …?« Sie sprach es nicht aus.

»Davon gehen wir aus, Lizzie.« Er blickte kurz den Professor an, ihm bedeutend, seine Notlüge zu stützen.

»Ist der Mörder von McFallon im Osten der Insel? Da, wo auch Ian sein muss. Sag mir die Wahrheit.«

»Lizzie!« Dolan stand auf. »Cameron McFallon wurde nicht ermordet, und es läuft auch kein Killer auf Islay herum.« Er legte eine Hand auf ihre Schulter und blickte sie fragend an. »Hast du das verstanden? Mach dir keine Sorgen, ja? Und könnte ich vielleicht einen Tee bekommen?«

Elisabeth Harrington nickte und ging in die Küche, während Dolan sich wieder zum Professor setzte. Er senkte seine Stimme, als er weitersprach.

»Ich fürchte, es hat Ian erwischt.«

Bietigheim nahm einen Schluck seines Scottish Breakfast Tea. »Oder er ist der Täter. Haben Sie das Ohr untersuchen lassen?«

»Womit denn auf Islay? Ich habe es per Kurier aufs Festland geschickt, aber noch kein Ergebnis erhalten. Dass es ein menschliches Ohr ist, steht außer Frage. Entweder von einem Schwarzafrikaner oder von einer Moorleiche. Aber selbst mit den mordernsten Methoden werden sie nicht rausfinden können, zu wem es gehört. Zu einem DNA-Abgleich bräuchten sie nämlich die von Colin Lewis – und der ist ja verschwunden.«

»Vielleicht ein Haar aus seiner Bürste? So etwas muss es in seinem Edinburgher Haushalt doch geben.«

Dolan zuckte langsam mit den Schultern. »Das werden die Kollegen dann machen. Ich habe denen gesagt, wem es gehören könnte. Sie hatten schon eine Meldung von seiner Frau, doch die konnte ihre Behauptung, dass ihr Mann tot sei, durch nichts belegen. Und jetzt schicke ich denen ein Ohr. Die halten mich für völlig unfähig.«

Im Flur klingelte das Telefon. Bietigheim hörte, wie Mrs Harrington aus der Küche kam, um das Gespräch anzunehmen.

»Ich habe Ians Vauxhall auf Fingerabdrücke untersucht«, fuhr Dolan fort. »Es gibt nur drei verschiedene: Ihre, Macallans und die einer dritten Person. Leider habe ich keine von Ian zum Abgleich, aber ich würde wetten, dass sie zu ihm gehören. Was bedeutet, dass der Fahrer, und damit vermutlich der Täter, Handschuhe benutzt hat.«

»Oder Ian ist der Täter.« Bietigheim köpfte sein Ei.

Elisabeth Harrington öffnete die Tür. »Es ist für Sie, Professor. Tee kommt gleich, Derek. Ich hab für dich einen frisch aufgegossen.«

Der Professor ging zum Telefon – Benno in seinem Schlepptau. Die Tür zum Frühstücksraum schloss er vorsichtshalber hinter sich.

»Professor Dr. Dr. Bietigheim, wer spricht?«

»Ich fass echt nicht, dass Sie den dritten Doktortitel konsequent weglassen. Das sieht Ihnen so gar nicht ähnlich, Professore.« Pits Grinsen war tatsächlich zu hören.

»Was wollen Sie?«

»Einen Campingplatz auf Islay. Für mich und meine Jungs.«

»Welche Jungs? Haben Sie Nachwuchs?«

»Falsches Thema, Professore, ganz falsches Thema.« Pit wurde ungewohnt ernst. »Ich komme mit ein paar Motorradfreunden nach Islay.«

»Es ist Winter. Da wollen Sie doch nicht ernsthaft zelten? Sie werden sich den Tod holen!«

»Das könnte tatsächlich passieren – aber nicht wegen dem Zelten.«

»Seien Sie nicht so schrecklich kryptisch!«

Ein Mampfen war in der Leitung zu hören. »Ah, das habe ich jetzt gebraucht. Zu Hause werde ich auch mal Lion, Kit Kat und Nuts frittieren. Ach, am besten frittiere ich einfach alles, was mir in die Finger kommt.«

»Nun sagen Sie endlich, warum Sie nach Islay kommen! Und zwar rasch, denn ich habe meine Zeit nicht gestohlen.«

Das Schmatzen wurde lauter, Pit sprach nun mit vollem Mund. »Es ist so unglaublich geil, wenn es heiß ist!« Er schluckte. Der Professor sah vor seinem geistigen Auge eine Schlange, die ein kleines Flusspferd verspeiste. »Die Typen vom ›Diogenes Club‹, also die ihre Kohle in der neuen Distillery drinhaben, sind auf die Insel geflogen. Müssten schon längst da sein. Und mit einem davon habe ich ein Hühnchen zu rupfen, oder er mit mir, das wird sich zeigen. Aber die Sache wird auf Islay aus der Welt geschafft. Denn so kann ich nicht leben. Mann oder Memme, Professore.«

»Also ich bin dieses rätselhafte Geschwätz langsam wirklich leid.«

»Ich muss los. Denken Sie an den Campingplatz!«

»Für wie viele Zelte denn?«

»Fünfzig.« Pit legte auf.

Der Professor starrte noch einige Zeit auf den tutenden Hörer. Fünfzig Zelte? Da klang nicht nach ein paar Motorradfreunden.

Das klang nach einer Armee.

Als er zurück ins Frühstückszimmer kam, verabschiedete sich Constable Dolan gerade herzlich von Mrs Harrington. Dem Professor reichte er danach nur kurz die Hand.

»Übrigens, falls Sie sich fragen, wo Ihre Assistentin Renate ist, die spielt gerade auf dem Machrie Golf Course.«

»Nein, das frage ich mich gar nicht.« Das hatte er sich tatsächlich gefragt. »Denn das weiß ich selbstverständlich.«

»Dann wissen Sie sicher auch, mit wem sie da ist und in letzter Zeit häufiger gesehen wurde?« Dolan wartete und sprach erst weiter, als keine Antwort von dem Professor kam. »Ross Martin von Bowmore.«

»Er soll ja ein guter Musiker sein.«

»Sowie ein sehr guter Distillery Manager.«

»Und außerdem ledig.« Mrs Harrington kicherte.

Der Professor verstand nicht, was es da zu kichern gab. Rena hatte von ihm den Auftrag erhalten, die Manager von Kilchoman und Bowmore genauer unter die Lupe zu nehmen, da die beiden Geld ins Port-Ellen-Projekt gesteckt hatten. Wenn Rena für diese Aufgabe sogar bereit war, einen Golfschläger in die Hand zu nehmen, so zeigte dies nur ihre Einsatzbereitschaft!

Nachdem Dolan den Raum verlassen hatte, nahm Bietigheim wieder vor seinem Ei Platz. Eines seiner beiden Stücke Blutwurst lag nicht mehr auf dem Teller – Benno kaute auf dem Fußboden glücklich auf etwas herum. Da bestand wohl ein Zusammenhang.

Elisabeth Harrington setzte sich zu ihm. »Er sieht nicht gut aus, oder?«

»Wer? Der Constable?«

Sie nickte. »Derek zeigt es nicht, aber das mit Colin geht ihm sehr zu Herzen.«

Bietigheim blickte auf und ermöglichte dadurch Benno, sein Blutwurstfrühstück zu komplettieren. »Das verstehe ich nicht.«

»Wenn Colin hier war, kam Derek auch. Schließlich sind die beiden seit Jahrzehnten beste Freunde.«

Benno musste Gassi, und Bietigheim musste nachdenken – das ergänzte sich gut. Vor der Tür entfachte er seine Pfeife, dann zog er die Winterhandschuhe an, denn die Temperatur war weiter gesunken, Schnee nur eine Frage der Zeit. Nachdem er außer Sichtweite des ›Trout Fly Bed & Breakfast‹ war, öffnete Bietigheim seine lederne Umhängetasche, denn darin befand sich etwas, das er ganz schnell loswerden musste. Mrs Harrington hatte ihm neben einer Isolierkanne mit Earl Grey nämlich auch ein widerliches Gurken-Minze-Sandwich mit getrockneter Minze, vermutlich aus einem Teebeutel, als Wegzehrung mitgegeben. Sie hatte ihn seit ihrem gemeinsamen Kocherlebnis richtig ins

Herz geschlossen. Bietigheim war sich allerdings nicht sicher, ob er dort wirklich sein wollte.

Er blickte sich kurz um und stopfte das Sandwich dann fix in den Mülleimer des vor ihm stehenden Wohnhauses. Zufrieden Beethovens »Ode an die Freude« pfeifend, ging er danach weiter Richtung Hafen. Dieser lag jetzt bei Ebbe wieder trocken, und Benno hatte großen Gefallen daran gefunden, darin seine Geschäfte zu erledigen. Das hatte für Bietigheim den Vorteil, diese nicht wegräumen zu müssen, denn das erledigte die Flut. Er würde den kleinen Räuber gleich von der Leine lassen.

In seinem Hinterkopf wuchs derweil der Wunsch, zum Machrie Golf Links fahren, doch der Professor weigerte sich standhaft, diesem nachzugeben. Er war doch nicht Renas Anstandsdame! Wenn sie sich einen hübschen, reichen, musikalischen, hoch angesehenen Distillery Manager angeln wollte, statt für ein knappes, wenn auch angemessenes Honorar an der Universität Hamburg für ihn arbeiten zu dürfen, dann war das nicht sein Problem. Jeder war seines Glückes Schmied!

Benno zog an der Leine, als wollte er Bietigheim einen Arm ausreißen.

Doch dieser blieb unvermittelt stehen.

Der Weg hatte ihn am ›Islay Hotel‹ vorbeigeführt, und sein interessierter Blick war in das Restaurant gefallen, wo er unter anderem Shaun Murray, den Manager von Kilchoman, Bonnie Lewis und einen Mann entdeckt hatte, auf den die Beschreibung von Giorgios Melas zutraf. Er trat einen Schritt näher. Auf dem Tisch stand ein Port Ellen Single Malt, fünfunddreißig Jahre alt, nach Bietigheims Wissen aktuell rund tausendfünfhundert Euro wert. In einer Ecke saßen zwei Männer, deren schwarze Anzüge an jeder Stelle des Körpers aufgrund von Muskelmasse zu platzen schienen. Sie aßen als Einzige Fisch und Meeresfrüchte, keine Kohlenhydrate, nur Eiweiß.

Die Port-Ellen-Investorengruppe war also bereits da. Um zu entscheiden, wie es nach Colin Lewis' Tod weiterging?

Plötzlich blickte ihn Melas an, als wäre er eine Fliege an der Scheibe. Die Muskelberge ließen ab von ihrem Essen und standen auf, ebenfalls in seine Richtung schauend.

Der Professor beschloss, sich debil zu stellen, lächelte so breit und dümmlich, wie es nur möglich war, schwenkte ausholend seinen Borsalino-Hut und ging dann seiner Wege. Ohne sich umzudrehen.

Als Benno kurze Zeit später sein Geschäft in den eiskalten Schlamm des Hafens machte, hatte Bietigheim einen Entschluss gefasst. Er würde zu Rena fahren. Sie musste mit ihrem Computer alles herausfinden, was es über diese Gruppe gab, und vor allem, wer die Anteile von Lewis erbte oder übernahm. Denn diese Person hätte etwas, das bei diesem Fall bisher die ganze Zeit fehlte: ein glasklares Motiv.

Der Machrie, wie der Machrie Golf Course auf Islay genannt wurde, lag linker Hand der Straße von Port Ellen nach Bowmore am Westufer der Insel, kurz vor dem Airport. Der Professor schwang ab und an gerne den Golfschläger, deshalb plante er nach seiner Rückkehr auch einige Spiele mit Politikern auf dem Platz des Golfclubs Hamburg-Falkenstein, um seine bevorstehende Kanzlerschaft in trockene Tücher zu bringen. Aber gewinnen lassen würde er dafür niemanden. Das hatte er schließlich nicht nötig!

Nachdem er sein Fahrrad abgestellt und Benno an einem Pflock angeleint hatte, bewunderte er erst einmal den Achtzehn-Loch-Platz, von dem er wusste, dass er seit über hundertzwanzig Jahren in dieser Form erhalten war und einen Blick über Laggan Bay bot. Die mit widerstandsfähigem Gras bewachsenen Sanddünen des Machrie waren weit und wellig, Bäume gab es wenig, dafür tückische Sandbunker. Es war ein Golfplatz, den man als Links Course bezeichnete, da er sich auf sogenanntem Linksland befand, womit die unfruchtbare Dünenlandschaft bezeichnet wurde, die zwischen Meer und fruchtbarem Ackerland lag. Von diesen äußerst klassischen Golfplätzen gab es weniger als zweihundert weltweit. Die größte spielerische Herausforderung bei ihnen war der Wind, welcher auch auf dem Machrie so gewaltig pfiff, dass Bietigheim seinen Borsalino lieber in die Hand nahm, um ihn nicht vom Kopf geweht zu bekommen.

Es war erstaunlich, dass bei diesen eisigen Temperaturen überhaupt jemand Golf spielte, aber vier Wagen standen auf dem Parkplatz – einer davon weiß und mit dem Logo der Bowmore Distillery versehen.

Rena und Ross Martin fand er am siebten Loch. Seine Assistentin hatte beim Abschlag gerade statt des Golfballs ihren Schläger in die Luft gejagt und schüttete sich aus vor Lachen.

Als sie ihn sah, machte sie Bewegungen, mit denen man sonst Tauben verscheuchte. Keine Ahnung, was sie ihm damit sagen wollte.

Er ging zu ihnen, zuerst Ross Martin die Hand reichend, der seinen Gruß nur sehr wortkarg erwiderte, dann Rena, die er sogleich ein wenig zur Seite nahm.

»Sie müssen sofort mitkommen.«

Rena schob trotzig ihr Kinn vor. »Lassen Sie mich doch einfach ein bisschen in Ruhe meine Arbeit tun.«

»Es sieht mehr nach Vergnügen aus.«

»Jede Arbeit für Sie ist im Kern doch ein reines Vergnügen, Professor.«

»Nun ja …«

Sie trat näher zu ihm und flüsterte. »Ist er nicht toll? Zuerst bringt er mir Golf bei, und danach fahren wir zu ihm nach Bowmore. In der Distillery hat er sich nämlich ein eigenes Tonstudio eingerichtet, wo er mit mir einen Song aufnehmen will. Er spielt Gitarre, Schlagzeug und

Bass, also nacheinander, und ich singe. Weil er meine Stimme so mag.«

Bietigheim hatte immer gefunden, dass diese entfernt an ein Martinshorn erinnerte, aber vielleicht fanden schottische Männer an so etwas Gefallen. Sie aßen ja auch Schafsmägen.

»Dafür ist heute keine Zeit. Sie müssen alles herausfinden, was es über den Neubau der Port Ellen Distillery gibt.«

»Ich bin aber erst an Loch sieben!«

»Fore!«, brüllte Ross Martin, der den nächsten Schlag gespielt hatte. Bietigheim sah, wie sich ein anderer Golfer daraufhin umblickte und dem auf ihn zufliegenden Golfball auswich.

Es war Richard Ferguson.

»Warten Sie einen Augenblick, Rena. Ich bin gleich wieder bei Ihnen.« Er ging schnellen Schrittes zum Mash Master Laphroaigs. Dieser blieb stehen, als er ihn auf sich zukommen sah.

»Professor, ich wusste gar nicht, dass Sie auch spielen.«

Bietigheim blickte sich um. »Spielen Sie alleine?«

»Mittwochs spiele ich immer mit Cameron...« Ferguson stockte.

»Er hätte sicher gewollt, dass Sie weiterspielen!«

Der Mash Master nickte stumm. »Ich muss leider weiterspielen, Ross ist mit Ihrer Bekannten hinter mir.«

»Sie sind als Storyteller doch eine Art lebendes Gedächtnis der Insel«, sagte Bietigheim schnell. »Deshalb meine Frage an Sie: Was hat es mit Colin und Constable Dolan auf sich?«

»Sie kannten sich seit Ewigkeiten. Haben als Kinder schon zusammen gespielt, Blutsbrüderschaft geschlossen und so etwas.«

»Davon hat Constable Dolan nichts erzählt.«

»Derek erzählt nie etwas über sich. Er meint, je weniger

andere über ihn wissen, desto weniger Angriffsfläche bietet er. Alles, was ich über Derek weiß, weiß ich über Dritte.«

»Fore!«, brüllte Ross Martin wieder.

Als Bietigheim sich umdrehte, traf der Ball seinen Fuß. Da er gut geschlagen war, tat es höllisch weh. Er biss die Zähne zusammen, um sich dies nicht anmerken zu lassen. Nicht nur Indianer kannten keinen Schmerz. Es galt, Ferguson auszufragen.

»Hatten die zwei miteinander Streit? In letzter Zeit?«

Der Mash Master überlegte kurz. Dann nickte er zögerlich. »Im ›Ardview Inn‹ sind sie aneinandergeraten. Aber das war nur eine Rangelei unter guten Freunden.«

»Haben Sie gekeilt?«

»Ja, schon, und gebrüllt, aber …«

»Wann war das?«

Ferguson schien in seinen Erinnerungen zu kramen. »Ist gut einen Monat her.«

»Also zwei Wochen, bevor Colin Lewis ermordet wurde.«

»Ich würde da aber keinen …«

Mit einem Mal tauchte Blaulicht auf dem Parkplatz des Golfplatzes auf, Constable Dolan erschien und winkte in Richtung Bietigheim. »Professor, kommen Sie! Es ist dringend!«

Bietigheim verabschiedete sich von Ferguson und ging in Richtung des Streifenwagens, da ihm Laufen, und damit Hetze, zuwider war.

»Machen Sie schon!« Dolan war Hetze dagegen kein bisschen zuwider.

Als er ankam, hatte der Constable schon die Beifahrertür geöffnet. »Steigen Sie ein, bei Kilchoman ist etwas passiert!«

»Erst muss ich Benno losmachen. Ich werde ihn nicht allein hierlassen!« Er ging zu seinem Vierbeiner und löste die Leine vom Pflock.

»Beeilung!«

Bietigheim nahm seinen Hund in die Arme und schob sich in angemessenem Tempo auf den Beifahrersitz.

In diesem Moment setzte eisiger Regen ein.

Keiner konnte wissen, wie lange er anhalten würde.

Unzählige Regentropfen detonierten wie ein Flächenbombardement auf der Frontscheibe, die Scheibenwischer kamen gar nicht schnell genug hinterher.

»Bald ist er da«, sagte Dolan und musste fast brüllen, damit Bietigheim ihn verstand.

»Wer? Harrington?«

»Der Sturm.« Dolan fuhr langsamer, denn die Straße sah vor lauter Regenwasser aus wie ein Flusslauf.

»Wieso haben Sie mich abgeholt?«

»Weil Sie Informationen haben, die ich nicht habe. Außerdem habe ich mich über Sie erkundigt. Da gibt es Mordfälle, die Sie gelöst haben.«

Der Professor sah den Mann neben ihm an. Dolan mochte einiges sein, aber keiner, der auf Hilfe von anderen angewiesen sein wollte. »Es geht um Devil's Punch, oder?«

Dolan zögerte kurz, dann nickte er. »Ich habe was aufgesetzt, das Sie unterschreiben sollen.«

Als der Wagen über eine Bodenwelle bretterte, musste der Professor Benno gut festhalten. »Woher wussten Sie, dass ich hier bin?«

»Weil Sie Ihrer jungen Freundin alles zutrauen.«

Der Professor dachte, dass er eigentlich allen alles zutraute – Constable Dolan eingeschlossen. »Ich traue meinen Mitarbeitern nur das Beste zu, denn sie wissen, welches Privileg es ist, für mich zu arbeiten!« Die nächste Bodenwelle. »Warum fahren wir eigentlich so schnell zu Kilchoman?«

»Shaun hat nur gesagt, dass etwas Schreckliches passiert ist. Er konnte vor lauter Tränen gar nicht richtig reden, musste dann auch auflegen.«

»Ist er in Gefahr?«

Dolan zuckte mit den Schultern. »Halten Sie Ihren Hund noch mal fest, die nächste Bodenwelle ist die größte.«

Es war tatsächlich die größte. Und Bietigheim wunderte sich, dass sie nicht als Sprungschanze für Skiflugwettbewerbe genutzt wurde.

Bei Kilchoman begrüßte sie nicht der Manager, sondern Nachtwächter Andrew. Er stand unter einem Schirm, der durch die prasselnden Regentropfen wie ein Lämmerschwanz zitterte. »Kommen Sie schnell!«

Bietigheim sah, dass ein Krankenwagen ganz nah am Distillery-Gebäude parkte.

Besser als ein Leichenwagen.

»Wo ist Shaun?«, fragte Dolan

Andrew zeigte hinein. »Bei den Stills.«

Gleich beim Eintreten erfasste den Professor wieder die Faszination der beiden kupferfarbenen Brennblasen. Jetzt, da er nass und fröstelnd eintrat und der Duft wärmenden Alkohols im Raum lag, war es, als hieße ihn die Luft willkommen. Bietigheim musste daran denken, dass noch in den Siebziger Jahren des 20. Jahrhunderts die meisten Brennblasen mit Kohle befeuert worden waren. Nun war das indirekte Heizverfahren en vogue, bei dem durch Rohre heißes Wasser durch die Brennblase geleitet wurde. Nur Glenfarclas, Glenfiddich und zum Teil Macallan befeuerten noch direkt – aber selbst sie nicht mehr mit Kohle, sondern mit Gas.

Er blickte zum Schwanenhals der Brennblasen, welcher dem Kenner bereits viel über den Geschmack eines Whiskys verriet. Je höher dieser war, desto mehr blieben die schweren, öligen Geschmacksstoffe in der Still zurück, desto feiner der Brand.

Vor der größeren der beiden Brennblasen, der Wash Still, saß Shaun Murray zusammengesunken auf dem Boden, neben ihm ein Rettungssanitäter, der gerade mit einer Manschette den Blutdruck maß.

»Da bist du ja endlich, Derek«, sagte der Manager, als sie zu ihm traten, und wollte aufstehen.

»Bleib sitzen«, antworte der Constable.

Bietigheim besah sich den Manager Kilchomans zum ersten Mal. Shaun Murrays Beine waren bemerkenswert dünn, fast wie Zahnstocher, doch er trug einen kugelförmigen Bauch mit sich herum, auf dem sein Besitzer in fraglos jeder Lebenslage prima ein Glas Whisky abstellen konnte.

»Was ist passiert?«, fragte der Constable. »Hat dich wer niedergeschlagen?«

»Wenn's doch bloß das gewesen wäre. Mein Kopf hält einiges aus und ist schnell wieder heil. Nein, jemand hat die Wash Still geschlagen. Direkt neben der Luke.«

Dolan ging nah heran, fand aber offensichtlich nichts.

Shaun musste das bemerkt haben. »Links von der Luke, ungefähr auf acht Uhr.«

Der Constable ging noch näher heran. »Ach, das. Ist ja nur eine kleine Delle.«

»Nur eine kleine Delle?!« Shauns Kopf lief rot an. Sein Blutdruck stieg in solche Höhen, dass der Rettungssanitäter den Arm um Shauns Schultern legte und beruhigend auf ihn einredete.

Erst nach einigen tiefen begleiteten Atemzügen fand Shaun seine Sprache wieder. »Jede Delle verändert den Whisky, das weißt du doch! Und niemand, aber auch niemand weiß, wie groß der Einfluss welcher Delle ist. Hier wollte mir jemand schaden!«

»Warum ist die Delle dann nur so klein?« Dolan schoss ein Foto mit seiner Kleinbildkamera. »Wenn dir wirklich einer schaden wollte, hätte er doch gleich mehrere fußballgroße reinhauen können.«

Shaun hatte das anscheinend schon längst durchdacht. »Weil er meinte, eine kleine Delle fällt mir nicht auf, und ich bekomme nicht heraus, warum unser Whisky schlechter wird.«

»Wenn der Täter nicht wollte, dass sie auffällt, dann hätte er sie sicher nicht genau neben die Luke geschlagen«, sagte Dolan und packte Kohlepulver sowie Klebefolie aus seiner Umhängetasche, um mögliche Fingerabdrücke sichtbar zu machen. Doch es fanden sich keine. »Wann soll das denn passiert sein?«

»Eben erst! Heute Morgen war noch alles in Ordnung, ich mache dann immer meinen Kontrollrundgang, und gerade auf Dellen achte ich. Danach bin ich kurz auf einen Termin nach Port Ellen gefahren. Hier war in der Zeit keiner, deshalb konnte der Täter unbemerkt einsteigen.«

Dolan machte sich Notizen. »Die Türen sind bei euch unverschlossen, oder?«

»Das wird sich jetzt aber ändern!«

Der Professor hatte längst begriffen, was diese Delle bedeutete. Sie war eine Drohung, die zeigen sollte, dass problemlos viel mehr passieren konnte. Er trat zum immer noch auf dem Boden sitzenden Shaun. »Warum sind Sie denn nicht mehr beim Treffen der Investoren des Port-Ellen-Projekts?«

»Sie wissen davon?« Shaun schien den Professor nun erstmals wahrzunehmen. »Sind Sie nicht Dougies deutscher Sohn?« Er blickte Dolan an. »Warum hast du ihn mitgebracht?«

Dolan schluckte. »Er ist Kriminalist und unterstützt mich.«

»Ich dachte, er ist Kulinaris...«

»Er ist Kriminalist!«, beendete der Constable die Diskussion.

»Ich würde meine Frage gerne wiederholen«, sagte der Professor. »Warum sind Sie nicht mehr bei dem Treffen? Eben waren Sie doch mit Mr Melas und den anderen im Restaurant des ›Islay Hotels‹.«

Dolan kniete sich zu Shaun. »Sprich dich aus. Alles kann wichtig sein.«

»Das glaube ich nicht, diese Sache hier hat nichts damit zu tun. Das sind alles Ehrenmänner, für die ich meine Hand ins Feuer lege!«

»Trotzdem haben Sie das Treffen früher verlassen«, konstatierte Bietigheim.

»Wir hatten einen kleinen Disput. Ich will nämlich aussteigen, mein Geld voll und ganz ins Kilchoman-Projekt stecken. Man kann einfach nicht auf zwei Hochzeiten tanzen.«

»Die anderen waren nicht begeistert«, sagte Bietigheim.

»Nein, natürlich nicht. Sie wollen es nicht akzeptieren. Aber das werden sie noch. Natürlich wird mein Fachwissen fehlen, meine Kontakte. Aber ich übernehme mich ansonsten. Das sehen sie sicher bald ein.«

Bietigheim hielt Shaun Murray für bemerkenswert blauäugig. Männer, die so viel Geld wie Melas in ein Projekt gesteckt hatten, verloren ungern einen wichtigen Mitarbeiter. Sie hatten zwar noch Ross Martin von Bowmore als Experten, aber nur Shaun wusste, wie man eine neue Distillery schnell und erfolgreich am Markt etablierte. Außerdem wäre ohne ihn die Abhängigkeit von Ross Martin unangenehm groß. Zwei Männer dieser Profession ließen sich dagegen wunderbar gegeneinander ausspielen.

Benno stemmte sich plötzlich an der kupfernen Brennblase hoch, die Pfoten nahe der Luke aufgesetzt.

Er versuchte emporzuspringen. Bloß warum?

Bietigheim nahm Benno auf den Arm und benutzte seine Schnauze als Kompassnadel. Wo deutete sie hin?

Dann sah er es.

Ein Fitzelchen Fisch.

Noch feucht glänzend.

Winzig klein, wie man es sich aus den Zähnen pulte.

Wenn man wie die muskelbepackten Anzugträger im ›Islay Hotel‹ vorher welchen gegessen hatte.

»Hat einer Ihrer Mitarbeiter heute Fisch verspeist?«

Shaun blickte ihn verdutzt an. »Bitte? Hier hat heute weder jemand gegessen noch gearbeitet, die Brennblase ist deshalb ja auch kalt.«

Dolan klappte sein Notizbuch zu. »Die Police Station Bowmore nimmt sich der Sache an. Und du solltest vielleicht Überwachungskameras oder so was montieren lassen.«

»Natürlich! So eine Sache wird hier nie wieder passieren!«

»Eine kurze Frage noch«, sagte Bietigheim.

»Aber keine mehr zu Fisch!«, antwortete Shaun.

»Wer übernimmt die Anteile von Colin Lewis?«

»Sie meinen, falls er tatsächlich tot ist.«

»Selbstverständlich.«

»Für diesen Fall ist alles schon mit Bonnie Lewis besprochen.«

»Ich höre.«

»Dann wäre eine Köchin bei der neuen Distillery mit an Bord.«

»Lassen Sie mich raten«, sagte der Professor. »Fiona Menzies von Ardbeg?«

»Ein Teufelsweib, oder?« Shaun schaffte es, endlich aufzustehen. »Die Frau hat deutlich mehr drauf, als man im ersten Moment denkt.«

Der Professor hielt Benno gut fest, als er mit Constable Dolan zurückfuhr. Doch diesmal steuerte dieser den Streifenwagen wie ein gesitteter Mensch und nicht wie ein Mann mit geschätzten 1,0 Promille – die er aufgrund seiner Fahne sicher hatte. Doch es war keine alkoholgeschwängerte Wahnvorstellung, als auf der Straße Richtung Port Ellen plötzlich ein Mann zu sehen war, der wirkte, als hätte er nicht im Regen gestanden, sondern im Meer gebadet. Bietigheim hätte es nicht gewundert, wenn Wasser aus seinem Mund geströmt wäre, als er diesen öffnete.

Es war Ian Harrington.

»Kannst du mich mitnehmen, Derek?«

Der Constable fragte nicht, wo Harrington abgeblieben war oder was er gemacht hatte. Er sagte bloß: »Du machst die Rückbank nass.«

»Dann legt er halt meine Regenjacke unter!« Der Professor zog sie im Wagen aus und reichte sie nach draußen.

»Danke, Professor«, sagte Harrington beim Einsteigen.

»Lizzie macht sich ein bisschen Sorgen.« Dolan startete den Wagen.

»Hat sie dich etwa angerufen, weil ich weg war?«

Der Constable blickte auf die Straße. »Das nicht. Aber man merkt ihr so was ja an.«

»Dann ist sie wohl sehr sauer?«

Dolan saß so unruhig im Fahrersitz, als habe dieser eine Heizung mit Kurzschluss. »Du kennst deine Frau besser als ich.«

»Oh, mein Gott. So schlimm?«

Dolan nickte. »Warum bist du überhaupt weg?«

»Mein Vauxhall wurde gestohlen. Ich habe gesehen, wie er in nördlicher Richtung fuhr, Bowmore oder Bridgend.«

»Und da bist du hinterher?«

»Da bin ich hinterher.«

»Und du wolltest nicht zurück, bis du ihn gefunden hast.«

»Das war der Plan. Aber es gibt ja die Fähren. Vielleicht ist er längst runter von der Insel. Ich hab ihn auf jeden Fall nicht gefunden.«

»Du hättest mich anrufen können.«

»Ach, du hast doch genug zu tun.«

»Er steht in Ardtalla«, schaltete Bietigheim sich ein.

»Aber das ist ja die ganz andere Richtung!«

Der Professor drehte sich zu ihm. »Haben Sie sehen können, wer den Wagen gestohlen hat?«

»Der Kerl trug eine dicke Winterjacke, eine Wintermütze, die über die Ohren ging, eine Skibrille vor den Augen und einen Schal vor dem Mund. So zieht sich keiner von Islay an! Ich dachte, Sie wären es, Professor.«

»Das ist beileibe nicht mein Kleidungsstil.« Er wandte sich zu Dolan. »Wieso wurde gerade Mr Harringtons Wagen für den Leichentransport gestohlen? Falls nicht alles von ihm erstunken und erlogen ist.«

»Was haben Sie da gerade gesagt?« Harrington lehnte sich vor. »Ich soll gelogen haben? Und wieso Leichentransport? Mit meinem Vauxhall?« In seine Stimme hatte sich ein Zittern gemischt.

Der Constable schaltete sich ein. »Beruhige dich, Ian.« Dann sah er Bietigheim an. »Jeder auf Islay weiß von Ians Vauxhall und dass der Schlüssel unter dem linken Vorderreifen liegt. Wenn ich einen Wagen stehlen würde, wäre er auch meine erste Wahl.«

»Aber woher ...?«, fragte Harrington.

»Du erzählst es immer, wenn du getrunken hast.«

Jetzt sprach Harrington nicht mehr. Erst am Ortseingang von Port Ellen sagte er wieder etwas zu Dolan. »Lad mich lieber am Supermarkt ab. Dann kauf ich Lizzie eine von den Schweizer Schokoladen. Die mag sie doch so.«

»Kauf besser eine ganze Palette davon«, sagte der Constable und hielt vor dem Coop.

Dolan hatte Harrington gerade ausgeladen, als sein Funkgerät nach einigem statischen Knacken zum Leben erwachte. Der Police Officer drehte den Lautstärkeregler ganz nach rechts, um über dem Hämmern des Regens ein Wort ausmachen zu können.

»Maggie?«

»Wer soll hier sonst sein? Oder meinst du, ich bin der Regengott?«

»Was gibt es, Maggie? Soll ich dir was aus dem Supermarkt mitbringen? Oder diesmal nur schauen, ob du auch wirklich die Haustür abgeschlossen hast?«

»Da bitte ich dich einmal um was. Nur ein einziges Mal. Und du musst mir das immer wie …«

»Jetzt sag schon, was los ist. Ich hab noch was zu tun.« Dolan blickte zum Professor und zeigte pantomimisch, wie er einen Vertrag unterschrieb.

»Bei Bowmore ist …« Maggies Stimme war kurz weg, »… worden!«

»Ich hab dich nicht verstanden!«

»Bei Bowmore.«

»Den Teil habe ich verstanden. Aber den anderen nicht.«

»Da ist …«, die Stimme war wieder weg, »… worden. So, jetzt sage ich es aber nicht noch einmal. Du veralberst mich doch.«

»Maggie, schau raus, es regnet Katzen und Hunde. Also sag jetzt einfach das Delikt dreimal hintereinander.«

»Und du veralberst mich wirklich nicht?«

»Maggie!«

»Diebstahl. Diebstahl. Diebstahl.«

»Was wurde denn gestohlen?« Bietigheim sprach extra deutlich.

»Hast du einen sprechenden Computer bei dir? War der etwa in dem Paket aus Glasgow?«

»Was wurde gestohlen, Maggie? Antworte der Computerstimme!«, sagte Dolan.

»Ross rief an, er war wohl gerade mit einer Eroberung beim Golf, ist dann ganz nass geworden und hat sie zu Bowmore gebracht, um die Sache wieder einzurenken. Wollte ihr deshalb auch das beste Stück des Hauses zeigen.«

»Den 1957er in der Glasvitrine«, erläuterte Bietigheim. »Den teuersten Whisky der Welt.«

»Ganz genau!«, sagte Maggie. »Du, sag mal, der ist ja super, der Computer. Was kostet so einer? Ist der von Apple?«

»Bin auf dem Weg.« Dolan stellte das Funkgerät ab. Er blickte zu Bietigheim. »Was ist das heute bloß für ein Tag? Ich weiß nicht, ob es jemals so viele Verbrechen auf einmal gab.«

»Es klingt«, antwortete Bietigheim trocken, »als hätten sämtliche Insassen des Dartmoor-Gefängnisses einen Tagesausflug nach Islay unternommen.«

Kaum hatten sie Port Ellen verlassen, klingelte Dolans Telefon. »Maggie«, sagte er zum Professor, nahm das Gespräch an und stellte auf laut.

Maggie klang ernsthaft sauer. »Warum stellst du denn das Funkgerät ab?«

»Hab ich das?«

»Tu nicht so! Bist du schon in Bowmore?«

»Maggie, ich bin doch eben erst in Port Ellen losgefahren!«

»Gut.«

»Wieso gut?«

»Du musst zum Fährhafen! Sofort.«

»Ist die gestohlene Flasche dort aufgetaucht?«

»CalMac hat angefordert, dass du Präsenz zeigst. Oh, mein Teewasser kocht, ich muss Schluss machen.«

»Maggie? Wieso soll ich Präsenz zeigen? Maggie?« Er sah den Professor an. »Sie hat einfach aufgelegt.«

»Ich weiß, warum Sie Präsenz zeigen sollen. Setzen Sie Ihren bösesten Blick auf.«

»Was? Wieso?«

»Fahren Sie einfach zum Fährhafen«, sagte Bietigheim. »Sie würden mir ohnehin nicht glauben. Aber seien Sie versichert: Benno wird sich freuen!«

Dolan hatte bereits gedreht und fuhr die wenigen Hundert Meter zum Fährhafen, wo er so parkte, dass alle

Wagen, die das Schiff verließen, ihn sehen mussten. Er zog die Dienstmütze auf und hielt seinen Schlagstock in der Hand. Bietigheim stellte sich, Benno an der Leine, daneben.

Es schmälerte die Imposanz maßgeblich.

»Sie wollen es mir wirklich nicht verraten?«

»Die Überraschung wäre verdorben«, antwortete der Professor.

Die Rampe des Schiffs senkte sich langsam, und Bietigheim beobachtete, wie Constable Dolans Blick auf rund achtzig Motorräder fiel samt Fahrerinnen und Fahrern in schwarzem Leder mit martialischen Verzierungen, von denen ein brennender Totenkopf noch die harmloseste war. Zuvorderst stand Pit. Sie starteten ihre Maschinen nahezu gleichzeitig. Das Knattern der Motoren war so gewaltig, dass darüber selbst das Prasseln des Regens nicht mehr zu hören war.

Pit hielt vor dem Professor, und nach einem Handzeichen stoppten auch alle Motorräder hinter ihm.

»Moin, Professore. Wo sollen wir hin?«

Bietigheims Mund stand einen Moment offen. Dann berappelte er sich wieder. »Wie sehen Sie denn aus? Wo ist Ihr Bart hin?«

»Hab ich dem Weihnachtsmannmuseum in Himmelpfort gespendet.«

»Aber wieso, um Himmels willen?«

»Erklär ich Ihnen alles später, Professore. Und dabei schauen wir zwei uns dann die schönsten Fotos von mir und meinem Bart an. Dann erzähle ich Ihnen auch, warum mir gerade jede Gräte im Leib wehtut und meine Haut so blau ist, als hätte ich in Pelikan-Tinte gebadet. Aber gerade werde ich saunass und würde echt gerne in meinem Zelt trocknen.«

Bietigheim konnte den Blick zwar nicht von Pits Kinn lösen, aber zumindest eine Antwort geben. »Der Campingplatz von Port Mòr hat seit Anfang des Monats geöffnet. Man freut sich dort auf Ihre Motorradsportgruppe.« Bietigheim reichte Pit die Wegbeschreibung und wandte sich zum sprachlosen Dolan. »Das ist Herr Kossitzke, mein engster Mitarbeiter.«

»Und die Horde hinter ihm?«, fragte der Constable.

»Das sind wiederum meine Mitarbeiter«, antwortete Pit grinsend. »Wir fahren dann mal fix los, bevor Schwimmflossen nötig sind.« Er machte sich daran, sein Motorrad erneut zu starten, hielt jedoch kurz davor inne. »Eine Frage noch: Wie spricht man diese Insel hier eigentlich aus? Ich hatte einen Streit mit Regenbogen, das ist der Bursche links hinter mir.« Regenbogen sah aus wie ein Sitzsack mit Augen. »Er sagt Ailay.«

»Das sagen die Engländer.«

»Seine Freundin, also Blutgrätsche, nicht Rosemarie, meint Aila.«

»Das sagen die Festlandschotten.«

»Und ich habe gesagt: Alles Blödsinn, es ist Ila.«

»Das sagen die Einwohner Islays. Die Ileachs. Also Debatte gewonnen.«

Pit drehte sich um. »Du musst mir morgen Rührei kochen, Regenbogen! Der Professore sagt, es heißt Ila.«

Regenbogen hob den Kopf und stieß ein Wolfsgeheul Richtung Himmel aus.

Dann fuhren sie alle los, in wilder Ordnung hinter Pit her.

Neben den Motorrädern, Autos und Lkws kamen auch Fußgänger von der Fähre und gingen an dem Professor sowie Constable Dolan vorbei. Rena hatte einige Personenbeschreibungen und Fotos für ihn besorgt, und so machte es ihm keine Mühe, die Frau mit den dauergewellten braunen Haaren als Cathleen, die Köchin des ›The Ben Nevis‹ zu identifizieren. Sie trug zwei Koffer, von denen einer die goldenen Initialen BL trug – und damit nicht ihr, sondern ihrer Chefin gehören musste. Cathleen schreckte ängstlich vor Benno zurück, als dieser sie ankläffte, und umklammerte ein goldenes Medaillon, das sich an ihrer Halskette befand. Dabei standen goldene Medaillons gar nicht auf Bennos Speiseplan.

Sie schaffte es, an dem Foxterrier vorbei zu Constable Dolan zu huschen, den sie mit Wangenkuss begrüßte.

»Ist lange her, Cathleen«, sagte dieser. »Viel zu lange.« Seine Stimme wurde tiefer. »Mein Beileid zu Colin.«

»Wenigstens starb er auf Islay«, antwortete sie und war schon wieder halb fort. »Ich muss zu Bonnie, sie ist ohne Gepäck aufgebrochen. Ich hoffe, wir sehen uns noch!«

»Ich auch, Cathleen.« Dolan schüttelte den Kopf. »Was für ein Tag. Mehr kann nun wirklich nicht passieren.«

Erst jetzt bemerkte Bietigheim, dass ein Mann neben ihm stand. Er hatte sein welliges, grau meliertes Haar zu einem Pferdeschwanz gebunden und trug trotz des Wetters weder eine Regenjacke noch hatte er einen Schirm aufgespannt. Seine blauen Augen waren klug und aufmerksam – und musterten ihn von oben bis unten.

»Ich darf doch sehr bitten«, sagte der Professor zu diesem. »Wir sind hier nicht im Zoo, und ich bin kein Erdmännchen, das man begaffen kann.«

»Nein, sind Sie nicht«, sagte der Mann. »Ich bin Dougie McFallon. Und Sie sind mein Sohn.«

KAPITEL 10

Heart of the Run

Der Professor erreichte einen für ihn seltenen Zustand, den der Sprachlosigkeit. Im Hintergrund sah er, wie ein Luxusbus mit Klimaanlage, Toilette, HD-Fernsehern und vermutlich Whirlpool aus der Fähre fuhr, der extra für diese Fahrt umlackiert worden war, weshalb nun folgender Schriftzug auf ihm prangte: Ladies Of The Highlands. Hildegard zu Trömmsen, die Göttliche, thronte ganz vorne neben dem Fahrer. Mit ihrem fliederfarbenen Kostüm samt passendem pastellgrünen, breitkrempigem Hut, der selbst in Ascot für Aufsehen gesorgt hätte, war sie sogar durch den Regen wie eine Marienerscheinung auszumachen.

»Sie sehen mir gar nicht ähnlich«, sagte Dougie McFallon. »Und ich hatte nie eine deutsche Freundin. Ich sag's mal anders: Sie sind ein Betrüger.«

Bietigheim fand seine Fassung wieder. »Sie sind hier wegen der Beerdigung von Cameron, nicht wahr?«

»Wie alle aus der Familie. Zu der Sie nicht gehören. – Derek, gut, dich zu sehen.« Er begrüßte den Constable herzlich. »Kümmerst du dich um den hier? Du hast doch eine Zelle in Bowmore, oder?«

Der Constable sah Bietigheim an, und dieser wusste, was im Kopf des Gesetzeshüters vorging. Man konnte es in zwei Worte gießen: Devil's Punch. Der von Constable Dolan vermutlich auf einer alten Schreibmaschine mithilfe von Tipp-Ex in mühevoller Arbeit aufgesetzte Vertrag lag immer noch auf dem Rücksitz des Streifenwagens.

Nun würde er niemals unterschrieben werden.

In diesem Moment fuhr Hildegard zu Trömmsens Bus vorbei. Sie winkte zuerst huldvoll, dann lachte sie und warf ihm einen Kuss zu. Bietigheim errötete, während der Regen in Kaskaden von der Krempe seines Borsalinos rann. Der Bus fuhr am ›Trout Fly Bed & Breakfast‹ vorbei, als der erste Blitz Islay wie eine riesige zerplatzende Hunderttausend-Watt-Glühbirne erhellte. Die Zeit schien stillzustehen und die Welt zu einem Foto geworden zu sein, in dem man sich in aller Ruhe umschauen konnte. So sah Bietigheim nicht nur den fortfahrenden Bus der »Ladies Of The Highlands«, sondern auch Köchin Cathleen, wie sie gerade am ›Trout Fly Bed & Breakfast‹ vorbeiging, und die dort aus dem Küchenfenster blickende Elisabeth Harrington. Die Gesichter der beiden Frauen befanden sich aus Bietigheims Blickwinkel nahezu nebeneinander, das Überbelichten des Blitzes ließ sie alterslos erscheinen wie eine himmlische Antifaltencreme.

Der nächste Blitz, das nächste Standbild.

Bietigheim sah Hughie Fletcher aus Richtung Port Ellen Maltings kommen, sein Blick suchend. Wahrscheinlich wollte er die Motorräder sehen, die bei ihrer Abfahrt ein Geräusch von sich gegeben hatten wie eine Hummel von der Größe des Mondes.

Oder doch nicht?

Sein Blick war keiner der gespannten Erwartung.

Eher der Furcht.

Dolan packte den Arm des Professors. »Dann kommen Sie mal mit, Freundchen.«

Bietigheim hörte ihn gar nicht, denn er begriff mit einem Mal, wie der Mord an Finlay O'Rien abgelaufen war. Nur was er nicht begriff, war: warum? Warum diese Tat, bei der man eiskalt genug sein musste, das Opfer stundenlang zu belügen, wissend, dass dessen Tod, dessen Mord bevorstand? Ein Opfer, das man bewunderte, mit dem vielleicht sogar freundschaftliche Bande bestanden, das einem vertraute.

Bietigheim befreite sich aus dem Griff des Constables und nahm Dougie McFallon ins Visier. »Es war Camerons Idee, ich erzähle Ihnen später alles. Wir haben es getan, damit ich den Mord an Colin Lewis aufklären kann. Nun muss ich dies jedoch zuerst mit einem anderen vollbringen. Ich darf mich entschuldigen.« Er hielt seinen Hut fest, der vom Sturm weggeblasen zu werden drohte. »Und eins noch«, sagte der Professor und wies auf Dolan. »Lassen Sie den Mann vermaledeit noch mal bis an sein Lebensende am Devil's Punch angeln!«

Dann rannte er, gefolgt von Benno, durch den Regen auf die andere Seite der Straße.

»Keine Fähren heute mehr!«, rief jemand von der CalMac, während die Hafenarbeiter das riesige Fährschiff vertäuten, als drohe es vom Rand der Welt zu kippen. Einige Bewohner Port Ellens schafften Sandsäcke vor ihre Haustüren, andere stiegen in ihre Autos, um sie weg von der Küste zu fahren.

Der Professor hatte keine Augen dafür, sondern nur für Cathleen, die er erwischte, als sie gerade das ›Islay Hotel‹ betrat. Und damit war er schneller als Hughie Fletcher, der dasselbe im Sinn hatte.

»Ich rede zuerst mit ihr«, sagte Bietigheim zu diesem. »Allein.« Er hob drohend den Zeigefinger.

Hughie zog die Kapuze tiefer ins Gesicht und kramte in seinen Jackentaschen nach Zigaretten, die völlig durchnässt waren, als er sie hervorzog. Wütend warf er sie auf den Bürgersteig.

»Wer sind Sie?«, wollte Cathleen wissen.

Der Professor zog sie in Richtung Hotelrestaurant. »Mein Name tut nichts zur Sache.«

Die Rezeptionistin erhob sich von ihrem Stuhl und rief in seine Richtung. »Unser Restaurant ist heute geschlossen!«

»Genau darum will ich ja hinein. Und wehe, jemand stört mich! Ich bin Dougie McFallons Sohn«, zumindest, bis sich das Gegenteil herumgesprochen hatte.

Die Rezeptionistin setzte sich. »Ach, Sie sind das! Unser Restaurant gehört Ihnen.«

Bietigheim drückte Cathleen hinein und schloss die Tür hinter sich. »Wollen wir uns setzen?«

»Nein, das wollen wir nicht!« Sie versuchte, zurück zur Tür zu gehen.

Bietigheim hielt sie nicht auf, stattdessen sagte er. »Benno, fass!« Beim Ausbooten hatte er nicht übersehen, wie ängstlich Cathleen wegen seines Hundes gewesen war.

Cathleen wich vor dem klatschnassen Benno zurück, der gerade den Schleudergang eingelegt hatte, um all den Regen aus seinem Fell zu bekommen. »Halten Sie Ihren Hund zurück! Ich hasse Hunde!«

Hunde spüren, wenn jemand Angst vor ihnen hat.

Und dann legen sie erst richtig los.

Benno stoppte das Ausschütteln und knurrte.

»Wollen wir uns setzen?«, wiederholte der Professor.

Cathleen setzte sich, ihre Beine eng beieinander, die Arme um den Oberkörper geschlungen. »Was wollen Sie?«

Sie war es sicher nicht gewohnt, in die Enge getrieben zu werden. Ihr Platz war nicht umsonst in der Küche, das war ihr Reich, hier hatte sie alles unter Kontrolle. Jetzt war sie ungeschützt. Bietigheim beschloss, ihre Deckung vollends wegzureißen und ihr dunkles Geheimnis bloßzulegen.

»Warum haben Sie und Hughie damals Finlay O'Rien umgebracht?« Er griff zum Medaillon, das sie vorhin so fest umklammert hatte. Bevor Cathleen etwas sagen konnte, hatte er es schon geöffnet.

»Wegen ihm?« In dem Medaillon befand sich ein Foto des jungen Colin Lewis. Es war ausgeblichen von der Sonne. Das ging bei einem so gut geschützten Foto nur, wenn es sich seine Besitzerin ständig anschaute.

»Woher wissen Sie …?«

»Sagen Sie mir nur, warum. Ich bin nicht von der Polizei. Und ich vermute ohnehin, dass dieses grausame Verbrechen längst verjährt ist.« Adalbert hatte keine Ahnung, wie die Rechtsprechung in Schottland war. Aber es war nicht der Zeitpunkt, diese Wissenslücke preiszugeben.

Cathleen klappte das Medaillon wieder zu, so zärtlich, als lege sie die Decke auf ein schlafendes Kind. Der Professor besah sich ihr Gesicht genauer. Eben beim Blitzschlag war ihm aufgefallen, wie sehr es dem von Elisabeth Harrington glich und wie ähnlich ihre Statur war. Wäre Hughie Fletcher nicht auf dem Frederick Crescent aufgetaucht, mit suchendem Blick, Bietigheim hätte sich nichts weiter dabei gedacht. Nun wurde ihm klar, dass Hughie nicht wegen der Motorräder aufgetaucht war, sondern wegen Cathleen. Die er sicher lange nicht gesehen hatte.

»Nachdem Sie Finlay O'Rien in Edinburgh getötet haben, sind Sie nicht nach Islay zurückgekehrt, oder? Erst jetzt, weil Bonnie Lewis ihre Sachen vergessen hat, so überstürzt, wie sie aufgebrochen ist.«

Cathleen wendete den Kopf ab, blickte auf den Boden.

»Dort finden Sie keine Antwort«, sagte der Professor. »Ich will nicht meinen Hund auf Sie hetzen müssen, damit Sie endlich reden.«

»Was haben Sie davon, wenn ich es sage?«

»Gewissheit«, antwortete Adalbert.

Sie schüttelte den Kopf, als wollte sie all die unerträglichen Gedanken aus ihrem Schädel schleudern. Draußen schlug krachend der nächste Blitz im Atlantik vor Islay ein.

»Sie dachten wohl, man fände O'Rien nie in dem Fass?«

Cathleen blickte auf. »Ich dachte, man findet ihn erst nach meinem Tod.«

Der Professor schämte sich fast für das Glücksgefühl, das er in diesem Moment empfand, in dem sich endlich eine Antwort zu einer so wichtigen Frage gesellte. Cathleen wirkte nun gebrochen, und doch schien der Satz auch befreiend gewesen zu sein, endlich konnte sie der Tat offen entgegenblicken. Adalbert holte seine Pfeife hervor und begann, Tabak einzufüllen.

»Es war Ihr Fass?«

Cathleen nickte. »Einige gehören mir.«

Der Professor war überrascht. »Das heißt, Colin wusste nichts davon?« Er entzündete seine Pfeife.

»Er hat es niemals erfahren. Wenigstens das.«

»Hughie hat Sie geliebt, nicht wahr? Deswegen hat er Ihnen bei dem Mord geholfen. Oder war es der schnöde Mammon?« Es war Liebe, das wusste der Professor, denn Hughie Fletcher erschien ihm nicht wie ein Mann, der um das Goldene Kalb namens Geld tanzte. Hughie tanzte um ein gutes Pint Ale im Pub und um eine Frau, die ihn so liebte, wie er war. Bietigheim hatte jedoch keinen Ring an dessen Ringfinger gesehen.

»Er hat mich geliebt.«

»Aber Sie ihn nicht, denn Sie haben ja Colin geliebt. Weiß Bonnie davon?«

»Was gibt es da zu wissen? Ich habe ihn geliebt. Er mich aber nie. Ich war immer nur eine gute Freundin, die ihn getröstet hat, wenn es mit Bonnie nicht so lief oder er mal wieder nahe am Bankrott stand. Ich war die Schulter zum Ausheulen oder das Ohr zum Zuhören. Mehr nicht. Die gute Cathleen, die gute Seele, immer da. Ich war wie Inventar für ihn, wie ein Möbelstück.« Tränen rannen ihre Wangen hinunter, doch sie wischte sie nicht fort.

Adalbert setzte sich neben sie. »Sie haben für ihn gemordet, für Colin. Haben einen Plan geschmiedet und sich dafür Hilfe von dem Mann geholt, der sie liebt. Haben diese Liebe ausgenutzt. Es war ein eiskalter Mord. Und Sie haben ihn begangen, selbst wenn Hughie es war, der letztendlich zugeschlagen und Finlay O'Rien bewusstlos ins Fass gesteckt hat.«

»Warum fragen Sie mich, wenn Sie ohnehin alles wissen?« Sie versenkte den Kopf in ihren Armen.

»Weil ich nicht weiß, warum Sie es taten. Das Motiv. Mehr will ich nicht. Wieso half dieser Mord Colin?«

Cathleen schüttelte langsam den Kopf. »Das sage ich nicht. Niemals. Und wenn Sie Ihren Hund auf meine Kehle ansetzen oder mich der Polizei ausliefern. Das sage ich nicht.«

In diesem Moment stieß Hughie die Tür auf. »Was tust du mit ihr? Ich habe von draußen gesehen, dass Cathleen weint!«

»Hughie, ich muss Sie etwas fragen.« Der Professor trat zu ihm.

Cathleen stand schnell auf und stellte sich neben den Mann, der sie einst so sehr geliebt hatte, dass er für sie einen Mord beging. »Er wird es Ihnen auch nicht sagen, das hat er mir geschworen.«

Hughie wurde blass. »Er weiß es?«

»Nicht alles. Und so soll es bleiben«, antwortete Cathleen und hakte sich bei ihm unter.

»Wird er uns …?«

»Dann ist es so«, sagte sie. »Ich hätte schon längst dafür büßen müssen. Aber dich werden sie nicht einsperren, das verspreche ich dir.« Sie schlang ihre Arme um Hughies Hals und legte ihren Kopf auf seine Brust. »Dir habe ich schon genug angetan.«

Bietigheim ging an den beiden vorbei in die Lobby des ›Islay Hotels‹. Manche Antworten mussten reifen wie Äpfel, irgendwann fielen sie einem in den Schoß. Er würde deshalb warten, würde den beiden Zeit miteinander geben.

Sie hatten sicher viel zu bereden.

Als der Professor auf den Frederick Crescent trat, welcher vom Regen pechschwarz glänzte, sah er Renas Mietwagen vor dem ›Trout Fly Bed & Breakfast‹ stehen. Die glimmende Pfeife mit der Hand vor dem Regen schützend, lief er dorthin. Er brauchte jemanden zum Reden. Und er brauchte eine gute Tasse Tee.

Elisabeth Harrington war nirgendwo im Erdgeschoss zu finden, doch da er mittlerweile die Erlaubnis hatte, sich selbst in der Küche etwas zuzubereiten, setzte er den Wasserkocher in Betrieb. Plötzlich lehnte Rena in der Küchentür und grinste so breit, dass man es wohl noch in Hamburg-Jenfeld sehen konnte.

»Was haben Sie zu grinsen? Erheitert Sie der Weltuntergang dort draußen etwa?« Das Grummeln des Donners drang zu ihnen, und Benno rollte sich in der Ecke zusammen.

»Ich habe gerade mit Ihrer Angebeteten gesprochen«, sagte Rena, deren Grinsen nun sogar noch breiter wurde. »Sie hat von ihrem Hotel aus angerufen, und da kamen wir ins Schnacken.«

Bietigheim goss murrend das kochende Wasser in seine Tasse. Es gefiel ihm nicht, wenn Hildegard mit jemandem außer ihm ins Schnacken kam.

»Sie hat mir gesagt, dass Sie wegen ihrer konstanten Abwesenheit aus dem Rennen um die Kanzlerschaft waren, aber dass nun alles klar sei. Sie haben den Posten!« Rena streckte die Hand zur Gratulation aus, doch Bietigheim dachte gar nicht daran, diese zu schütteln. »Hildis Aussage nach reichte ein einziger Anruf, damit ›mein geliebter Professor‹, ich zitiere das mal wortwörtlich, ›eine angemessene Stellung‹ erhält.« Sie zwinkerte ihm neckisch zu.

»Lassen Sie das mit dem Zwinkern! Oder haben Sie ein Augenleiden?«

»Sie freuen sich ja gar nicht?« Rena nahm die ausgestreckte Hand wieder zurück und roch daran, so, als sei ein mögliches olfaktorisches Defizit der Grund dafür, dass sie nicht geschüttelt worden war.

Bietigheim sah derweil seinem Tee beim Ziehen zu. Er

wollte diese Stelle nicht durch Protektion erhalten, sondern weil sie ihm rechtmäßig zustand. Es gab schließlich keinen besseren Kandidaten!

»Hildi meinte auch, wenn Sie nicht so ein herausragender Wissenschaftler wären, hätte sie anrufen können, wen sie wollte, und es hätte nichts gebracht.«

»Hören Sie sofort auf, meine Gedanken zu lesen! Und seit wann nennen Sie Frau zu Trömmsen so vertraulich beim Vornamen?«

»Ach, wir treffen uns einmal die Woche mittags zum Quatschen. Ich kann gut verstehen, warum Sie so verknallt in Hildi sind. Meine Herren, macht die schweinische Witze!«

»Ich darf doch sehr bitten!«

»So oft Sie wollen!« Rena lachte.

Bietigheim suchte im Schrank nach einem Untersetzer. Dabei stieß er auf eine leicht eingedellte, kupferne Vase, die wie eine Brennblase geformt war. In seinen Gedanken pochte immer noch die Frage nach dem Grund für Cathleens Tat wie ein aufdringlicher Besucher, dem nicht geöffnet wurde.

Bietigheims Hirn schloss in diesem Moment die Tür auf.

Er hielt inne, prüfte nochmals, ob auch alles stimmte, und erlaubte sich einen tiefen, stolzen Atemzug, der die Brust hob. Die kleine Kupfervase richtete er als Dankeschön perfekt zur Seitenwand aus. »Haben Sie Ihren transportablen Computer griffbereit?«

»In meinem Zimmer, der lädt gerade.«

»Holen Sie ihn umgehend her, wir treffen uns im Frühstücksraum.«

Keine drei Minuten später saßen sie dort zusammen, Bietigheim, die wärmende Teetasse in seinen Händen, Rena, ihr Notebook aufklappend.

»Brennblasen«, sagte der Professor. »Und zwar jene von Port Ellen. Fotos von den alten, als sie noch in der Distillery standen, und den wiedergefundenen in Indien.«

»Ach, das ist alles?«

»Ja, bitte beeilen Sie sich.«

Rena lehnte sich stattdessen zurück. »Meinen Sie, das Netz hat so etwas Spezielles? Da kann man Ewigkeiten suchen.«

Bietigheim stand auf und ging in den Flur, wo die Galerie mit den Brennblasenfotos hing. Er brauchte nicht lange zu suchen, um die von Port Ellen zu finden, auch wenn die Auflösung zu wünschen übrig ließ. Das Jahr war 1977, also noch bevor die Qualität der Brennblasen schlechter wurde.

»Hier«, er reichte es Rena. »Vielleicht finden Sie nun leichter weitere Aufnahmen.«

Sie rief eine Seite mit vielen Fotos von Brennblasen auf und erkannte die entsprechenden tatsächlich wieder – in hervorragender Qualität.

Bietigheim nickte anerkennend. »Die indischen werden schwieriger zu finden sein. Richard Ferguson hat Fotos davon bei sich im Haus, doch bei diesem Wetter kann man keinen Hund hinausjagen, um diese zu holen. Dasselbe gilt für Sie.«

»Sie sind solch eine Seele von Mensch! Wenn ich das mal meinen Enkelkinderchen erzähle, werden sie anfangen zu heulen.«

Bietigheim verzog keine Miene. Solch dummes Geschwätz durfte man keines Kommentares würdigen.

»Ist Ferguson nicht der Storyteller? Also im Nebenjob? Von dem habe ich einen Werbezettel vorne auf der Kommode gesehen. Ich glaube, der hat eine Homepage.« Dank ihres eidetischen Gedächtnisses musste sie ihn nicht holen, um die richtige Webadresse einzugeben. »Da sehen Sie, er bietet sogar einen Abend über die verschwundenen Distilleries von Islay an.« Noch ein Klick. Die neue Seite erschien, und Rena blickte den Professor an. »Bin ich die Beste oder bin ich die Beste?«

»Sie sind … gut.« Bietigheim war kein Anhänger überschwänglichen Lobes. Es verdarb seiner Meinung nach den Charakter. »Schauen Sie sich die beiden Fotos bitte genau an. Also das von den Brennblasen 1977 und das der indischen.«

Der Professor wusste nicht, ob ein Mensch mit Renas Hirn die beiden Fotos im Geiste so drehen und in der Größe anpassen konnte, dass die Perspektive und der Maßstab gleich waren, und sie dann noch übereinanderlegen, um Unterschiede auszumachen.

Sie brauchte auf jeden Fall nur zwei Sekunden, um zu antworten.

»Die aus Indien haben Dellen. Am hinteren Teil und damit schwer einsehbar. Wenn ich die alten Aufnahmen aus der Distillery als Grundlage nehme, dann existierten diese damals noch nicht. Vielleicht sind sie durch den Transport entstanden.«

»Das glaube ich nicht«, sagte der Professor und nahm einen Schluck des heißen Tees. »Ich glaube, sie sind der Grund für einen Mord. Cathleen wollte ihren Chef schützen, indem sie Finlay O'Rien ermordete. Den Mann mit der besten Nase Islays. Wenn einer schon beim New Make herausfinden konnte, dass ein Whisky plötzlich anders schmeckte, dann er. Und vielleicht konnte er sogar erschnuppern, was der Grund dafür war. Finlay fand heraus, dass plötzlich Dellen in den Brennblasen waren, und zwar von einer Größe, die unwillkürlich den Geschmack veränderte. Diese Erkenntnis hat sicher dazu geführt, dass er sich fragte, wer so etwas getan haben könnte. Antwort: Ein Mann, der auf einer großen Menge unverkäuflichen Whiskys saß und in finanziellen Schwierigkeiten steckte. Also verknappt dieser das Angebot, indem er die Brennblasen manipuliert – und damit den Niedergang des Unternehmens herbeiführt.«

»Finlay O'Rien stellte ihn zur Rede …«

»... und musste verschwinden«, beendete Bietigheim den Satz.

»Ob er ihn erpresst hat?«

»Das wird uns nur Cathleen sagen können.«

Rena blickte auf ihren Bildschirm, der nun den gütig lächelnden Richard Ferguson samt Schiebermütze und Kilt im Clan-Tartan zeigte. Lange blickte sie auf das Bild, bevor sie wieder sprach. »Eine wichtige Frage bei Mordfällen ist doch immer: Warum gerade jetzt? Besonders bei einem, der mit einem weit in der Vergangenheit liegenden Verbrechen zusammenhängt. Es muss einen Auslöser geben.«

»Ich denke dasselbe wie Sie, und die Antwort auf die Frage gefällt mir nicht«, sagte Bietigheim.

Rena atmete tief durch. »Nur beim netten Richard Ferguson findet sich ein Auslöser. Er hat auf seiner Reise nach Indien herausgefunden, dass Dellen sind, wo keine sein sollten. Dann hat er eins und eins zusammengezählt und begriffen, wer diese damals hineingeschlagen hat. Aber warum sollte er Colin Lewis deshalb töten? Was hat er durch die Schließung der Distillery verloren?«

»Das Wertvollste, was er hatte«, antwortete Bietigheim. »Seine kleine Schwester.«

Die Uhr zeigte an, dass es helllichter Tag war, doch durch das Dielenfenster des ›Trout Fly Bed & Breakfast‹ war zu erkennen, dass draußen Dunkelheit herrschte. Der Himmel sah aus wie ein schwarzbrauner Strudel, der die dunkle Erde unter sich anzusaugen schien.

Rena konnte den Blick nicht davon lösen, während sie ihre Regenjacke anzog. »Und wir müssen wirklich jetzt da raus?«

Bietigheim schnürte seine regenfesten Wanderstiefel. »Islay ist abgeschottet vom Festland. Die Telefonleitungen sind tot, auch die mobilen Telefone funktionieren nicht, es geht keine Fähre, kein Boot kann ablegen, kein Flieger starten. Der Mörder ist hier auf Islay gefangen. Ferguson wird nicht einmal aus seinem Haus flüchten und über Land fortlaufen können, da ihn dort jeden Augenblick ein Blitz treffen kann. Der Sturm ist unser Verbündeter!«

Als sie hinaustraten, war er sich da nicht mehr so sicher.

Der Wind warf ihn fast um. Etliche Häuser hatten kein Licht mehr, nur die mit einem Notstromgenerator ausgestatteten leuchteten wie schwache Kerzen in der Finsternis. Niemand war zu sehen, die Menschen hatten sich in ihren Häusern verschanzt, Islay schien zu kauern. Doch die Wellen wurden immer höher, das Meer streckte seine gierigen Zungen aus. Es wollte verschlingen, egal wen, egal was.

»Ich mache mir Sorgen um Pit«, brüllte Rena.

Das machte der Professor sich auch seit dem ersten Blitzschlag. Pit war zwar leichtfertig und hitzköpfig, aber doch groß und stark. Er würde einen Weg finden.

Hoffentlich.

»Gehen Sie hinter mir!«, rief Bietigheim und stemmte sich gegen den Wind. Er hielt sich nah an den Häuserwänden, immer wieder wurde er gegen diese gedrückt. Doch auf dem Weg zum Haus von Richard Ferguson bereiteten ihm vor allem die Schiffe im Hafen Sorgen, die von den gewaltigen Wellen hochgeworfen und heruntergerissen wurden. Eine kleine Schaluppe war bereits auf die Straße geschmissen worden, ihr Rumpf geborsten. Hoffentlich war Ferguson zu Hause und nicht auf der Arbeit. Den Weg bis zu Laphroaig wollte der Professor bei diesem Unwetter auf keinen Fall zurücklegen.

Jemand hatte auf dem Frederick Crescent so nah an den Häusern geparkt, dass Bietigheim einen Bogen um den Wagen machen musste. So eine Unverschämtheit! Welcher halbstarke Grünschnabel ohne Manieren tat denn so etwas?

Dann erst fiel ihm auf, dass es Dolans Streifenwagen war.

Und dieser vor dem ›Ardview Inn‹ parkte, Port Ellens einzigem richtigen Pub.

Er konnte den Constable jetzt gut gebrauchen. Die Frage war nur, ob dieser ihm helfen oder ihn verhaften würde. Der nächste Windstoß drückte den Professor voller Wucht in den Eingang. Er beschloss, einzutreten.

Das ›Ardview Inn‹ war prall gefüllt, die Decke so tief und die Luft so verbraucht, dass Bietigheim sich wie im Bauch eines Schiffes fühlte. Angesichts des Wetters passender, als Bietigheim lieb war. Alle schienen sich mit einer Verkrampftheit an ihren Drinks festzuhalten, die man sonst nur bei Rettungsringen kannte.

Hinter dem kleinen Tresen stand ein Mann mit einem spack sitzenden Simple-Minds-T-Shirt, das seinem Bauch kurz über dem Hosenbund Gelegenheit gab, sich der Welt zu präsentieren. Etliche Whiskys standen hinter ihm im Regal, doch auch sie änderten nichts daran: Verglichen mit der eher glamourösen, wenn auch leicht sterilen Bar des ›Islay Hotels‹, war dies ein Loch.

Pit würde sich hier richtig wohlfühlen.

Dolan hing mit dem Gesicht so tief über seinem Tumbler, als wolle er den Whisky mit der Nase einsaugen. Der Constable war noch betrunkener als sonst.

Und der einzige freie Platz befand sich neben ihm.

Der Professor drehte sich zu Rena um. »Mischen Sie sich unters Volk.«

Sie zog die Augenbrauen empor. »Hier ist es unmöglich, sich nicht zu mischen.«

»Dann sollte es ja kein Problem darstellen!«

Als Bietigheim den freien Stuhl ansteuerte, schüttelte der Wirt deutlich den Kopf.

Adalbert setzte sich trotzdem. »Zwei Port Ellen. Vom teuersten. Die Gläser voll.«

Mit einem Seufzen entkorkte der Wirt die Flasche und goss das Glas des Constable und ein neues für den Professor voll. Dieser roch daran, und trotz des Odeurs von Angst im Raum konnte er ausmachen, dass dieser Whisky nicht nach Mullbinde duftete, nicht nach Torf, nicht Seetang oder Jod, sondern nach Heidekraut, Akazienhonig und Herbstlaub in der Sonne. Er war wundervoll und berührte ihn so, wie es sonst nur Gedanken an Hildegard zu Trömmsen vermochten.

Der Professor beugte sich zum Constable. »Es ist Richard Ferguson. Er hat Colin Lewis, Ihren besten Freund, ermordet.«

Dolan trank am neu eingeschenkten Whisky. »Das ist der beste, den sie je gemacht haben. Nichts war je so gut.«

»Ferguson hat vor Kurzem herausgefunden, dass Colin einst Dellen in die Brennblasen der Distillery geschlagen hatte, um den Wert seiner Fässer zu steigern. Nun hat er sich an ihm für den Tod seiner Schwester gerächt.«

»Der hat ganz wenig Peat«, fuhr Dolan fort. »Es ist nicht mehr als die Grundierung für die Farben auf der großen Leinwand.«

Ein Mann tauchte plötzlich neben Dolan auf, und als dieser sein Glas absetzte, roch der Fremde daran. Der Whisky brachte ein Lächeln auf sein Gesicht. Er bemerkte Bietigheims fragenden Blick. »Lassen Sie sich von mir nicht stören. Ich wollte ihn nur auch einmal riechen.« Der Mann trat zurück und schien fast mit der Tapete zu verschmelzen. Er sah genau aus wie jemand, den Pit ihm beschrieben hatte. Ein gewisser Geoffrey.

Der Professor schüttelte den Kopf, er musste sich auf seine Aufgabe konzentrieren. Deshalb wandte er sich nun wieder an Dolan. »Wir müssen gemeinsam zu Ferguson. Sofort! Er wird in seinem Haus sein.« Der Constable reagierte nicht, drum setzte Bietigheim nach. »Vielleicht hat er auch Cameron getötet! Als Manager wusste dieser fast alles, was in seinem Betrieb vor sich ging. Irgendwann zählte er sicher eins und eins zusammen, konfrontierte

Ferguson damit und wurde von diesem den Kiln hinuntergeworfen.«

»Sie haben nur beste Fässer verwendet«, fuhr Dolan fort. »Also neue, das machte man damals eigentlich nicht. Da gab es nur gebrauchte Sherry- und Bourbon-Fässer, weil die billig waren. Und beileibe nicht alle waren gut.«

Bietigheim konnte es nicht fassen. »Verstehen Sie denn nicht? Alles passt zusammen! Ferguson hat nur deshalb behauptet, die Leiche im Torf gefunden zu haben, um sich weniger verdächtig zu machen. Und zuvor hat er sie nur deshalb vor Laphroaig im Torf verbuddelt, damit der Verdacht auf die missgünstige Konkurrenz fiel.«

»Kein Tropfen Wasser darf an ihn kommen!« Der Constable nahm einen weiteren Schluck. »Er ist genau so, wie er ist, perfekt.«

Bietigheim redete lauter, damit es in Dolans besoffenen Kopf ging. Außerdem war ihm gerade noch etwas klar geworden, und er nahm zur Belohnung einen Schluck des Whiskys, der wie flüssiger Sonnenschein über seinen Gaumen glitt. Es war der eines Tages mit der verglühenden Wärme des Sommers und einem kühlen Wind von Norden. Erst nach einigen Sekunden tauchte der Professor wieder im ›Ardview Inn‹ auf.

Dolan schwenkte den Whisky langsam im Tumbler und sah ihn ganz ruhig an.

Bietigheim nahm ihm diesen aus der Hand. Endlich hatte er die Aufmerksamkeit des Constable – allerdings war sie leicht getrübt. »Was, wenn die Stationen von Lewis' letztem Tag nicht einfach nur eine merkwürdige Schnitzeljagd des Täters waren, um die eigene Spur zu verwischen, was, wenn sie Bedeutung hatten?« Die Stimme des Professors überschlug sich. »Wie bei Dickens' Weihnachtsgeschichte, wo mehrere Begegnungen Scrooge zeigen, dass er auf dem falschen Weg ist. Nur dass bei Lewis die Strafe und nicht die Erlösung folgte.« Jemand tippte ihm auf die Schulter, Bietigheim reagierte nicht darauf. »Denken Sie doch nur darüber nach! Zuerst ging es zu Port Ellen, das Colin Lewis mit seiner Aktion zerstört hatte. Dort fand er einen Zettel, der ihn zu Kilchoman führte, wo heute viele ehemalige Port-Ellen-Mitarbeiter tätig sind, die damals ihre Anstellung verloren haben. Also zuerst die Sünde der wirtschaftlichen Zerstörung, dann die Sünde der Zerstörung von Lebensläufen, und danach wusste Lewis, wo er hinmusste, zu Laphroaig, denn dieser Ort steht mit seiner schlimmsten Sünde in Zusammenhang, dem Tod einer jungen Frau, direkte Folge seiner Tat, weil dadurch ein Betrunkener die Kontrolle über seinen Wagen verlor und Fergusons Schwester Annie überfuhr. Die damals auf Laphroaig lebte. Es passt alles zusammen!«

Wieder dieses nervige Tippen auf der Schulter, als säße ein übereifriger Specht auf seinem Rücken.

Der Professor drehte sich um.

Rena stand hinter ihm und blickte ihn an.

Aber auch alle anderen, die im ›Ardview Inn‹ Schutz gesucht hatten. Sie starrten ihn an. Keiner sagte etwas.

Dolan leerte sein Glas. »Ich nehm noch eins, ja, Professor? Da haben Sie doch sicher nichts gegen. James, gib mir gleich die ganze Flasche.«

Bietigheim reagierte nicht, denn die kleine Menschenmasse vor ihm teilte sich, und hervor trat ein Mann.

Richard Ferguson.

»Ich war es nicht, Professor.«

Wer weiß, was passiert wäre, hätte Richard Ferguson gebrüllt, dem Professor Vorwürfe gemacht. Der Mob im ›Ardview Inn‹ hätte ihn, wenn schon nicht massakrieren, so doch zusammenschlagen und -treten können. Constable Dolan hätte keinen Finger für Bietigheim gerührt.

Seit die Port-Ellen-Flasche vor ihm stand, strich er immer wieder mit dem Zeigefinger über die Konturen des Etiketts, als seien es die Kurven einer wunderschönen Frau.

»Lasst mich mit ihm reden«, sagte Ferguson zu der Menge. »Allein.« Und er legte seinen Arm um Bietigheims Schulter. Gemeinsam gingen sie in die Ecke, aus welcher Dolan nun murrend verschwand, die Flasche Port Ellen fest im Griff. Aus den Augenwinkeln sah der Professor, dass er mit ihr zur Tür ging. Als er sie öffnete, heulte der Sturm, als wäre ganz Islay voller Wölfe.

Ferguson senkte den Kopf und sprach leise in Adalberts Ohr, nachdem er trocken geschluckt hatte. »Ich habe niemanden getötet. Weder Mr Lewis noch Cameron.«

»Haben Sie ein Alibi? Das wird Dolan fragen, wenn er wieder nüchtern ist.«

»Wer weiß, ob er das jemals wird. Dougie hat ihm eben gesagt, dass er dem Wunsch seines Vaters entsprechen wird und Derek nicht am Devil's Punch angeln lässt. Das eine Mal mit Ihnen wird auch das letzte bleiben.«

»Und er hat sicher nichts gefangen.«

»Nein. Und trotzdem war es wie alle Weihnachten seines Lebens auf einmal.«

»Sie haben kein Alibi, oder?« Der Professor nahm sich sein Glas. Es war nicht mehr viel drin, doch selbst die kleine Pfütze duftete wie von anderen Whiskys noch nicht mal eine ganze Flasche.

»Nein, wie auch? Ich lebe allein. Oder gilt Marias Aussage?«

»Und Sie haben mit Sicherheit herausgefunden, was es mit diesen Dellen auf sich hat.«

»Ja, das habe ich.« Er nahm Bietigheim das Glas ab und stürzte den Rest Whisky herunter.

»Und dass Colin Lewis dahintersteckt.«

»Nein, das nicht. Oder doch, aber erst später, nachdem wir ihn gefunden haben. Ich hatte ja nie viel mit ihm zu tun, habe ihn auch nicht erkannt, so schwarz, wie er geworden war.«

»Wieso ist es Ihnen irgendwann klar geworden?«

»Lewis hat mal ein langes Gespräch mit mir über Dellen geführt. Es ist wirklich Ewigkeiten her, und ich hatte es längst vergessen. Aber mein Kopf nicht.« Er klopfte daran. »Hätte ich mich vorher daran erinnert, ich hätte Lewis der Polizei übergeben.«

»Sie sagten, Sie würden denjenigen töten, der Ihre Schwester auf dem Gewissen hat.«

Ferguson stellte das Glas mit einem Knall zurück auf den Tresen. »Aber Lewis hat den Wagen nicht gefahren! Er hat nicht wissen können, was passiert, nichts von dem. Port Ellen hätte auch weiterexistieren können, selbst mit dem schlechten Whisky. Viele Distilleries produzieren Zeug, das man einzeln nicht mit Genuss trinken kann, das in einem Blend aber eine enorm wichtige Rolle spielt.«

»Sie verspüren keinen Hass auf ihn?«

Ferguson hielt kurz inne. »Ich bin froh, dass er tot ist. Aber getötet habe ich ihn nicht.«

Der Wirt stellte zwei neue Gläser vor sie. »Ist einer von deinen, Richard. Geht aufs Haus.«

Ferguson schaute ihn an, ein Lächeln huschte einem Schatten gleich über sein Gesicht. »Du hast mir seit über zwanzig Jahren keinen mehr ausgegeben.«

»Dann wurde es ja langsam Zeit«, kam die Antwort von hinter dem Tresen.

Der Professor wollte keinen weiteren Whisky trinken und schob das Glas von sich. »Ihre Reise nach Indien und der Fund der Dellen muss der Auslöser für den Mord an Colin Lewis gewesen sein. Mit wem haben Sie darüber gesprochen? Die Tat kann nur jemand begangen haben, der durch diese Information motiviert wurde, der ebenfalls viel verloren hat durch die Schließung.«

»Niemand hat so viel verloren wie ich.«

»Nein, ganz bestimmt nicht.« Bietigheim nahm nun doch einen Schluck. »Überlegen Sie bitte trotzdem. Jetzt. Lassen Sie uns dem Spuk ein Ende bereiten. Ich weiß noch nicht, ob ich Ihnen glauben kann, dass Sie es nicht waren. Ich will es, denn ich schätze Sie. Doch leider habe ich bereits erlebt, dass auch Menschen, die ich sehr schätze, zu einer Gräueltat fähig sind. Aber das würde jetzt zu weit führen. Zurück zu Ihnen. Sie haben doch sicher den Investoren der Port Ellen Distillery von Ihren Ergebnissen erzählt!«

Ferguson sah den Professor an, sehr lange. Seine Augen verengten sich. »Nein, das ist für morgen geplant. Deshalb sind sie jetzt auch angereist. Sie wissen noch nichts von den Dellen.« Er trank seinen Whisky in einem Schluck. »Ich habe es niemandem gesagt.« Ferguson wischte sich den Mund mit dem Ärmel ab. »So, und jetzt muss ich gehen. Maria hat noch ein Geschäft zu erledigen.«

»Bei dem Wetter?«, fragte der Professor. »Sie wird sicher fortgeweht, sobald sie ihr Bein hebt.«

Ferguson nahm seinen Mantel vom Haken. »Maria ist eine Islay-Prinzessin. Sie ist Regen und Wind gewohnt. Und wenn sie muss, dann muss sie. Machen Sie es gut, Professor.«

Ohne ein weiteres Wort verließ er das Pub, Maria an der Leine, die zuvor unter einem Tisch seelenruhig geschlafen hatte.

Bietigheim ging schnellen Schrittes zu Rena. »Bleiben Sie hier, ich muss ihm nach.«

»Aber warum? Er kann sowieso nicht von der Insel.«

»Das muss er auch nicht.« Der Professor kam nahe an ihr Ohr, sodass niemand hören konnte, was er nun sagte. »Aber er wird mich zum wahren Täter führen.«

Es war die etwas zu lange Pause gewesen, die Ferguson nach der Frage gemacht hatte, wem er von seiner Entdeckung erzählt hatte. Nur wenige Sekunden zu viel, doch das reichte. Der Professor kannte dieses Verhalten bei seinen Studenten. Es waren die Sekunden vor einer Notlüge. Außerdem waren eine Wut und Entschlossenheit in Fergusons Augen aufgetaucht, die nicht warten konnten.

Ganz im Gegensatz zu Marias Blase.

Er nahm Rena in den Arm, zuerst zuckte sie erschreckt zurück, doch dann drückte sie Adalbert ganz fest an sich. »Passen Sie auf sich auf, Professor. So einen wie Sie finde ich nicht wieder.«

»Dessen bin ich mir gewiss.« Er holte tief Luft. »Und ich keine Mitarbeiterin wie Sie.« Danach prüfte der Professor den Sitz seiner Jacke und trat hinaus in das Unwetter.

Doch dieses war verschwunden.

Der Regen fiel nur noch leicht.

Auch der Wind blies kaum noch.

Das Donnern und Blitzen war noch zu sehen und zu hören, doch wie hinter einem dicken Vorhang.

Bietigheim blickte empor und sah, dass der Himmel kreisrund aufgerissen war und die Wolken um die Öffnung trieben. Er fühlte sich wie am Boden einer dunklen Flasche.

Sie waren im Auge des Orkans.

Benno hatte auf ihn im ›Trout Fly Bed & Breakfast‹ gewartet und freute sich wie verrückt, als er ihm die Leine anlegte. Der Professor kniete sich danach zu ihm und kraulte sein Köpfchen. »Wir beide wissen, dass du kein Spürhund bist. Wenn ich dir jetzt sagen würde: Finde Richard Ferguson, dann würdest du mich vermutlich zu Pit in seinem schwimmenden Zelt führen. Deshalb bitte ich dich um etwas anderes. Etwas, von dem du schon mehrfach bewiesen hast, dass du es kannst. Finde Maria!«

Er schloss sein Fahrrad auf und führte Benno vor das ›Ardview Inn‹.

Sofort zog der Vierbeiner an der Leine.

Bietigheim legte die Hosenklammern an und setzte sich auf den Sattel, dann ließ er Benno los. Kläffend jagte dieser den Frederick Crescent hinunter.

Der Professor hatte Mühe, hinterherzuradeln.

Benno hatte die Schnauze tief gesenkt, ab und an ging

sie nach links und rechts, doch der Weg schien klar: geradeaus auf der Straße Richtung Bowmore. Es war eine lange Strecke, doch Bennos Akkus wurden nicht leer. Als sie endlich im Ort ankamen, war das Auge des Orkans gewandert, und Bietigheim konnte die tosenden Riesenwellen im Atlantik erkennen. Sie warteten wie hinter einer unsichtbaren Grenze darauf, endlich hereinbrechen zu können.

Benno legte noch einen Zahn zu, rannte auf das Gelände der Bowmore Distillery und blieb wie angewurzelt vor Maria stehen, die Rute gereckt, den Kopf gestreckt, Anspannung pur.

Maria kam zu ihm und leckte ihm die Lefzen.

Neben ihr Richard Ferguson, sein Blick auf den einzigen beleuchteten Raum im Gebäudekomplex gerichtet. Das Büro des Managers. Seine Lippen bewegten sich, als würde er Worte formen. Immer wieder presste er die Lippen zusammen und begann von vorne.

»Sie haben es nur einer Person erzählt, oder?« Bietigheim blickte auch hinauf.

»Er war damals noch ein ganz junger Mann, lernte im Still House von Port Ellen, half dem Brennmeister. Ross stand nach der Schließung vor dem Nichts, es war der einzige Ausbildungsplatz, den er bekommen hatte, nachdem ihm alle anderen abgesagt hatten. Er stammt nämlich aus keiner guten Familie, Taugenichtse, Säufer, früher Schmuggler. Niemand wollte einer Brut von denen eine Chance geben – nur Port Ellen.«

»Sie haben mit ihm gesprochen, weil er die Brennblasen kennt.«

»Er hat sich die Fotos immer wieder angeschaut. Gegen das Licht gehalten. Ist ganz nah dran. Konnte es nicht fassen. Aber ich habe welche, die beweisen, dass die Dellen in der Spätphase Port Ellens existierten – aber nicht zu ihren Glanzzeiten.«

»Sie haben ihn gefragt, wer das getan haben könnte.«

»Er hat gesagt, er wüsste es nicht.«

»Dann hat er gelogen.«

Ferguson schaute Bietigheim an. Ob sein Gesicht nass von Tränen oder vom leichten Regen war, wusste dieser sicher nicht einmal selbst. Wieder bewegten sich seine Lippen, aber kein Wort drang aus seinem Mund.

Dem Professor wurde klar, was all dies bedeutete. Wurde klar, welches Verbrechen der Auslöser war, warum Richard Ferguson hier im Regen stand und nicht die richtigen Worte fand, obwohl er Jahrzehnte darüber nachgedacht hatte, genau diese auszusprechen, und welches schreckliche Geheimnis Ross Martin hatte.

Da Ferguson es nicht aussprechen konnte, würde er es nun tun. Jede Wahrheit brauchte einen, der sie aussprach.

»Der Verlust des Ausbildungsplatzes kann nicht Ross' Grund für einen Mord an Colin Lewis gewesen sein, denn sein Leben hat danach einen guten Weg genommen. Er ist nun Manager einer der renommiertesten Distilleries in ganz Schottland und an der neu zu errichtenden Port Ellen Distillery beteiligt. Er muss also einen anderen Grund haben.« Dem Professor gefiel nicht, worauf die Schlussfolgerung hinauslief. Aber sie tat es, ob er wollte oder nicht. »Er war es damals.«

»Ja.«

»Er hat Ihre Schwester überfahren. Und nun Colin Lewis getötet, weil dieser der Auslöser für den Unfall war, der seither auf ihm lastet.«

»Seine Zeit ist gekommen.«

Der Professor versuchte, in Fergusons Augen zu schauen, doch dieser wich seinem Blick immer wieder aus. »Wollen Sie ihn überfahren?«

»Mir ist egal, wie er stirbt. Er soll nur sterben.«

»Es war damals ein Unfall.«

»Aber nicht die Morde an Colin Lewis und Cameron. Er hat den Tod verdient. Mehr als das. Sie werden mich nicht aufhalten. Ich lasse mich nicht aufhalten. Von niemandem. Jetzt nicht mehr.«

Bietigheim sah in Fergusons Gesicht. Die Lippen des alten Mannes zitterten. Eine Hand steckte in der Jackentasche und umfasste etwas. Der Lauf einer Pistole zeichnete sich im Stoff ab.

»Dann gehen Sie.«

»Mir ist egal, dass ich danach ins Gefängnis komme.«

»Ich weiß. Benno und ich werden hier mit Maria warten.«

Ferguson sah ihn wieder an. »Danke.«

Der Professor nickte.

Ferguson wies auf einen hohen, schwarzen Pflanzkübel vor dem »Visitor Center«, der jetzt im Winter unbegrünt war. »Darunter liegt der Autoschlüssel für den kleinen Transporter dort. Fahren Sie mich danach zur Polizei?«

»Gehen Sie rein. Ich werde da sein, wenn Sie zurückkommen.«

Richard Ferguson setzte seine Schiebermütze gerade und trat durch eine Nebentür in die Distillery.

Der Professor hatte nicht die Absicht, ihn einen Mord begehen zu lassen. Aber jetzt war nicht der Zeitpunkt, dies zu diskutieren.

Er sah kurz nach Benno, der mit Maria über den nassen Asphalt tobte, griff sich schnell den Autoschlüssel, dann folgte er Ferguson.

Die Bowmore Distillery lag im Dunkeln, und der Professor hatte Probleme, sich zurechtzufinden. Doch er wusste grob, in welche Richtung es langgehen musste. Als er endlich vor Ross Martins Büro eingetroffen war, fand er es zwar erleuchtet, doch menschenleer.

War er etwa schon zu spät?

Hatte Ferguson nicht gezögert und den Manager sofort erschossen?

Doch es war kein Schuss gefallen.

Bietigheim ging wieder zurück, versuchte, leise zu sein, lauschte auf Geräusche, auf Schritte, auf Stimmen. Doch der Sturm nahm wieder zu, das Auge des Orkans würde nicht mehr lange auf Islay blicken.

Als er um eine der vielen Ecken bog in dieser Distillery, die nur aus Ecken zu bestehen schien, sah er den Rücken von Ferguson. Dieser stand in einem Türrahmen, nervös von einem Fuß auf den anderen wechselnd, sammelte wohl die Kraft für den nächsten Schritt, die Tat.

Er fand sie.

Und ging.

In den großen Raum, der die Mühle Bowmores beinhaltete. Die Porteus Patent Malt Mill aus Leeds war ein metallisches, rot lackiertes Ungetüm, auf dessen oberem Ende sich der hölzerne Aufsatz befand, welcher die gemälzte Gerste in die Mühle rauschen ließ, wo sie Korn für Korn aufgebrochen wurde. Die entstehende Grist hatte ein ganz bestimmtes Mischungsverhältnis von Schrot, Spelze und Mehl. Natürlich Betriebsgeheimnis. Links und rechts führten hölzerne Treppen zu Arbeitsplattformen.

Auf einer stand Ross Martin.

Und unten davor Richard Ferguson.

Der Professor ging nicht weiter. Die beiden Männer sollten sich aussprechen, das Gift musste aus den Körpern dringen, und wenn es aus dem Mund kam. Er würde im richtigen Moment einschreiten. Er hoffte, dass ein Ruf reichen würde, um den Wahnsinn zu stoppen. Aber zur Not würde er auch körperliche Maßnahmen ergreifen.

»Was machst du da, Ross?« Der Mash Master hob die Hand zum Gruß.

»Richard! Was für ein überraschender Besuch. Solltest du nicht lieber schauen, dass dein Garten sturmfest gemacht ist?«

»Ich dachte, du wärst in deinem Büro.«

»Kontrollgang«, antwortete Ross Martin. »Und hier

tropft es rein. Siehst du da oben den Fleck?« Er zeigte mit dem Schein der Taschenlampe dorthin.

Ferguson stieg die Treppe zu ihm hinauf. »Es wird dem alten Mädchen schon nichts ausmachen.« Er tätschelte die Mühle wie einen verdienten Ackergaul.

Ross Martin ging an ihm vorbei die Treppe hinunter und stellte die Maschine an. »Klingt gut«, rief er von unten und kam wieder hoch. »Jetzt sag schon, was bringt dich her?«

Das Röhren des Mahlwerks wurde lauter. »Du, Ross.«

»Ich?«

»Du. Und Colin Lewis. Und Cameron.«

»Wovon redest du?« Er blickte in den Trichter. »Irgendetwas stimmt nicht.«

»Aber die sind mir alle nicht so wichtig. Mir geht es um Annie.«

»Deine Schwester?«

Ferguson hatte an sich gehalten, hatte ein Schauspiel aufgeführt, es musste ihn viel Kraft gekostet haben, viel Überwindung, diesen Mann nicht sofort zu bestrafen, doch nun brach es aus ihm heraus, all die jahrzehntelang aufgestaute Enttäuschung, die Wut, der Hass. Nun brüllte er, nun griff er sich Ross Martins Gurgel. »Du hast sie überfahren!«

Doch Martin war nicht unvorbereitet. Er hatte wohl mit dem Angriff gerechnet und schaffte es, Fergusons Hände von seinem Hals zu lösen. »Es war ein Unfall, Richard! Ich war betrunken. Und sie sofort tot. Ich konnte nichts mehr für sie tun. Ich habe sie geliebt, weißt du das denn nicht? Und jetzt habe ich sie gerächt. Colin hatte sie auf dem Gewissen!«

Ferguson schüttelte den Kopf. »Du bist ein Mörder! Du verdienst es nicht, zu leben. Drei Menschen, Ross, drei!« Er verlor langsam die Kraft in seinen Armen, und als Martin sie herunterzudrücken drohte, zog er sie fort.

Martin rieb sich den Hals. »Cameron war nicht geplant. Das musst du mir glauben! Ich war zurück zum Platz gegangen, an dem ich Colin vergraben hatte. Um nachzusehen, ob ich auch keine Spuren hinterlassen habe. Dieser Professor schnüffelte ja herum, fragte überall nach Colin. Es war Nacht, es sollte eigentlich keiner da sein! Aber Cameron hatte von Diageo den Auftrag bekommen, die Leiche wegzuschaffen, und er schaute in der gleichen Nacht nach, ob etwas vergessen wurde, als ihr die Leiche herausgeholt habt. Als er mich sah, wie ich das Loch aushob, da wusste er Bescheid. Ich habe noch auf ihn eingeredet. Aber er ...«

»Was hast du erwartet? Dass er dich davonkommen lässt?« Ferguson griff in seine Jackentasche. Wieder zeichnete sich der Lauf einer Pistole im Stoff ab.

»Ja, das war dumm. Es war eigentlich von Anfang an klar, was passieren würde. Ich wollte es nicht sehen. Wollte nicht wieder töten. Aber es fällt leichter beim zweiten Mal. Ist das nicht schrecklich, Richard?« Plötzlich drehte er sich zur Malt Mill und schlug sich gegen die Stirn. »Ich wusste doch, dass was nicht stimmt! Da ist was von der Decke reingefallen. Ach, verdammter Mist! Ich hole was, um es rauszufischen.«

Bietigheim spürte es sofort. Ein Unbehagen brach in ihm auf wie ein platzender Blinddarm.

»Ach was, das geht auch so.« Richard Fergusons Instinkte als Whiskymacher brachen durch. Ohne nachzudenken, beugte er sich über den Rand, um in das Mahlwerk der Mühle zu blicken.

Der Professor hatte bereits den Mund geöffnet, um eine Warnung zu brüllen, doch Martin hatte dem alten Mash Master schon den kleinen Schubs gegeben, der ihn aus dem Gleichgewicht brachte und in die Mühle fallen ließ.

Das Geräusch zersplitternder Knochen, das Geräusch zerquetschten Fleisches, das von Blut in der Maschinerie erfüllte den Raum. Es hatte keinen Schrei gegeben. Es war alles viel zu schnell gegangen.

»Bleiben Sie, wo Sie sind!«, rief Adalbert. »Sonst schieße ich!«

Er hatte keine Schusswaffe, aber das war ihm in diesem Moment egal. Ross Martin durfte die Distillery nicht verlassen. Er musste zu Dolan gebracht werden.

Selbst wenn dieser irgendwo betrunken mit der Pulle Port Ellen lag.

Doch wenn Martin sich nun ergab, würde er schnell bemerken, dass Bietigheim völlig unbewaffnet war.

Und nach drei Morden kam es auf einen vierten auch nicht an.

Was hatte er sich bloß dabei gedacht? Ross Martin antwortete. »Wer ist da?«

Bietigheim trat nicht aus dem Schatten, er wich stattdessen zurück. »Professor Bietigheim. Es ist vorbei!«

Keine Antwort, dann rasend schnelle Schritte die Treppe hinunter.

Der Manager floh.

Eine Tür wurde zugeschlagen.

Bietigheim rannte hinterher. Martin musste eine Außentür geöffnet haben, denn der Sturm war mit einem Mal wieder laut zu hören.

Dadurch wusste der Professor, wo er hinmusste.

Er zögerte nicht.

Draußen schlug ihm das Wetter wie eine kalte Faust ins Gesicht.

Der Professor sah, wie Martin zu seinem Wagen rannte und sich auf den Fahrersitz wuchtete, deshalb rannte er zum Transporter. Es dauerte etwas, bis er die Tür geöffnet und den Wagen gestartet hatte, doch er wusste, in welche Richtung Martin gefahren war, und schlug dieselbe ein. Nach Port Ellen.

Bietigheim verachtete das Autofahren, doch er hatte vor

Ewigkeiten den Führerschein gemacht und wusste, wo das Gaspedal war und dass es galt, dieses durchzutreten.

Er war allerdings überrascht, wie viel Kraft der Wagen hatte.

Auch darüber, wie sehr der Wind den Transporter packte und konstant von der Straße drängte. Sowie über die schlechte Sicht.

Und natürlich die veränderten Fahreigenschaften durch die nasse Straße.

Jeder geübte Fahrer wäre vorsichtig gewesen, doch Bietigheim vertraute in schierer Unkenntnis auf die Qualität seines Gefährts und gab Vollgas.

Sorge machten ihm nur Maria und Benno. Hoffentlich fanden sie die offene Distillery-Tür und brachten sich in Sicherheit.

Martins schwarzer 5er BMW tauchte vor ihm auf. Erst jetzt bemerkte Bietigheim, dass er selbst ohne Licht fuhr. Er schaltete zuerst die Warnblinkanlage und dann das Fernlicht ein. Was so viel Konzentration von ihm forderte, dass er auf den BMW fuhr.

Und ihn etliche Meter vor sich herschob.

Martin gab Gas und fuhr davon, doch dies war augenscheinlich nicht das Tempo, mit dem er vorgehabt hatte, sich fortzubewegen. Selbst auf einer Flucht nicht. Ständig musste er gegensteuern. Auch Bietigheim musste dies, aber er kannte es vom Fahrrad sowieso nicht anders.

Port Ellen tauchte vor ihnen auf, kaum zu sehen durch die immer dichter werdende Wand aus Regen. Martin gab noch mehr Gas und schaffte Abstand zwischen sich und seinen Verfolger.

Wo wollte er bloß hin?

Vielleicht einfach nur fort von Bietigheim.

Der BMW nahm die Kurve Richtung der drei Kildalton Distilleries.

Bietigheim hinterher.

Er schlidderte mit dem Transporter, wusste jedoch nicht, dass es sich um Aquaplaning handelte und er gerade eine atemberaubende Linkskurve mit Slide hingelegt hatte.

Schnell waren sie wieder aus Port Ellen heraus. Die Straße wurde enger, die Stöße der unebenen Fahrbahn hoben Adalbert immer wieder aus dem Sitz. Er drosselte das Tempo.

Der BMW zog davon.

Der Regen wurde so dicht, dass die Luft aus nichts anderem als Wasser zu bestehen schien und die Scheibenwischer es selbst auf höchster Stufe keinen Sekundenbruchteil mehr schafften, für Durchblick zu sorgen. Es war pures Glück, dass er Martins Wagen an der Ruine der Old Parish Church parken sah.

Doch verhindern, dass er frontal in diesen fuhr, konnte er nicht.

Der Aufprall warf ihn nach vorne, der Airbag wurde ausgelöst, sein Nacken schmerzte, der Sicherheitsgurt schien tief in seinen Körper zu schneiden, ihm wurde schwindelig, dann schwarz vor Augen.

Adalbert wusste nicht, wie lange er weggetreten war, doch der ohrenbetäubende Lärm des auf das Dach prasselnden Regens hatte ihn wieder ins Hier und Jetzt zurückgeholt. Er versuchte, sich zu sammeln, zu Atem zu kommen, den Blick zu fokussieren. Ein paar Mal holte er tief Luft, dann sah er sich langsam im Wageninnern um, ob etwas wie eine Waffe zu finden war. Doch außer einem kleinen Feuerlöscher gab es nichts. Bietigheim zog ihn aus der Halterung und stieg aus.

Die Welt schien ein wenig in Watte gepackt, doch ihre Kanten wurden mit jeder Sekunde spitzer. Der Regen fiel so hart, dass er sich wie Kieselsteine anfühlte. Bietigheim suchte gar nicht erst in der Kirchenruine nach Martin, da sie bei diesem Sturm nicht mehr Schutz als ein kahler

Baum bot. Er wusste, wo der Manager hinwollte. An einen Platz, von dem er dachte, dass der Professor ihn nicht kannte.

Der Professor machte sich auf den Weg zur Whiskyhöhle, doch der Wind peitschte vom Atlantik kommend mit aller Kraft in sein Gesicht, weswegen er zum Transporter zurückkehrte und aus diesem eine der Gummifußmatten hervorzog. Er hielt sie wie einen Schild vor sich, als er wieder Richtung Ufer ging. Der Weg kam ihm um so vieles länger vor als beim letzten Mal, der Boden weich und nass wie ein riesiger Schwamm. Er war froh, als er endlich die Küste erreichte.

Doch seine Freude währte nicht lange.

Die Gischt spritzte weit empor, wodurch der Weg zur Höhle so rutschig geworden war, dass er beide Hände brauchte, um sich beim Einstieg festzuhalten, und die Matte ablegen musste. Er war völlig durchnässt, als er den engen, steilen Weg betrat, drückte sich unentwegt an die nackte Felswand, seine Sohlen fanden keinerlei Halt auf dem glitschigen Boden.

Er rutschte ab.

Landete zitternd auf dem blanken, feuchten Stein, sein rechtes Bein über der Klippe, die Fingernägel tief in das bisschen Erde gekrallt, das sich hier halten konnte, sein Atem ging schnell, der Puls raste. Er zog sich langsam hoch, all seine Kraft aufwendend, und doch vorsichtig, um das Gleichgewicht nicht zu verlieren und hinunterzustürzen in das brodelnde Meer.

Endlich spürte er wieder mit beiden Füßen den Boden unter sich.

Und er hielt inne.

Lehnte sich erschöpft gegen den Fels, fühlte die Gischt auf seinem Rücken. Gute fünf Minuten verharrte er so, dann erst ging er weiter, nun noch langsamer, in Gänseschritten, wie kleine Kinder im Spiel. Die Hände um jeden

Vorsprung des Felses krampfend. Als er am Höhleneingang ankam, spürte er plötzlich Wärme in seinen Fingern und Schmerz, er musste sie sich aufgeschürft haben. Mit klitschnasser Hand ergriff er die Türklinke.

Die Höhle war verschlossen.

Er blickte zurück.

Das Meer neben ihm spuckte stetig höher gegen die Küste, über ihm torkelte der dunkle Himmel.

Diesen Weg würde er nicht nochmals gehen. Das wäre Wahnsinn.

Stattdessen drückte er sich in die Ecke vor der metallenen Tür, die am meisten Schutz bot. Alle Steine, alle Kiesel, die dort lagen, räumte er mit klammen Fingern fort, am liebsten hätte er sich in den Stein gedrückt, wäre selbst zu Stein geworden.

Seine Hand griff einen großen Brocken, umfasste diesen, um ihn hinter sich zu werfen.

Und er spürte Metall.

Ein kleines Stück Metall.

Adalbert umfasste es.

Ein Schlüssel.

Der Reserveschlüssel, den Hughie Fletcher dort deponiert hatte!

Das Metall war so kalt, dass seine Haut daran klebte, als er ihn berührt hatte.

Doch er schaffte es, ihn ins Schloss gleiten zu lassen und dieses zu öffnen.

In der Höhle war es dunkel.

Bietigheim schloss die Tür deshalb nicht hinter sich. Selbst das wenige Licht von draußen war besser als nichts.

Wo steckte Ross Martin? Oder hatte er es vielleicht gar nicht bis zur Höhle geschafft?

Der Professor griff nach den Pfeifenstreichhölzern in seiner Jackentasche, doch schon bei der ersten Berührung spürte er, dass sie völlig durchnässt waren. In der anderen befand sich nur der kleine Pkw-Feuerlöscher. Er griff ihn sich und löste die Sicherung.

Dann hörte er, wie jemand gegen einen großen Kiesel trat, vielleicht zwei Meter entfernt.

Aber er konnte sich auch verhört haben. Sturm und Meer tosten draußen so laut, dass er kaum etwas anderes wahrnahm.

Er musste in die Offensive gehen. »Ich habe einen Feuerlöscher, und ich werde ihn benutzen.«

Ein Lachen erklang.

Nun wusste der Professor nicht nur, dass er nicht allein war, sondern auch, wo sein Gegenüber stand.

»Damit wollen Sie mich überwältigen?«

»Ja, das beabsichtige ich.«

»Ich bin größer als Sie, Professor, kräftiger, und ich sehe Ihren Umriss genau vor mir, da er sich von dem eindringenden Licht abhebt.«

»Sie haben recht, Sie sind im Vorteil. Vor allem, weil es mit jedem Mord leichter wird, nicht wahr?«

Einen Moment herrschte Stille, dann sprach Martin. »Schuldig habe ich mich gefühlt, nachdem ich Annie damals mit besoffenem Kopf überfahren habe. Danach war kein Platz für Schuld mehr in mir. Bei Cameron und Richard tat es mir trotzdem leid, Professor. Und auch bei Ihnen wird es so sein. Ich tue das nicht aus Freude, sondern aus purem Selbstschutz.«

»Wie beruhigend. Dann sorgen Sie bitte dafür, dass dies auf meinem Grabstein steht. Er starb aus Gründen des Selbstschutzes. Es wird mein Dahinscheiden allen Verwandten und Bekannten leichter verdaulich machen.« Immer noch sah der Professor sein Gegenüber nicht. Die Augen gewöhnten sich einfach nicht an diese tiefe Dunkelheit.

»Dass Sie in so einem Moment noch scherzen können.«

»Wir Hamburger sind berühmt für unseren trockenen Humor.«

»Ich werde Sie jetzt ins Meer werfen und hoffe für Sie, dass es schnell geht.«

»Wie ungemein freundlich von Ihnen. Darf ich vielleicht noch eine Frage stellen, bevor Sie zur Tat schreiten?«

»Ja klar, so machen sie das auch immer in Filmen. Aber eigentlich nur bei James Bond, glaube ich.«

Bietigheim hatte keine Lust, über Filmgeschichte zu reden. »Woher wussten Sie, dass Colin Lewis die Dellen in die Brennblasen geschlagen haben musste?«

»Ich hab damals nicht nur im Still House, sondern ab und zu auch als Nachtwächter bei Port Ellen gearbeitet, ich hab eigentlich jeden Scheiß gemacht, weil ich es zu etwas bringen wollte. Colin erzählte mir, sein Traum sei es, einmal eine ganze Nacht in der Distillery zu sein, das wünsche er sich schon lange. Er bot mir Geld, wenn ich ihm eine Schicht übergebe. Das habe ich natürlich gemacht. Einige Zeit später wurde das New Make schlechter – behauptete zumindest Finlay. Ich konnte das nicht herausschmecken. Bald darauf verschwand er. Ich sah keinen Zusammenhang. Ich war jung und dumm und wusste nichts von den Dellen.«

»Und als Sie es begriffen, lockten Sie ihn auf die Insel.«

Martins Stimme schwankte leicht, so, als bewege er sich bereits auf die Stelle zu, von der aus er den Professor gleich am besten hinausstoßen konnte. »Ich beschloss, so zu tun, als wolle ihn jemand erpressen. Verfasste einen entsprechenden Brief, der ihn aufforderte, in eines der Port-Ellen-Lagerhäuser zu kommen, wo er einen Hinweis auf Kilchoman fand.«

»Und dort? Colin trank mit dem Manager und verabschiedete sich irgendwann.«

»Weil er wusste, dass es zu Laphroaig ging. Und dass es ernst wurde.«

»Woher wusste er das?«

Martin schnaufte kurz, stolz auf seinen Einfall. »Ich hatte am Nachmittag ein paar Whiskys bei Kilchoman gekauft und Shaun als Dankeschön für den eingeräumten Rabatt eine Flasche achtzehnjährigen Laphroaig dagelassen. Er stellte alle offenen Flaschen zusammen. Als Colin zur Probe kam, würde er sie also sehen.«

»Was war an ihr so besonders?«

»Ich hatte aufs Etikett das Datum geschrieben, an dem er meine Nachtschicht übernommen und die Dellen in die Brennblasen geschlagen hatte. Zahlen, die für niemanden sonst auch nur irgendeine Bedeutung haben. War es das jetzt?«

Bietigheim spürte, dass keine weiteren Worte gewechselt werden würden. Es war auch alles gesagt. Er richtete den Feuerlöscher in Richtung der Stimme, passte die Höhe an die ihm bekannte Körpergröße Martins an und drückte ohne Zögern ab.

Der Manager schrie auf.

Bietigheim stieß die Tür hinter sich ganz auf, das wenige Licht flutete nun fast hell in die Whiskyhöhle.

Ross Martin krümmte sich auf dem Boden.

»Sie lachten eben, als ich den Feuerlöscher erwähnte. Doch bei direktem Kontakt kann es zu Gesichts- und Augenverletzungen kommen, eine Verätzung der Hornhaut ist bei dieser Distanz durchaus zu erwarten. Ihr Augenlicht werden Sie jedoch nicht verlieren. Vertrauen Sie mir, ich habe vor einiger Zeit eine kleine Schrift über Feuerlöscher verfasst. Wussten Sie, dass in einigen zum Großteil Natron, also Natriumkarbonat, verwendet wird? Genau wie in Backpulver? Ich fand dies eine sehr amüsante Koinzidenz.«

Martin hielt sich die Augen und stöhnte vor Schmerz.

»Wo befindet sich der Lichtschalter?«

»Genau über dem Eingang!«

Bietigheim fuhr mit den Fingersitzen über den Rahmen, fand einen alten Drehschalter und legte ihn um. Nichts passierte. Stattdessen erklang nun ein Rumoren von draußen, und die Metalltür wurde durch einen Windstoß scheppernd zugeschlagen.

»Sturmflut.« Martin stöhnte. »Die Höhle wird volllaufen. Das ist schon mal passiert. Ich werde hier verrecken wie eine Ratte.«

»Wir müssen sie nur abdichten.«

»Womit denn? Hauen Sie ab, solange der Weg nicht unter Wasser steht.«

»Ich lasse Sie hier nicht allein.«

»Ich kann nichts mehr sehen, verdammte Scheiße! Gehen Sie!«

»Ich hole Hilfe.«

Martin lachte trocken, krümmte sich dann wieder vor Schmerzen. »Bei dem Wetter kommt keiner raus, um mich zu retten. Machen Sie sich nichts vor. Jetzt haben Sie einen Toten auf dem Gewissen, Professor. Viel Spaß damit.«

Bietigheim kniete sich zu dem Mann. »Kommen Sie, wir versuchen es. Was haben wir zu verlieren?«

»Ich nichts. Aber Sie alles.«

»Einst forschte ich zum Thema Sushi und Sashimi. Selbstverständlich unter Berücksichtigung der Besonderheiten aller Unterarten, wie Maki, Nigiri, Gunkan Maki oder Oshi.«

»Wovon reden Sie, Mann?«

»Von allem und nichts. Bei meinen Recherchen beschäftigte ich mich auch mit dem Zen-Buddhismus. Und einer von dessen Grundsätzen lautet: Alles ist Nichts und Nichts ist Alles.«

»Und was um Himmels willen soll das bedeuten?«

»Dass ich nicht ohne Sie gehe. Und wir gehen sofort, denn es wird minütlich schlimmer dort draußen.«

Wie wahr seine Worte waren, begriff der Professor erst, als er aus der Tür trat, Martin im Schlepptau. Der Regen klatschte fast waagerecht gegen den Fels, der Weg war völlig überspült. Das Meer bestand nur noch aus Gischt, dessen Weiß eine geradezu gespenstische Helligkeit von sich gab.

Der Professor ließ Martins Hand nicht los, doch immer wieder blieb dieser verunsichert stehen, sie brauchten mehr als eine halbe Stunde für den Weg, der sonst in fünf Minuten zu bewältigen war.

Als sie oben an der Steilküste ankamen, gab es keinen Weg mehr, den sie zurückgehen konnten, sondern nur noch Regen, Donner und Blitze. Alles sah gleich aus. Die Ohren des Professors schmerzten vor Kälte, seine Nase, seine Schuhe und Füße, eigentlich alles an ihm war eisig nass, und seine Kraft schwand. Er fror bis auf die Knochen.

»Weiter geht es!«, rief er zu Martin.

»Welche Richtung?«, fragte dieser zurück.

»Geradeaus. Bis wir auf einen Weg stoßen.«

»Ein Blitz wird uns treffen.«

Bietigheim sah sich um. Es gab keine Minute, in der nicht zwei, drei Blitze durch die Nacht schossen. Doch sie erhellten nicht die Landschaft, ganz im Gegenteil, ihre Helligkeit schien alles ringsum nur noch dunkler zu machen.

Während sie langsam vorankamen, stolperte Martin immer wieder durch die Unebenheiten des Bodens, verfluchte die Welt und Bietigheim im Besonderen.

»Sie haben Mr Lewis' Anruf in Ihrem Tonstudio erstellt, nicht wahr?«, fragte Bietigheim lautstark, obwohl er die Antwort bereits kannte. Doch jeder Gedanke, der vom Hier und Jetzt ablenkte, war ein guter.

»Eine Heidenarbeit und letztendlich völlig umsonst«, rief Martin zurück, obwohl er kurz hinter Bietigheim ging. »Eigentlich sollte ihn dadurch niemand auf Islay suchen.«

»Sie hätten die Leiche auch ins Meer schmeißen können.«

»Aber das Meer schwemmt wieder an, das Risiko wollte ich beim ersten Mal nicht eingehen. Beim zweiten Mal sollte er einfach nur weg. Eigentlich hatte ich geplant, ihn in den Corryvreckan zu werfen, kennen Sie natürlich nicht, das ist ein Meeresstrudel vor der Küste Juras. Aber dann war mir die Fahrt doch viel zu lang. Ich habe ihn in die Strömung geworfen, die ihn weit hinaus aufs Meer treibt. Man wird ihn niemals finden.«

»Und wo sind Sie zurück an Land?«

»In Jura, und erst am nächsten Tag zurückgekehrt. Mit der Fähre. Noch weitere Fragen, bevor es uns erwischt?«

»Es erwischt uns nicht.«

»Ja, genau. Gleich kommt die gute Fee und zaubert uns vor einen warmen Kamin.«

Der nächste Blitz erhellte den Himmel. Doch wie das Licht am Ende eines Feenstabs sah es weiß Gott nicht aus. »Warum haben Sie Cameron McFallon in das Torffeuer geworfen?«

»Das fragen Sie nicht wirklich?«

»Um ihn zu verbrennen, alle Spuren zu beseitigen.«

»Konnte ja nicht ahnen, dass er hängen bleibt. Es war sehr schwer, ihn dort hochzuschleppen, nachdem ich unten das Feuer angefacht hatte. Ich weiß nicht, ob die Obduktion noch ergibt, wie er starb. Ich habe ihn mit meinem Spaten erschlagen. Hatte nichts anderes zur Hand. Es war nicht schön, aber es ging schnell.«

Der Professor stoppte. »Da, ein Weg! Habe ich es nicht gesagt?«

Schnellen Schrittes zog er Martin hinter sich her.

Doch dann hielt er wieder inne.

Es war der Weg zur Höhle.

Sie waren zurück an der Küste.

»Warum halten wir?«, fragte Martin. »Und warum hör ich das Meer wieder so laut?«

Bietigheim antwortete nicht.

»Sind wir etwa im Kreis gegangen?« Er ließ sich in den matschigen Boden fallen. Einfach auf den Rücken. »Ich kann nicht mehr. Und ich will nicht mehr.«

Der Professor konnte auch nicht mehr. Er kniete sich neben Martin, zog seine Öljacke aus und hielt sie über sich und ihn, wenigstens das Prasseln des Regens abschirmend, wenn auch nicht die Nässe.

»Entweder erschlägt uns der Blitz«, prophezeite Martin. »Oder wir sterben an Unterkühlung oder an Lungenentzündung, oder das Meer holt uns.«

Adalbert dachte an Benno, dachte an Pit, an Rena und natürlich an Hildegard. Er hatte zu lange gewartet, ihr zu sagen, was er fühlte, auf den richtigen Moment, oder besser: den perfekten. Doch den gab es nicht. Man machte ihn erst durch das Bekenntnis zur Liebe dazu.

Er hatte so viel Zeit verschenkt. Viel zu viel. Jede Sekunde war zu viel. Und nun würde er vielleicht nie wieder eine Chance dazu bekommen. All sein Wissen hatte ihm nicht geholfen, das früher zu begreifen. Musste er wirklich erst auf einer von der Welt abgetrennten Hebrideninsel in einen Sturm geraten, der unablässig an ihm zerrte und ihn schubste wie ein Schulhofgrobian den Erstklässler, damit es dazu kam?

Irgendwann fielen ihm vor Schwäche die Augen zu, und sein Kopf sank auf die Brust Ross Martins.

Und die Welt wurde zum zweiten Mal an diesem Tag schwarz.

Doch diesmal war sie außerdem nass und eisig.

»Seid ihr Männer oder Memmen? Ich fasse es nicht! Wo habt ihr eure Eier gelassen? Schaut besser mal in euren Hosen nach, ob die noch da sind, ihr Luschen!« Pit hielt Benno in die Höhe. »Dieser knuddelige Bursche hier sucht sein Herrchen!«

Der Hamburger Rocker war nach Bowmore gefahren, um

dort Whisky für seine Truppe zu besorgen, die wegen des Wetters nicht auf den Campingplatz konnte und stattdessen in der St. Kiaran's Church einquartiert worden war. Der im normannischen Stil erbaute wehrhafte Steinbau aus dem 19. Jahrhundert befand sich zwischen den Orten Bruichladdich und Port Charlotte und hatte wohl nie zuvor so viele so schlecht gelaunte Menschen beherbergt. Denn Whisky hatte Pit keinen gefunden, dafür Benno und einen anderen Foxterrier. Jemand in Bowmore hatte ihm berichtet, dass der Manager der Distillery mit quietschenden Reifen fortgefahren sei, Richtung Port Ellen, und der Sohn von Dougie McFallon diesem mit dem Transporter gefolgt sei, wobei es jetzt hieß, er sei gar nicht dessen Sohn, sondern ein Betrüger. Pit hatte die beiden Hunde kurzerhand in die Seitentaschen seines Motorrads gesteckt und war zurückgefahren. Niemals würde der Professore seinen Benno alleine lassen.

Pit stand hinter dem Altar und hob beide Arme, wodurch er wie ein Priester aussah – wenn auch einer der Church of Satan. »Also suchen wir jetzt den Professore, oder suchen wir ihn jetzt?«

Regenbogen blickte aus einem Bleiglasfenster hinaus. »Lass uns noch was warten, Bärchen. Da draußen geht die Welt unter. Wir sind alle mitgekommen, weil es darum ging, ein paar Anzugträgern den Arsch aufzureißen, aber nicht, um saunass zu werden. Ich krieg doch immer so leicht Erkältung, und dann kann ich wieder wochenlang Salbeibonbons lutschen.«

Pit ging wutentbrannt zu ihm und packte Regenbogens Klöten.

»Lass meine Eier los, die brauche ich noch.«

»Wenn meine Oma Eier hätte, wäre sie mein Opa!«

Zuerst guckte Regenbogen grimmig, doch dann lachte er prustend los.

Pit löste seinen Griff und gab dem alten Freund eine nette Kopfnuss.

»Ach Mann, scheiße, von mir aus lass uns fahren«, sagte Regenbogen. »Aber du bezahlst uns allen die verschissenen Salbeibonbons!«

»Gebongt!«, sagte Pit. Er spürte, dass die Truppe eine Motivationsspritze brauchte, deshalb ging er zurück an den Altar. »Schlagt bitte das Gebetbuch auf Seite 457 auf. Wir singen nun den Psalm von Don Filippo, dem alten Spelunkenwirt und seinem Propheten Heino.« Pit warf sich ins Zeug, und schon bei der zweiten Zeile grölten alle achtzig Rocker mit.

»Karamba, Karacho, ein Whisky
Karamba, Karacho, ein Gin
Verflucht, Sacramento, Dolores
und alles ist wieder hin!«

Kurze Zeit später ratterten ihre schweren Maschinen durch die klitschnasse Nacht auf Islay. In Port Ellen angekommen, hörte Pit sich um, tatsächlich hatte Narain Karthikeyan, der Besitzer des Maharin Restaurants auf dem Frederick Crescent, gesehen, wie der Professor Richtung Laphroaig gefahren war.

Pit wollte schon hinterher, als er sah, dass sich im Restaurant des ›Islay Hotel‹ eine Gruppe bei Kerzenlicht bedienen ließ. Unter ihnen Giorgios Melas. Kurz sprach er etwas mit Regenbogen ab, dann stürmte er hinein.

Als er pitschnass im Raum erschien, sprangen sofort die beiden Gorillas auf. Noch bevor sie bei ihm waren, sagte Pit nur »Guckt mal raus« und hob den rechten Arm.

Die Motorräder hatten vor dem Hotel Stellung bezogen und schalteten in diesem Moment die Scheinwerfer an. Das Licht drang gleißend hinein.

Die Gorillas hielten inne.

Melas bedeutete ihnen, sich zu setzen.

»Ich hatte nicht erwartet, Sie jemals wiederzusehen,

Herr Kossitzke. Dann wird Ihre Freundin bald Besuch erhalten.«

Pit musste an sich halten, um nicht loszustürmen. Stattdessen hob er die linke Hand in Richtung Regenbogen. Im nächsten Augenblick füllte sich das Restaurant mit schwarzen Nietenjacken und ihren Trägern.

»Sehen Sie die Jungs hier? Und den Rest da draußen? Das sind zweihundert Rocker.« Pit hatte beschlossen, dass ein wenig Übertreibung nicht schaden konnte. »Ein Bruchteil von denen, die ich kenne.« Nicht ein wenig Übertreibung. Doppelt hielt einfach besser. »Und wenn meiner Freundin oder sonst irgendjemandem von meinen Bekannten etwas passiert, ist die Hölle los. Dann brennt Ihr Club, dann brennt Ihr Haus, dann brennt Ihr Leben. Ich lasse mich von so einer geschniegelten Arschgeige wie Ihnen nicht einschüchtern. Eigentlich wollte ich Sie ja nach allen Regeln der Kunst zusammenschlagen, bis Sie Blut kotzen. Aber mein Professore ist in Gefahr, und Sie kommen jetzt mit, ihn suchen.« Er trat zu Melas. Niemand rührte sich. »Ich hab heute schon jemanden an den Eiern gehabt, aber durfte nicht zudrücken. Mich juckt es in der Hand. Und ich hasse es, wenn es juckt.« Die Hände auf die Armlehnen von Melas' Stuhl gelegt, beugte er sich vor. »Das hier ist ein Friedensangebot, das so ein Wichsfrosch wie du nicht verdient hat. Entweder du kommst mit deiner ganzen Drecksmischpoke mit, um den Professore zu suchen, oder wir hängen euch alle an den Nüssen am höchsten Mast im Hafen auf.«

Melas lächelte gequält. »Wir haben wohl ein Patt.«

»Nein. Wir haben ein Schachmatt, und ich biete dir Analraupe ein Unentschieden an.«

Melas lächelte nicht mehr, sondern wandte sich an die anderen seines Tisches. »Holt eure Regenjacken, wir suchen einen Professor.« Er blickte Pit an. »Wo ist er denn?«

»Keine Ahnung. Aber irgendwas ist faul im Staate Dänemark. Und wir werden rausfinden, was. Selbst wenn wir dafür über diesen ganzen Drecksfelsen hier laufen müssen, bevor das Meer ihn geschluckt hat.«

Sie suchten die drei an der Straße gelegenen Distilleries ab, fuhren weiter, stoppten immer wieder, um Ausschau zu halten, ja sogar hinunter ins Meer zu blicken, und schließlich fanden sie die ineinander verkeilten Wagen bei der Old Parish Church. Pit sah hinein.

»Sie sind leer, beide«, brüllte er gegen den Sturm an. »Wir müssen ausschwärmen. In Zweiergruppen oder so.«

»Man sieht die Hand nicht vor Augen«, schrie Regenbogen. »Wir finden ja selber nicht mehr zurück. Ohne Taschenlampen erst recht nicht.«

»Scheiße, ja«, sagte Pit. »Dann mit den Motorrädern, Scheinwerfer an.«

»Durch den Matsch«, brüllte nun Blutgrätsche. »Da versinken wir doch sofort. Bärchen, das haut nicht hin. Gefickt eingeschädelt das Ganze!«

Pit sagte nichts. Denn er wusste nicht, was er sagen sollte. Er wusste nicht weiter. Die Blitze schlugen um sie ein, der Donner krachte so laut wie neben ihm startende Düsenjets.

Dieses Himmelfahrtskommando war am Ende.

Doch dann sprang Benno von Saber aus der Seitentasche seines Motorrads und rannte kläffend durch den Regen.

»Hinterher!«, rief Pit und lief los. Die anderen in Stampede hinter ihm her. Melas und Konsorten konnten nicht anders, als mitzurennen, wollten sie nicht von der Rockermeute totgetrampelt werden.

Benno lief immer nur so weit vor, dass ihm alle folgen konnten, dann peste er wieder los, Maria stets an seiner Seite. Und irgendwann war er neben dem bewusstlosen

Professor angekommen, drehte sich um die eigene Achse und bellte wie verrückt.

Das einzige Krankenhaus der Insel war in Bowmore.

Sie erreichten es, bevor der Himmel über Islay einstürzte.

EPILOG

Es war vier Wochen später, als Professor Dr. Dr. Dr. h.c. Adalbert Bietigheim im Edinburgh Castle an der One o'clock Gun stand. Erstmals in der Geschichte des Regiments durfte ein Nichtmitglied diese abfeuern. Er holte Luft, schaute auf seine Uhr – und zündete sie zum exakt richtigen Zeitpunkt.

Der Applaus der Anwesenden war ihm sicher, darunter auch die »Ladies Of The Highlands«, die schottischer aussahen als Mary, Queen of Scots. Hildegard zu Trömmsen hatte diesen stolzen Moment leider verpasst und würde erst später eintreffen, da die Königin von England sie zu einem Ausritt eingeladen hatte. Deswegen hatte der Professor Rena darum gebeten, das Abfeuern auf Film festzuhalten.

Nun ging es hinein in die Gatehouse Suite des Edinburgh Castle, wo sich Dougie McFallon bereithielt. Die Premiere eines neuen Whiskys von Laphroaig stand an. Natürlich war dies nicht die offizielle Präsentation, doch Camerons Bruder, der nun kommissarisch auch als Manager der Distillery fungierte, war es ein Anliegen gewesen, den neuen Brand dem Professor persönlich zu präsentieren. Dieser hatte daraufhin alle aus Islay nach Edinburgh eingeladen, um auf dem Edinburgh Castle zu feiern.

»In diesem Winter musste Islay viel ertragen, viel Blut, viel Schmerz. Dank eines Mannes hat es ein Ende gefunden, und dank diesem ist auch ein dunkles Kapitel unserer Geschichte aufgeklärt worden. Islay hat einen echten

Freund gefunden. Deswegen haben wir uns entschlossen, einen neuen Whisky in diesem Geiste zu kreieren, wir nennen ihn ›Cairdeas‹, das ist schottisch für Freundschaft. Auf Ihr Wohl!«

Kellner schenkten den Whisky aus, und die Gäste prosteten sich zu. Alle dachten, das wäre es nun gewesen, doch Dougie schlug nochmals mit dem Messer gegen sein Glas, um die Aufmerksamkeit der Gäste zu erhalten.

»Und noch etwas. Einige tragen dem Professor nach, dass er sich als Mitglied des McFallon-Clans ausgab. Auch ich war am Anfang echt sauer, aber nachdem ich alles erfahren hatte, war ich das genaue Gegenteil. Stolz, dass er seine Ermittlungen im Namen von uns McFallons führte. Deshalb ernenne ich Professor Bietigheim zum McFallon ehrenhalber. Kommen Sie her, Professor.«

Bietigheim trat zu Dougie.

»Ihr Kilt«, sagte dieser und überreichte dem sichtlich gerührten Adalbert einen im Clan-Tartan. »Sie haben nun in Schottland eine Heimat.« Er beugte sich zu ihm. »Aber keine Erbrechte.«

Wieder brandete Applaus auf, und es ging zum geselligen Teil des Tages über.

Bietigheim beugte sich nun auch vor. »Aber es bleibt dabei, dass ich jedes Jahr eine Flasche von ›The Bruce‹ erhalte?«

Dougie nickte. »Das haben wir sogar schriftlich festgehalten. Und noch mal danke, dass Sie nicht das ganze Fass nehmen.«

»Ich bin doch kein Unmensch«, sagte der Professor. »Auch wenn einige meiner Studenten das Gegenteil behaupten.«

Abends wollte der Professor noch für alle Anwesenden kochen und den Schotten zeigen, dass man ihr Frühstück besser abends aß. Für die Nachmittagsverpflegung war jedoch Edward Macallan zuständig. Dessen finanzielle

Situation hatte sich dank etlicher verkaufter Flaschen aus der Höhle erquicklich verbessert. Und er hatte gar kein Problem damit, dass der Professor sich dazu entschlossen hatte, doch ein Löwe zu werden. Nach seinem Beitritt hatte dieser erst mal eine ordentliche Inventur durchgeführt.

Macallan ließ nun von Fiona Menzies den größten Baumkuchen der Welt hereintragen – und auf den langen Tisch werfen. Er hatte ihn perfekt auf den Whisky abgestimmt. Was bedeutete, dass er auch Seetang und Jodsalz verwendet hatte.

Auf Mullbinden und brennende Autoreifen hatte er aber erfreulicherweise verzichtet.

Pit trat zum Professor. »Anziehen! Anziehen! Anziehen!«

»Heute Abend dürfen Sie mich darin bewundern.«

»Aber nix drunter!«, sagte Pits Freundin Diana, die extra angereist war.

»Wenn jemand Traditionen respektiert, dann ich. Winter hin oder her.«

»Wo ist eigentlich Constable Dolan?«, frage Pit und blickte sich um. »Haben Sie den etwa nicht eingeladen?«

»Doch. Aber er zog es vor, am Devil's Punch zu sitzen und zu fischen. Da kriegt ihn vermutlich niemals jemand wieder weg. Und irgendwann wird er wohl auch mal etwas fangen.«

»Das war eine Ihrer Bedingungen an Dougie, oder?«

»Einsicht braucht manchmal einen kleinen Schubser.«

»Wissen Sie eigentlich mittlerweile, warum er so ausgetiltet ist, als Sie ihm erzählten, dass der Mord an Colin mit der Port Ellen Distillery zusammenhängt?«

Der Professor zog seine Pfeife hervor. Es war genau die richtige Uhrzeit dafür. Also zwischen null und vierundzwanzig Uhr. »Dolan war es, der Colin Lewis damals riet, in Port-Ellen-Fässer zu investieren. Deshalb fühlte er sich verantwortlich für das Schicksal seines Freundes und verhielt sich so ausfallend.« Der Professor blickte auf Dianas nicht erkennbares Bäuchlein. »Und was wird es?«

»Das kann man doch jetzt noch nicht wissen«, antwortete Pit.

»Ein Junge«, sagte Diana. »Das spüre ich.«

Pit zeigte an, dass bei ihr wohl eine Schraube locker war.

»Das habe ich gesehen!« Diana zwickte ihn. »Ich dachte, Sie würden drei Mädchen bekommen, und die Namen wären auch schon ausgewählt?«

»Die Mädchen legen wir nach«, antwortete Pit. »Glauben Sie mir, Professore, darum kümmere ich mich gern.« Pit hatte sein Glück gefunden, und der Professor freute sich für ihn. Und gleichzeitig fragte er sich: Wann würde das Glück wohl ihn finden? Hildegard zu Trömmsen war immer noch nicht da. Und auch Benno nicht, denn dieser weilte in Bietigheims Suite im ›Balmoral‹-Hotel – zusammen mit Maria. Diana war nämlich nicht die Einzige, die Nachwuchs erwartete.

»Wissen Sie eigentlich schon das Neueste von Kilchoman?«, fragte Pit.

»Ja, natürlich«, sagte der Professor, obwohl er nichts wusste.

»Unglaublich, oder?«, fragte Pit.

»Das kann man wohl so sagen!«

»Sie haben keine Ahnung, worüber ich rede, nicht wahr?« Pit lachte. »Denen ihr Whisky schmeckt aufgrund der reingeschlagenen Delle viel besser als vorher.«

»Das wusste ich selbstverständlich bereits«, antwortete der Professor.

Rena zupfte an Pits Lederjacke. »Können wir jetzt endlich was von dem Kuchen essen, bevor alles weg ist?«

»Freßattackeeeeee!«, rief Pit und stürmte wie ein Bulldozer durch die brav in einer Schlange wartenden Gäste, Diana lachend hinterher.

Elisabeth Harrington hatte bereits ein Stück Kuchen

ergattert und kam nun mit ihrem Mann Ian zum Professor. »Haben Sie schon gehört, dass die teure Bowmore-Flasche gar nicht gestohlen worden ist, sondern Ross Martin nur eine falsche Spur legen wollte?«

»So etwas hatte ich bereits vermutet. Unter der Überschrift: Ein Opfer kann kein Täter sein. Hat man die Flasche denn gefunden?«

»Leider nein«, sagte Mrs Harrington und aß ein Stück des Baumkuchens. »Für meinen Geschmack ist im Kuchen entschieden zu wenig Minze, aber er ist essbar. Wann kommen Sie denn wieder zum Kochen vorbei? Ich werde ganz viele Sorten Minze im Garten pflanzen! Alles soll danach duften, auch jedes Zimmer.«

»Sobald es meine Zeit möglich macht.« Nie, dachte der Professor. Er verabschiedete sich höflich, denn er wollte nach Hildegard zu Trömmsen Ausschau halten. Es war schön, Elisabeth Harrington so fröhlich zu sehen. Die Schuld der falschen Mordanschuldigung war von ihren Schultern genommen worden, und in den letzten Wochen waren sicher viele Entschuldigungen fällig gewesen.

Rena kam schallend lachend herein.

»Was ist mit Ihnen?«, fragte der Professor.

»Hildi hat mir gerade einen Witz erzählt.«

»Wo ist sie denn?«

»Den muss ich Ihnen auch erzählen. Unbedingt!«

»Ich würde es vorziehen, zu ihr zu …«

»Ein Rabbi und ein Pfarrer sitzen zusammen im Flugzeug. Die Saftschubse bietet ein Glas Whisky an, das der Rabbi dankend annimmt. Der Pfarrer aber lehnt ab und sagt: ›Vielen Dank, aber als Vertreter des katholischen Glaubens darf ich weder Alkohol trinken noch den Geschlechtsverkehr ausüben.‹

Daraufhin ruft der Rabbi die Stewardess noch mal zu sich und sagt: ›Verzeihung, Fräulein, ich wusste nicht, dass ich die Wahl hatte.‹« Sie lachte wieder schallend.

»Darf ich nun wissen, wo Hildegard zu…«

»Draußen. An der One o'clock Gun. Sie möchte, dass Sie das Geschütz noch einmal abfeuern. Ganz allein für sie.«

»Aber das geht doch nicht.«

»Hildi sagt, sie hätte das geregelt.«

Der Professor atmete durch. »Ist sie noch sauer, weil ich die Kanzlerschaft abgelehnt habe, um mich weiterhin voll und ganz der Kulinaristik widmen zu können?«

»Sie sagt wörtlich: Alles, was meinen Professor glücklich macht, soll mir recht sein.«

»Nichts macht mich glücklicher als Hildegard selbst.«

»Dann gehen Sie raus zu ihr und zeigen Sie, wie Sie mit Ihrem Geschütz umgehen können.« Rena schaffte es, erst loszuprusten, als Adalbert Bietigheim aus der Tür gegangen war.

Nachdem der Professor wieder aus dem Krankenhaus entlassen worden war, hatte er Ross Martins Büro durchsucht, da er vermutete, dort den gestohlenen 1957er Bowmore zu finden. Er hatte ihn aus wissenschaftlichem Interesse an sich genommen. Zu treu sorgenden Händen sozusagen. Und wollte ihn mit Hildegard zu Trömmsen genießen.

Es war der erste Tag, an dem es in diesem Winter richtig schneite.

Und Adalbert Bietigheim beschloss, dass er keinen weiteren erleben wollte, ohne Hildegard zu Trömmsen seine Liebe gestanden zu haben.

Rezepte

Private Rezeptsammlung
Professor Dr. Dr. Dr. h.c. Adalbert Bietigheims
exemplarische Gerichte aus Schottlands Küche
(zusammengestellt unter Mithilfe von Sternekoch
Julius Eichendorff)

Kapitel:
Suppen & Eintöpfe
Hauptmahlzeiten
Gebäck
Desserts

Cock-a-Leekie

Zutaten für 4 Personen

1 Suppenhuhn
1 großer Markknochen
14 Pflaumen (entkernt und getrocknet)
7 Stangen Lauch
6 Wacholderbeeren
1 TL Petersilie, gehackt
1 kleiner Bund Thymian
Salz

Zubereitung

Suppenhuhn, Markknochen mit Thymian und den zerdrückten Wacholderbeeren in einen Topf mit gesalzenem Wasser geben (alles sollte bedeckt sein). Nun den grünen Teil des Lauchs abschneiden, grob hacken und dazugeben, dann zum Kochen bringen. Das Ganze für ca. zwei Stunden sieden lassen – das Huhn muss auf jeden Fall gar sein. Dann wird es zusammen mit dem Markknochen aus der Brühe genommen. Danach die Brühe abseihen und abermals in einen Topf geben. Das von den Knochen gelöste und in mundgerechte Stücke geschnittene Hühnerfleisch zusammen mit dem Weißen des Lauchs (in fingerdicke Rollen geschnitten), der Petersilie und den Pflaumen dazugeben. Fünfzehn Minuten köcheln lassen und mit Brot servieren.

Cullen Skink

Zutaten für 4 Personen

5 geräucherte Schellfischfilets (man kann auch anderen Fisch nehmen, aber geräuchert muss er sein)
500 Gramm Kartoffeln
½ Liter Vollmilch
200 Milliliter Sahne
50 Gramm Butter
1 Zwiebel
1 TL gehackte Petersilie
Schnittlauch zur Dekoration

Zubereitung

Die Zwiebel fein hacken und mit den geschälten und in zwei Zentimeter große Würfel geschnittenen Kartoffeln sowie einer halben Tasse Wasser in einen Topf geben und so lange köcheln lassen, bis die Kartoffeln gar sind. Einige Kartoffelstückchen am Rand zerdrücken und unterrühren – das dickt die Suppe etwas an. Jetzt den Fisch (im Ganzen) dazugeben und fünf Minuten mitköcheln lassen (Deckel drauf). Danach den Fisch im Topf in mundgerechte Stücke zerteilen, Milch, Sahne und Petersilie hinzufügen, und alles kurz aufkochen. Zum Schluss die Butter in Flocken unterrühren, die Suppe in Tellern anrichten und mit dem Schnittlauch dekorieren. Mit Brot servieren.

Hotch-Potch

(auch Hairst Bree oder Scotch Harvest Broth; Lammeintopf mit Gemüse)

Zutaten für 4 Personen

750 Gramm Lammfleisch
1 Markknochen
350 Gramm geputzte Steckrüben
225 Gramm gelbe Erbsen
125 Gramm weiße Bohnen
6 Frühlingszwiebeln
2 geputzte Karotten
1 mittlerer geputzter Blumenkohl
1 Bund Liebstöckel (gehackt)
2 EL gehackte Petersilie zum Garnieren
(Manche nehmen auch noch Minze,
aber diese verdirbt das ganze Gericht!)
Salz
Pfeffer

Zubereitung

Bohnen und Erbsen über Nacht in einer Schüssel mit Wasser einweichen. Dieses danach abgießen und das Gemüse in frischem Wasser halb gar kochen. Parallel das mundgerecht portionierte Lammfleisch in kaltem Salzwasser aufsetzen und während des Kochens immer wieder den Schaum und das Fett abschöpfen. Je langsamer und länger das Lammfleisch köchelt, desto zarter wird es. Nun die

Hälfte der Erbsen und Bohnen, außerdem die klein geschnittenen Zwiebeln, Steckrüben und Karotten zum Lammfleisch geben und alles mit Deckel eine Stunde köcheln lassen. Mit den restlichen Erbsen und Bohnen sowie dem in kleine Röschen geteilten Blumenkohl weitere dreißig Minuten köcheln lassen. Markknochen entfernen, Liebstöckel und Petersilie dazugeben und mit Salz und Pfeffer abschmecken.

Mock Haggis

(Falscher Haggis)

Zutaten für 4 Personen

250 Gramm Lammleber (es geht auch Reh)
200 Gramm Hafermehl
125 Gramm Rindertalg (zerkleinert)
60 Gramm Haferflocken
2 Zwiebeln
75 Milliliter Fleischbrühe
2 EL Petersilie
½ TL Salz

Zubereitung

Die Zwiebeln und die Petersilie hacken, den Rindertalg zerkleinern und alles durch den Fleischwolf drehen. Danach die Brühe dazugeben, noch einmal gut durchkneten und in eine Puddingform füllen. Ein Musselintuch (gibt es im Babyfachmarkt, falls nicht zur Hand, ein in klarem Wasser gewaschenes Geschirrtuch) über die Form geben und dann mit einem Gummiband befestigen. Einen Topf mit heißem Wasser füllen und die Form hineinstellen, dann für zwei Stunden mit geschlossenem Deckel köcheln lassen. Haggis wird traditionell mit Chappit Tatties (Kartoffeln) und Mashed Neeps (Steckrübenbrei) serviert. Dazu wird ein Single Malt Whisky getrunken.

Rumbledethumps

Zutaten für 4 Personen

450 Gramm Kartoffeln
250 Gramm Weißkohl
200 Gramm Cheddar-Käse
60 Gramm Butter
1 Zwiebel (groß)
Salz
Pfeffer

Zubereitung

Die Kartoffeln gar kochen, kalt abspülen, abtropfen lassen und mit einer Gabel grob zerdrücken. Butter in einem Topf erhitzen und die in dünne Streifen geschnittenen Zwiebeln hinzugeben, bei niedriger Temperatur zehn Minuten anbraten, dann den fein gehackten Weißkohl zufügen und unter Rühren weitere fünf Minuten anbraten. Nun die Kartoffeln dazugeben, zwei Esslöffel Käse unterheben, mit Salz und Pfeffer abschmecken und den restlichen Käse zum Bestreuen nutzen. In eine Auflaufform geben und im auf 180 Grad vorgeheizten Backofen für zwanzig Minuten backen.

Shortbread

Zutaten

225 Gramm Butter
225 Gramm Weizenmehl
125 Gramm Stärkemehl (oder Kartoffelmehl)
125 Gramm Zucker
1 Prise Salz
Zucker oder Kümmel zum Dekorieren

Zubereitung

Das Weizenmehl mit dem Stärkemehl vermischen. Die Butter mit dem Zucker und der Prise Salz schaumig rühren und alles zusammenkneten, der entstehende Teig sollte jedoch eine leicht krümelige Struktur beibehalten. In dicke Rollen von circa fünf Zentimeter Durchmesser formen, diese in Frischhaltefolie wickeln und eine Stunde im Kühlschrank lagern. Danach in circa fünf Millimeter dünne Scheiben schneiden und mit Zucker oder – das ist die traditionelle Variante – Kümmel bestreuen. Auf ein mit Backpapier belegtes Backblech geben und die Shortbreads im auf 180 Grad vorgeheizten Ofen für zwanzig Minuten backen, bis sie golden sind (nicht goldbraun). Sie werden kalt gegessen – idealerweise zu einem Whisky.

Black Bun

(Früchtekuchen, den es traditionell an Hogmanay gibt, dem schottischen Silvester)

Zutaten für einen Kuchenlaib von rund zwanzig Zentimetern

400 Gramm Mehl
375 Gramm gehackte Rosinen
300 Gramm Korinthen
180 Gramm Butter, klein gehackt
165 Gramm Zucker und 1 EL Zucker
100 Gramm gehackte Mandeln
100 Gramm Mehl
90 Gramm Zitronat und Orangeat
125 Milliliter Buttermilch
40 Milliliter Eiswasser
40 Milliliter Whisky
1 TL Piment
1 TL Ingwer (gemahlen)
1 TL Zimt (gemahlen)
1 TL Zucker (grob)
¼ TL Weinstein
¼ TL Natron
2 Eigelb
1 Eiweiß
1 Ei + 1 Eigelb (verquirlt)
Öl zum Ausstreichen der Backform

Zubereitung

Zucker sowie das Mehl und die Butter in eine Schüssel geben und mit einem Mixer verrühren, bis die Masse gleichermaßen bröckelig ist. Jetzt Eigelb und Eiswasser dazugeben und verrühren, bis sich ein weicher Teig bildet. Die mit Folie abgedeckte Schüssel für gute zwanzig Minuten in den Kühlschrank stellen.

Rosinen, Korinthen, Zucker, Mandeln, Gewürze und den Whisky verrühren, dann Mehl, Natron und Weinstein darübersieben, schließlich Milch, Ei und Eigelb zufügen und gut unterrühren.

Eine beschichtete Kuchenform von 23 × 13 × 7 cm mit Öl ausstreichen. Den Teig zu zwei Dritteln ausrollen und damit den Boden wie die Seiten auslegen. Wichtig: am Rand ein bis zwei Zentimeter überstehen lassen. Die Füllung einfüllen und glatt streichen. Den restlichen Teig zu einem Deckel ausrollen und den Black Bun damit verschließen. Vorher die Fruchtfüllung und den überstehenden Teigrand mit etwas Eiweiß bestreichen. Die Ränder fest zusammendrücken, falls etwas übersteht: abschneiden. Dann die Oberseite mit dem restlichen Eiweiß bestreichen und mit einem Teelöffel Zucker bestreuen.

Im auf 180 Grad vorgeheizten Backofen eine Stunde backen, dann auf 160 Grad nochmals eineinhalb Stunden. Danach in der Form abkühlen lassen. Der Black Bun hält sich bis zu einem Jahr.

Cranachan

Zutaten für 4 Personen

500 Gramm Himbeeren, frische oder TK (falls sie sehr sauer sind, ein wenig nachzuckern)
250 Milliliter Sahne
20 Milliliter Whisky (keinen Islay Whisky, sondern einen milden Speyside oder Lowland Whisky)
4 EL Honig
3 EL Haferflocken
8 Himbeeren zum Dekorieren
4 Blätter Minze, bei Bedarf, zum Dekorieren

Zubereitung

Bei niedriger Hitze werden die Haferflocken in der Pfanne angeröstet. Umrühren nicht vergessen. Wer mag, kann sie auch leicht karamellisieren. Dann die Sahne gut kühlen und steif schlagen. Whisky und Honig verrühren und darunterheben, außerdem zwei Esslöffel der gerösteten Haferflocken.

Nun die Himbeeren und die Whiskysahne abwechselnd in eine große Dessertschüssel schichten – und mit Sahne aufhören. Nach rund einer Stunde im Kühlschrank die restlichen Haferflocken darüberstreuen und mit den acht Himbeeren dekorieren. Eventuell mit Minzblättern verzieren und servieren – aber nur, wenn Sie Ihrem Gaumen Böses wollen.

UNIVERSITÄT HAMBURG

INSTITUT FÜR KULINARISTIK

Vorlesung

»Whisky, Uisge Beatha, Aqua vitae – Von den Kelten bis ins 21. Jahrhundert. Eine historisch-kritische Abhandlung. Mit einem Exkurs über die Prohibition und das damit verbundene Distillery-Sterben in den USA (wie auch in Schottland) sowie eine Bestandsaufnahme des aktuellen Whiskybooms.«

Handout Nummer 153/42

Nicht sinngemäß, sondern wortwörtlich zu memorieren. Rechnen Sie damit, auch auf dem Institutsflur oder bei einer zufälligen Begegnung in Hamburg von mir danach befragt zu werden!

Angels' Share
Wörtlich: Der Anteil der Engel. Pro Jahr verdunsten zwischen 0,5 und 1 % der Flüssigkeit im Fass. Dieser Anteil am Whisky, der sich durch die Faßreifung verflüchtigt, ist für die Engel.

Barley
Gerste, das Getreide, welches Ausgangsprodukt von Malt Whiskys ist. Hat weniger Einfluss auf die Qualität eines Whiskys, als man annehmen möchte. Auch bei schotti-

schem Whisky stammt sie aus der ganzen Welt. Ein neuer Trend (auch auf der → Isle of Islay) besteht darin, lokale Gerste zu verwenden, zum Teil sogar alte Gerstensorten.

Blended Whisky

Stolze 90 % des Umsatzes mit schottischen Whiskys entfallen auf diese Whisky-Kategorie. Ein Blended Whisky, oder kurz »Blend«, besteht nicht ausschließlich aus → Malt Whiskys. Diese werden mit den günstigeren → Grain Whiskys vermählt. Dabei kann ein Blend aus Whiskys von über 50 verschiedenen Distilleries bestehen. Wobei zumeist mehr Grain als Malt Whisky enthalten ist.

Cask Strength

Faßstärke. Der Whisky ist ohne Verdünnung mit Wasser vom Faß bzw. den Fässern auf Flaschen gefüllt worden.

Darre

Die keimende Gerste wird getrocknet – und damit der Keimvorgang gestoppt. Dafür wird sie auf einem perforierten Boden in der sogenannten Darre ausgebreitet. Von unten strömt nun Rauch aus einem Torffeuer oder heiße Luft ein.

Dram

In Schottland bestellt man kein Glas Whisky, sondern ein Dram. Wobei niemand so genau weiß, wie viel das eigentlich ist. Ursprünglich ist Dram ein englisches Apothekergewicht (1 dr. = 3,8 g), heute bedeutet der Begriff eher »Schluck«. Und der Schluck kann je nach Pub ganz schön groß sein. Ein »wee dram« ist ein kleiner Schluck. Auch das ist sehr relativ.

Drum Maltings
Die moderne und zugleich sehr effektive Art des Mälzens geschieht in einer sich drehenden Trommel (wie bei Port Ellen). Im Gegensatz zu den traditionellen → Floor Maltings.

Färben
Schauen Sie mal genau auf das Etikett eines Whiskys. Sehr häufig ist dort Zuckercouleur verzeichnet. Es dient der einheitlichen Farbgebung. Ohne Zuckercouleur wären Whiskys nicht nur sehr unterschiedlich dunkel, sondern vor allem bedeutend heller. Lange dachte man, nur → Blended Whiskys seien gefärbt, dabei trifft es auch für die meisten → Single Malts zu.

Finishes/Finishing
Whiskys reifen in der Regel in gebrauchten Bourbon- oder Sherryfässern. Werden Sie nach dieser Reifezeit noch in ein anderes Fass gelegt, nennt man dies ein Finish bzw. Woodfinish. Momentan ein großer Trend in der Whiskywelt. Diese zweite Reifung ist allerdings deutlich kürzer, sechs Monate sind nicht unüblich. Die Fässer können vorher Portwein enthalten haben, Madeira, Cognac, süßen Wein aus dem Bordelais, Rotwein aus dem Rioja, möglich ist einfach alles. Diese Whiskys sind in der Regel teurer als die normalen Abfüllungen und können komplexer und ausgesprochen faszinierend sein – wenn auch weniger typisch. Aufpassen muss man bei den Finishes einiger → Unabhängiger Abfüller. Bietet ein Whiskyfass wenig Ausdruck, poliert man den Inhalt manchmal mit einem wohlklingenden Finish auf. Doch ein schwacher Whisky bleibt ein schwacher Whisky.

First Fill
Fässer, die erstmals mit Whisky befüllt werden. In Sherryfässern oder Bourbonfässern war allerdings zuvor bereits Sherry bzw. Whisky. Fässer, in denen zuvor überhaupt kein Whisky gelagert wurde, sind einer der neuesten Trends der Whiskywelt. In diesem Fall spricht man von »New Oak«.

Floor Malting
Die traditionelle Form, in der das → Mälzen stattfindet (im Gegensatz zu den modernen → Drum Maltings). Dabei werden die Gerstenkörner auf einem Boden (Floor) zum Keimen gebracht – und somit zu Malzkörnern. Bezeichnet auch das Gebäude, in dem dies geschieht.

Grain Whisky
Grain Whisky kann aus so ziemlich jedem Getreide hergestellt werden, meist werden jedoch Weizen, ungemälzte Gerste oder auch Mais verwendet, die in einem günstigeren Verfahren als Malt Whisky gebrannt werden (Patent Still genannt). Es gibt sieben aktive Grain Distilleries in Schottland. Nach der Kapazität geordnet sind dies: North British, Strathclyde und Port Dundas, Invergordon, Cameronbridge, Girvan und Loch Lomond. Sehr selten gibt es einzeln abgefüllte Whiskys dieser Distilleries – also Single Grain Whiskys –, da sie fast ausschließlich in → Blended Whiskys Verwendung finden.

Grist
Das gemahlene Malz (Schrot), welches für die Whiskyherstellung benötigt wird. Dieses darf nicht zu grob sein, denn dann könnte nicht ausreichend Zucker gelöst werden, aber auch nicht zu fein, da es sonst klumpen würde.

Isle of Islay
Islay ist die Whiskyinsel schlechthin und die südlichste der Inneren Hebriden. Ursprünglich ist Islay der Name einer norwegischen Prinzessin, heute steht er für eine Gruppe außergewöhnlicher Whiskys, die zumeist vom Torffeuer und der jodhaltigen Luft geprägt sind. Es gibt acht Distilleries auf Islay, eine neunte ist jedoch bereits in Planung.

Kiln
Zum einen der Ofen, in dem das keimende Malz getrocknet wird, zum anderen das Gebäude, in dem sich der Ofen und die → Darre befindet. Die Gebäude erkennt man am typischen Pagodendach – heute sind die meisten allerdings nur noch Zierde, denn die wenigsten Destilleries stellen ihr Malz noch selbst her.

Kühlfiltrierung/Kaltfiltrierung
Eine kosmetische Behandlung, bei welcher der Whisky auf –4 bis 0° C gekühlt wird, um Trüb- und Schwebstoffe herausfiltrieren zu können. Das Problem ist: Dabei handelt es sich auch um Geschmacksstoffe. Und Geschmack will man ja eigentlich, soweit es geht, erhalten. Andererseits soll dem Konsumenten kein Whisky zugemutet werden, der bei Zugabe von Wasser oder durch Temperaturveränderungen trüb wird und bei dem sich auch Stoffe am Boden absetzen können. Wem Geschmack wichtiger als Aussehen ist, der sollte auf den Hinweis »Un-Chillfiltered« oder »Non Chill Filtered« achten.

Low Wines
Der Rohbrand aus den → Wash Stills (nach der ersten Destillation). Low Wines weisen einen Alkoholgehalt von ca. 22 % bis 23 % auf. Der Low Wines Receiver ist der Behälter, in dem die Low Wines aufgefangen werden, bevor es in die zweite Stufe der Destillation, die → Spirit Stills, geht.

Malt (Malz)
Namensgeber des Single Malts. Die in Wasser eingeweichte Gerste wird zum Keimen gebracht. Allerdings nur bis zu einem gewissen Punkt, weshalb der Vorgang durch eine Trocknung in einer → Darre unterbrochen wird. Mit mehr oder weniger oder gar keinem Torffeuer.

Malt Whisky
Ausschließlich aus Gerstenmalz im sogenannten Pot-Still-Verfahren gebrannt (im Gegensatz zum günstigeren und industrielleren Patent-Still-Verfahren der → Grain Whiskys). Folgende Arbeitsschritte finden statt:

1.) Die Gerste wird mit Wasser zum Keimen gebracht.
2.) Sie wird getrocknet.
3.) Gemahlen.
4.) Gemaischt. Dafür wird sie in einem Maischebottich (Mash Tun) mit heißem Wasser vermischt. Enzyme wandeln die Stärke der gemälzten Gerste in Malzzucker um. Die Flüssigkeit wird von Feststoffen befreit. Sie heißt »Wort« (Würze).
5.) Im Gärtank, dem »Washback«, wird die Würze mit Hefe vermischt. Durch die alkoholische Gärung entsteht eine Art Bier mit 5–10 % Alkohol. Es wird »Wash« genannt.
6.) Das »Wash« wird zweimal destilliert. Zuerst in der Wash Still, danach unter der Bezeichnung »Low Wines« in der Spirit Still.
7.) Das farblose Destillat (New Make) reift mindestens drei Jahre in Eichenfässern (wodurch es seine Farbe erhält und an Weichheit gewinnt). Erst dann darf es sich Whisky nennen.
8.) Zumeist wird der Whisky verdünnt abgefüllt (40–46 %).

Mash Tun
Maischebottich. In ihm wird die gemälzte Gerste mit Wasser vermischt, Enzyme wandeln die Stärke in Zucker um.

Middle Cut/Heart of the Run
Das Herzstück des Feinbrands, der durch die zweite Destillation im → Spirit Still entsteht. Es wird exakt vom ungenießbaren Vor- (foreshots) und Nachlauf (feints) getrennt.

New Make/New Spirit
So wird der frisch destillierte Whisky bezeichnet, der eigentlich noch gar keiner ist, da er dafür mindestens drei Jahre im Faß reifen muss. Manchmal auch nur als »The Make« bezeichnet.

Nosing
Am Whisky riechen. Ein sehr wichtiger Bestandteil des professionellen Verkostens, um unerwünschte Aromen, Herstellungsfehler oder einfach die Qualität eines Whiskys festzustellen.

Nosing Glas
Ein spezielles Glas zur Verkostung von Whisky. Es hat die Form einer Tulpe, wodurch leicht flüchtige Duftstoffe länger im Glas verbleiben.

On the rocks
Auf Eis. Ein völliges No-Go bei einem Single Malt, da die Kälte den Geschmack beeinträchtigt. Bei einem einfachen → Blended Whisky dagegen durchaus möglich.

Quaich
Ein schottisches Trinkgefäß (zumeist aus Silber, Zinn oder auch Holz), das einer kleinen, flachen Schale mit zwei Griffen ähnelt.

Peated
Peat ist das englische Wort für Torf. Ein Peated Whisky ist somit einer mit ausgeprägtem Torfcharakter. Dieser kommt durch das Trocknen der gemälzten Gerste über einem Torffeuer zustande. Die aromatischen Bestandteile sind in diesem Fall Phenole, welche in ppm (parts per million) gemessen werden.

Refill
Fässer, in denen schon einmal Whisky gelagert wurde. Im Gegensatz zum → First Fill. Refill-Fässer geben weniger Aromen an den in ihnen lagernden → New Make ab.

Silent Distilleries/Silent Stills
Geschlossene Distillerys. Zum Teil gar nicht mehr vorhanden (wie Port Ellen), zum Teil »mothballed«, also eingemottet.

Single Cask
Einzelfassabfüllung. Für diesen Whisky wurden nicht mehrere Fässer miteinander vermählt. Erfreut sich zunehmender Beliebtheit, vor allem bei Fans sehr individueller Whiskys. Bei Single-Cask-Abfüllungen sind die Flaschen meistens durchnummeriert.

Im Gegensatz zum Single Cask werden für Single Malt Whiskys verschiedene Fässer, meist unterschiedlichen Alters, vermischt. Das ist nicht zu verwechseln mit → Blended Whisky, da es sich hierbei nur um Malt Whiskys einer Distillery handelt. Wobei der jüngste davon für die Altersangabe auf der Flasche entscheidend ist. Bei einem zwölf Jahre alten Whisky ist also der jüngste verwendete Malt zwölf Jahre alt, und alle anderen sind älter. Dies wird gemacht, um eine beständige Qualität und einen beständigen Geschmack zu erzeugen, damit zum Beispiel ein »Laphroaig 10 Year Old«, den man jetzt kauft, genauso schmeckt wie die Flasche, die man erst in drei Jahren kauft.

Neuerdings bringen viele Distilleries Whiskys ohne Altersangabe, stattdessen mit Namen, auf den Markt. Bei diesen können sie problemlos sehr junge Whiskys einfließen lassen – und Geld wie für deutlich gereiftere verlangen.

Single Malt Whisky
Bezeichnung für einen Malt Whisky, der aus einer einzigen Distillery stammt.

Slàinte
Kurzform von »Slàinte mhath, slàinte mhor« (Gute Gesundheit, große Gesundheit), ein alter schottischer Trinkspruch.

Stillman
Der Brennmeister.

Stills
Die Brennblasen. Vom lateinischen »stillare« (tropfen bzw. triefen).

Spirit Safe
Ein verplombter Glaskasten, in dem der Stillman (Brennmeister) das Destillat kontrollieren kann. Darf nur im Beisein eines Steuerbeamten geöffnet werden.

Spirit Stills

Die Brennblasen der zweiten Destillation beim schottischen Malt Whisky, in denen die → Low Wines aus der → Wash Still gebrannt werden. Das Ergebnis ist das → New Make.

Tasting

Whiskyverkostung.

Tumbler

Ein Whiskyglas, das vor allem für amerikanischen Bourbon Whiskey Verwendung findet. Eher breit und nicht besonders hoch.

Uisge Beatha

Wörtlich »Wasser des Lebens«. Es ist die gälische Übersetzung des lateinischen »Aqua vitae«. Und aus »Uisge« wurde dann später »Whisky«.

Unabhängige Abfüllung

Neben den Abfüllungen der Erzeuger wird Whisky auch von Firmen auf den Markt gebracht, die ihn nicht produziert haben. Sie kaufen Fässer von den Destillerien oder lassen sich eigene Fässer von diesen befüllen und lagern diese in ihren eigenen Lagerhäusern. Die Qualitäten sind sehr unterschiedlich. Einige seltene Whiskys von geschlossenen Distilleries gibt es nur noch von Unabhängigen Abfüllern. Einige bringen Single Malts unter Phantasienamen heraus, da ihnen die Brennereien nicht erlauben, den Originalnamen zu nennen (z. B. Finlaggan, Port Askaig).

Vintage
Bei diesem Whisky handelt es sich um eine Abfüllung, deren Inhalt nur in einem bestimmten, auf dem Etikett vermerkten Jahr destilliert wurde.

Warehouse
Lagerhaus, in dem die Whiskyfässer reifen. Das Mikroklima hat großen Einfluss auf den Geschmack des Whiskys.

Wash
Eine Art Bier (ohne Hopfen) mit 5–10% Alkohol, das zweifach destilliert und dadurch zu Whisky wird.

Washback
Der Gärbottich, in dem aus der Würze mittels alkoholischer Gärung das → Wash wird.

Wash Still
Brennblase, in welcher der erste von zwei Brennvorgängen stattfindet. In ihr wird der → Wash gebrannt, das Ergebnis sind die → Low Wines.

Whisky ohne »e«
Nur Whiskys aus Schottland schreiben sich grundsätzlich ohne »e«. Alle anderen sind meist Whiskeys – am bekanntesten die aus den großen Whiskey-Nationen Irland und den USA.

Whisky-Regionen
Schottland hat sechs Whiskyregionen: Highlands, Speyside, Islands (die Inseln Orkney, Skye, Mull, Jura und Arran), Islay (wird von einigen zu den Islands gezählt), Lowlands, Campbeltown.

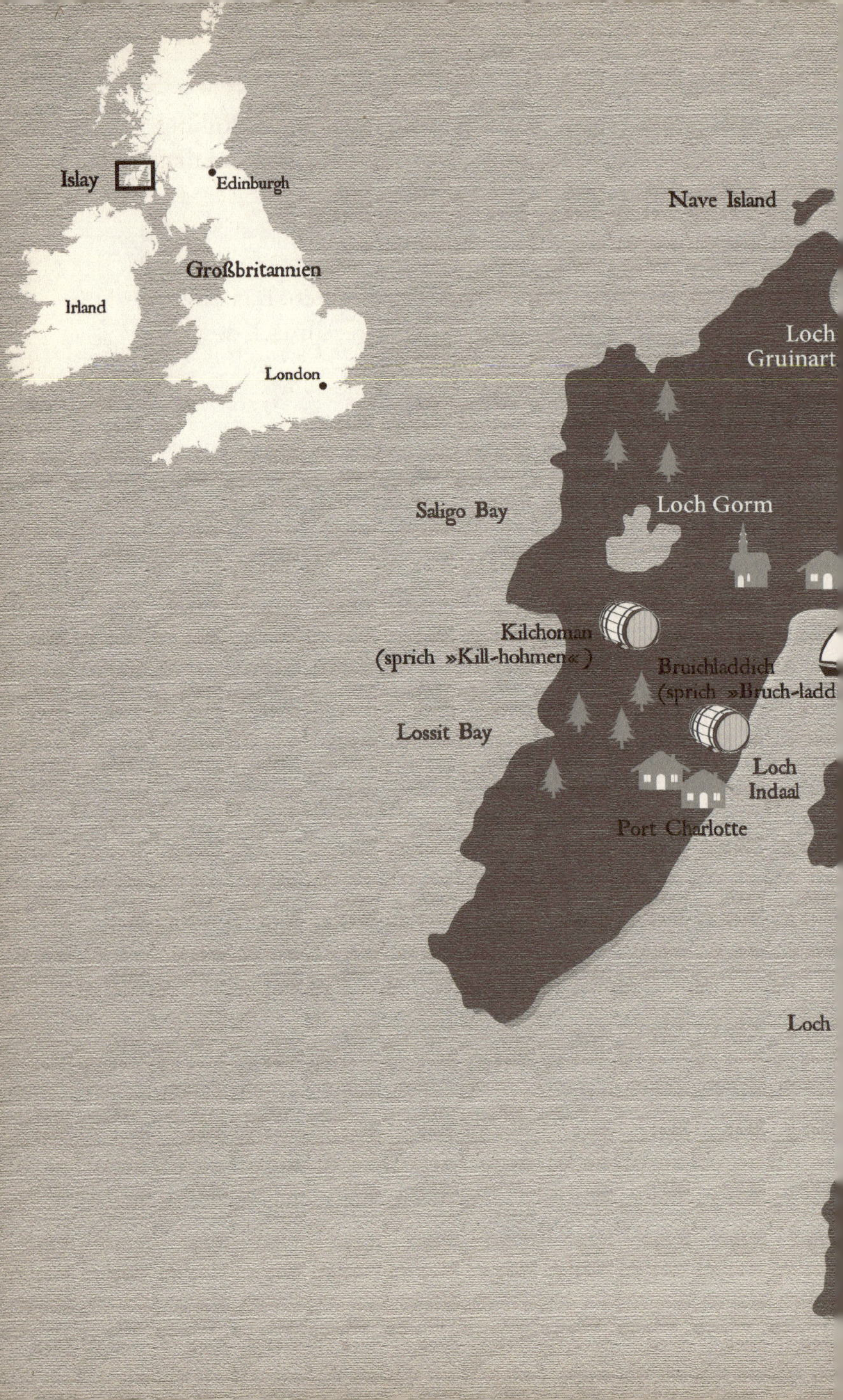
Islay
Edinburgh
Großbritannien
Irland
London
Nave Island
Loch
Gruinart
Saligo Bay
Loch Gorm
Kilchoman
(sprich »Kill-hohmen«)
Bruichladdich
(sprich »Bruch-ladd
Lossit Bay
Loch
Indaal
Port Charlotte
Loch

Islay
Bunnahabhain
(sprich »Bunna-hawin«)
Caol Ila
(sprich »Kall Ihla«)
Port Askaig
Sound of Islay
Fähre nach Kennacraig (Schottland)
Bowmore
(sprich »Boh-moor«)
Beinn Bheigeir
491 m
Ardtalla
Claggain Bay
Old Parish Church
Kildalton High Cross
Ardbeg
(sprich »Ard-beg«)
Port Ellen
(sprich »Port Ellen«)
Lagavulin
(sprich »Lagawulin«)
Laphroaig
(sprich »Lafroig«)
Fähre nach Kennacraig (Schottland)
N

Raffiniert wie ein belgischer Schokoladentrüffel.

*Cover- und Preisänderungen vorbehalten

Hier reinlesen!

Carsten Sebastian Henn

Die letzte Praline

Ein kulinarischer Krimi

Pendo, 368 Seiten
€ 16,99 [D], € 17,50 [A]*
ISBN 978-3-86612-335-9

Die Hauptstadt der Schokolade hält den Atem an! Als während der Weltmeisterschaft der Chocolatiers im belgischen Brügge eine von Kopf bis Fuß in Schokolade gehüllte Frauenleiche gefunden wird, ist ein weiteres Mal das ermittlerische Gespür von Professor Adalbert Bietigheim gefragt. Und es wird nicht bei einem Mord bleiben ...

PENDO

Leseproben, E-Books und mehr unter **www.pendo.de**

Eine gelungene Cuvée für Krimi- und Weinliebhaber

* Cover- und Preisänderungen vorbehalten

Carsten Sebastian Henn

Gran Reserva

Ein Wein-Krimi

Piper Taschenbuch, 304 Seiten
€ 9,99 [D], € 10,30 [A]*
ISBN 978-3-492-30495-5

Max hat genug von seinem Job als Modefotograf und reist nach La Rioja, in die Heimat seiner geliebten Rotweine. Im Weingut Faustino zeigt ihm die charmante Cristina den Betrieb, doch im Weinkeller stoßen die beiden auf eine Leiche. Max will die Polizei rufen, doch Cristina hält ihn davon ab: Der spanische Monarch wird zu einem Besuch erwartet, da können sie keinen Skandal gebrauchen. Max lässt sich überreden, die Leiche verschwinden zu lassen. Doch dann gibt es einen zweiten Toten …

Leseproben, E-Books und mehr unter www.piper.de

Crime at Teatime in Cambridge.

*Cover- und Preisänderungen vorbehalten

Carsten Sebastian Henn

Der letzte Aufguss

Ein kulinarischer Krimi

Piper Taschenbuch, 320 Seiten
€ 9,99 [D], € 10,30 [A]*
ISBN 978-3-492-30401-6

Ein schöner Tod ist das nicht: Eingelegt in Darjeelingtee – so findet man die Leichen zweier Cambridge-Professoren. Ein Fall für Feinschmecker Prof. Dr. Dr. Adalbert Bietigheim: Steckt womöglich sein alter Widersacher Professor Rutz hinter den Morden? Was hat es mit der »Sechsten Schale« auf sich, und was will der legendäre Teemeister Muso Kokushi plötzlich in England?

Leseproben, E-Books und mehr unter **www.piper.de**

»Der König des kulinarischen Kriminalromans.«

Westdeutscher Rundfunk

*Cover- und Preisänderungen vorbehalten

Carsten Sebastian Henn

Die letzte Reifung

Ein kulinarischer Krimi

Piper Taschenbuch, 304 Seiten
€ 9,99 [D], € 10,30 [A]*
ISBN 978-3-492-27469-2

Burgund: Heimat von Pinot Noir, Boeuf Bourguignon und Coq au Vin – und Tatort eines hinterhältigen Mordes im Käsemilieu. Gut, dass Prof. Dr. Adalbert Bietigheim, Professor für Kulinaristik, gerade vor Ort ist, denn die Klärung des Verbrechens erfordert nicht nur Fingerspitzengefühl, sondern auch einen geschulten Gaumen – und der Blutdurst des Täters ist noch lange nicht gestillt.

PIPER

Leseproben, E-Books und mehr unter **www.piper.de**

Jede Seite ein Verbrechen.

REVOLVER BLATT

Die kostenlose Zeitung für Krimiliebhaber. Erhältlich bei Ihrem Buchhändler.

Online unter www.revolverblatt-magazin.de

f www.facebook.de/revolverblatt